DON QUIJOTE Y DULCINEA Y OTROS GRANDES CLÁSICOS DE AMOR

DON QUIJOTE Y DULCINEA Y OTROS GRANDES CLÁSICOS DE AMOR

©Colección Erandique
Supervisión Editorial: Óscar Flores López
Diseño de portada: Andrea Rodríguez—Mariana Turcios
Administración: Tesla Rodas—Jessica Cordero
Director Ejecutivo: José Azcona Bocock
Primera Edición
Tegucigalpa,
Honduras—Agosto 2025

EL QUIJOTE DE LA MANCHA por *MIGUEL DE CERVANTES*

(Extractos del amor de don Quijote por Dulcinea)

CAPÍTULO I

Que trata de la condición y ejercicio del famoso hidalgo don Quijote de la Mancha

En un lugar de la Mancha, de cuyo nombre no quiero acordarme, no ha mucho tiempo que vivía un hidalgo de los de lanza en astillero, adarga antigua, rocín flaco y galgo corredor.

Una olla de algo más vaca que carnero, salpicón las más noches, duelos y quebrantos los sábados, lentejas los viernes y algún palomino de añadidura los domingos, consumían las tres partes de su hacienda. El resto lo gastaba en un sayo de velarte, calzas de velludo para las fiestas, con sus pantuflos de lo mismo, y los días de entresemana se honraba con su vellorí de lo más fino.

Tenía en su casa una ama que pasaba de los cuarenta, una sobrina que no llegaba a los veinte y un mozo de campo y plaza que lo mismo ensillaba el rocín que tomaba la podadera. La edad de nuestro hidalgo frisaba los cincuenta años. Era de complexión recia, seco de carnes, enjuto de rostro, gran madrugador y amigo de la caza.

Quieren decir que tenía el sobrenombre de Quijada o Quesada —que en esto hay diferencia entre los autores que de este caso escriben—, aunque por conjeturas verosímiles se deja entender que se llamaba Quijana. Pero esto importa poco a nuestro cuento: basta que en la narración de él no se salga un punto de la verdad.

Es, pues, de saber que este sobredicho hidalgo, los ratos que estaba ocioso —que eran los más del año— se daba a leer libros de caballerías con tanta afición y gusto, que olvidó casi por completo la caza y aun la administración de su hacienda. Llegó a tanto su curiosidad y desatino, que vendió muchas hanegas de tierra de sembradura para comprar libros de caballerías. Llevó a su casa todos cuantos pudo haber, y de todos, ningunos le parecían tan bien como los de Feliciano de Silva, porque la claridad de su prosa y aquellas intrincadas razones suyas le parecían de perlas. Más aún cuando llegaba a leer aquellos requiebros y cartas de

desafíos, donde en muchas partes hallaba escrito: «La razón de la sinrazón que a mi razón se hace, de tal manera mi razón enflaquece, que con razón me quejo de vuestra fermosura».

Con estas razones perdía el pobre caballero el juicio y desvelábase por entenderlas, sin que ni el mismo Aristóteles, resucitado, pudiera desentrañarles el sentido. No estaba muy conforme con las heridas que don Belianís daba y recibía, porque se imaginaba que, por grandes maestros que lo hubiesen curado, no dejaría de tener el rostro y el cuerpo llenos de cicatrices. Pero, con todo, alababa que aquel autor concluyera su libro con la promesa de una inacabable aventura, y muchas veces le vino deseo de tomar la pluma y darle fin como allí se promete.

Tuvo muchas veces competencia con el cura de su lugar —hombre docto, graduado en Sigüenza— sobre cuál caballero había sido mejor: Palmerín de Inglaterra o Amadís de Gaula; pero maese Nicolás, barbero del mismo pueblo, decía que ninguno se igualaba al Caballero del Febo y que, si alguno podía comparársele, era don Galaor, hermano de Amadís, porque tenía muy buena disposición para todo: no era caballero melindroso ni tan llorón como su hermano, y en lo de la valentía no le iba en zaga.

En resolución, se enfrascó tanto en la lectura que se le pasaban las noches leyendo de claro en claro, y los días de turbio en turbio. Así, del poco dormir y del mucho leer, se le secó el cerebro de manera que vino a perder el juicio. Llenósele la fantasía de todo aquello que leía: encantamientos, pendencias, batallas, desafíos, heridas, requiebros, amores, tormentas y disparates imposibles. Asentóse en su imaginación que todo aquello era verdad, y para él no había otra historia más cierta en el mundo.

Decía que el Cid Ruy Díaz había sido muy buen caballero, pero que no tenía que ver con el Caballero de la Ardiente Espada, que de un solo revés había partido por medio a dos fieros y descomunales gigantes. Estimaba más a Bernardo del Carpio porque en Roncesvalles había muerto a Roldán valiéndose de la industria de Hércules, cuando ahogó a Anteo entre los brazos. Hablaba muy bien del gigante Morgante, porque, siendo de aquella generación soberbia y descomedida, él solo era afable y bien criado. Pero, sobre todos, tenía predilección por Reinaldos de Montalbán, y más cuando lo veía salir de su castillo a robar, o cuando robó el ídolo de Mahoma que era todo de oro. Diera él, por dar una coz al traidor de Galalón, a su ama, y aun a su sobrina de añadidura.

En efecto, rematado ya su juicio, dio en el más extraño pensamiento que jamás dio loco en el mundo: le pareció conveniente y necesario, así para el aumento de su honra como para el servicio de la república, hacerse caballero andante. Iría por todo el mundo con sus armas y caballo a buscar aventuras, deshaciendo todo género de agravios y poniéndose en ocasiones y peligros donde, acabándolos, cobrase eterno nombre y fama. Imaginábase ya coronado, por el valor de su brazo, por lo menos del imperio de Trapisonda; y así, llevado de este extraño gusto, se dio prisa a poner en efecto lo que deseaba.

Lo primero que hizo fue limpiar unas armas que habían sido de sus bisabuelos, llenas de orín y moho, olvidadas en un rincón. Aderezólas lo mejor que pudo, pero vio que les faltaba la celada de encaje, pues solo tenía un morrión simple. A esto suplió su ingenio: con cartones hizo una media celada que, encajada en el morrión, hacía apariencia de celada entera. Para probar si era fuerte, sacó su espada y le dio dos golpes; con el primero deshizo lo que había hecho en una semana. No dejó de parecerle mal, y para asegurarse reforzó la celada con barras de hierro, y, sin querer hacer nueva experiencia, la tuvo por celada finísima de encaje.

Fue luego a ver su rocín, y aunque tenía más cuartos que un real y más tachas que el caballo de Gonela —que «tantum pellis et ossa fuit»— le pareció que ni el Bucéfalo de Alejandro ni Babieca, el del Cid, con él se igualaban. Cuatro días gastó en pensar qué nombre darle, pues no era razón que un caballo de caballero tan famoso quedase sin nombre sonoro. Al fin lo llamó Rocinante, nombre alto y significativo de lo que había sido cuando era simple rocín, antes de lo que ahora era: primero de todos los rocines del mundo.

Puesto nombre a su caballo, quiso ponérselo a sí mismo, y en este pensamiento duró ocho días. Al cabo se llamó don Quijote, y, acordándose de que Amadís no se contentó con llamarse solo Amadís, sino Amadís de Gaula, quiso también añadir al suyo el de su patria y se llamó don Quijote de la Mancha, con lo que honraba su linaje y lugar.

Limpias sus armas, hecho su morrión celada, puesto nombre a su caballo y confirmado el suyo propio, entendió que no le faltaba sino buscar una dama de quien enamorarse, porque el caballero andante sin amores era árbol sin hojas y sin fruto, y cuerpo sin alma. Decíase a sí mismo:

—Si yo, por dicha, me encuentro con algún gigante y lo derribo de un encuentro, o lo venzo y lo rindo, ¿no será bien tener a quien enviarle

presentado, y que se hinque de rodillas ante mi dulce señora y diga con voz humilde: "Yo, señora, soy el gigante Caraculiambro, señor de la ínsula Malindrania, a quien venció en singular batalla el jamás alabado como merece caballero don Quijote de la Mancha, el cual me mandó presentarme ante vuestra merced para que dispongáis de mí a vuestro talante"?

¡Oh, cómo se alegró nuestro buen caballero cuando halló a quién dar el título de su dama! Fue, según se cree, una moza labradora de buen parecer, de quien en otro tiempo estuvo enamorado, aunque ella nunca lo supo. Llamábase Aldonza Lorenzo, y a esta le pareció bien darle título de señora de sus pensamientos. Buscóle un nombre que sonara a princesa y gran señora, y vino a llamarla Dulcinea del Toboso, por ser natural de aquel lugar: nombre, a su parecer, músico y peregrino, y digno de tan alta dama.

CAPÍTULO XXV

Llegaron en estas pláticas al pie de una alta montaña, que, casi como peñón tajado, estaba sola entre otras muchas que la rodeaban. Corría por su falda un manso arroyuelo, y por toda su redondez se extendía un prado tan verde y frondoso, que alegraba la vista de quien lo miraba. Había por allí muchos árboles silvestres y algunas plantas y flores que hacían el lugar apacible.

Este sitio escogió el Caballero de la Triste Figura para hacer su penitencia, y, así, en viéndolo comenzó a decir en voz alta, como si hubiera perdido el juicio:

—Este es el lugar, ¡oh cielos!, que escojo para llorar la desventura en que vosotros mismos me habéis puesto. Este es el sitio donde el humor de mis ojos acrecentará las aguas de este pequeño arroyo, y mis continuos y profundos suspiros moverán las hojas de estos montaraces árboles, en testimonio y señal de la pena que mi asendereado corazón padece. ¡Oh vosotros, quienquiera que seáis, rústicos dioses que en este inhabitable lugar tenéis vuestra morada, oíd las quejas de este desdichado amante, a quien una larga ausencia y unos imaginados celos han traído a lamentarse entre estas asperezas y a quejarse de la dura condición de aquella ingrata y bella, término y fin de toda humana hermosura!

¡Oh vosotras, ninfas y dríadas que tenéis por costumbre habitar en las espesuras de los montes: así los ligeros y lascivos sátiros, de quienes sois amadas aunque en vano, no perturben jamás vuestro dulce sosiego,

que me ayudéis a lamentar mi desventura, o a lo menos no os canséis de oírla!

¡Oh Dulcinea del Toboso, día de mi noche, gloria de mi pena, norte de mis caminos, estrella de mi ventura: así el cielo te dé cuanto acertares a pedirle, que consideres el lugar y el estado a que tu ausencia me ha conducido, y que con buen término correspondas al que a mi fe se le debe!

¡Oh solitarios árboles, que desde hoy en adelante habéis de hacer compañía a mi soledad, dad indicio con el blando movimiento de vuestras ramas de que no os desagrada mi presencia!

¡Oh tú, escudero mío, agradable compañero en mis prósperos y adversos sucesos, toma bien en la memoria lo que aquí me veas hacer, para que lo cuentes y recites a la causa total de todo ello!

Y diciendo esto se apeó de Rocinante y en un momento le quitó el freno y la silla y, dándole una palmada en las ancas, le dijo:

—Libertad te da el que sin ella queda, ¡oh caballo tan extremado por tus obras, cuan desdichado por tu suerte! Vete por donde quieras, que en la frente llevas escrito que no te igualó en ligereza el Hipogrifo de Astolfo ni el nombrado Frontino, que tan caro le costó a Bradamante.

Viendo esto Sancho, dijo:

—Bien haya quien nos quitó ahora del trabajo de desenalbardar al rucio, que a fe que no faltaran palmadicas que darle, ni cosas que decirle en su alabanza; pero si él aquí estuviera, no consintiera yo que nadie le desalbardara, pues no había para qué, que a él no le tocaban las generales de enamorado ni de desesperado, pues no lo estaba su amo, que era yo, cuando Dios quería. Y en verdad, señor Caballero de la Triste Figura, que si es que mi partida y su locura de vuestra merced va de veras, será bien tornar a ensillar a Rocinante, para que supla la falta del rucio, porque así se ahorrará tiempo en mi ida y vuelta; que si la hago a pie, no sé cuándo llegaré ni cuándo volveré, porque, en resolución, soy mal caminante.

—Digo, Sancho —respondió don Quijote—, que sea como tú quieras, que no me parece mal tu designio; y digo que de aquí a tres días te partirás, porque quiero que en este tiempo veas lo que por ella hago y digo, para que se lo cuentes.

—Pues ¿qué más tengo de ver —dijo Sancho— que lo que he visto?

—¡Bien estás en el cuento! —respondió don Quijote—. Ahora me falta rasgar las vestiduras, esparcir las armas y darme de calabazadas por estas peñas, con otras cosas de este jaez, que te han de admirar.

—Por amor de Dios —dijo Sancho—, que mire vuestra merced cómo se da esas calabazadas, que a tal peña podrá llegar y en tal punto, que con la primera se acabe la máquina de esta penitencia; y sería yo de parecer que, ya que a vuestra merced le parece que son aquí necesarias calabazadas y que no se puede hacer esta obra sin ellas, se contentase, pues todo esto es fingido y cosa contrahecha y de burla, se contentase, digo, con dárselas en el agua, o en alguna cosa blanda, como algodón; y déjeme a mí el cargo, que yo diré a mi señora que vuestra merced se las daba en una punta de peña, más dura que un diamante.

—Yo agradezco tu buena intención, amigo Sancho —respondió don Quijote—, mas quiero que sepas que todas estas cosas que hago no son de burlas, sino muy de veras, porque de otra manera sería contravenir a las órdenes de caballería, que nos mandan no decir mentira alguna, pena de relajos, y el hacer una cosa por otra lo mismo es que mentir. Así que mis calabazadas han de ser verdaderas, firmes y valederas, sin que lleven nada de lo sofístico ni de lo fantástico. Y será necesario que me dejes algunas hilas para curarme, pues la ventura quiso que nos faltase el bálsamo que perdimos.

—Más fue perder el asno —respondió Sancho—, pues se perdieron en él las hilas y todo. Y ruégole a vuestra merced que no se acuerde más de aquel maldito brebaje, que en solo oírle mentar se me revuelve el alma, no que el estómago. Y más le ruego: que haga cuenta que son ya pasados los tres días que me ha dado de término para ver las locuras que hace, que ya las doy por vistas y pasadas en cosa juzgada, y diré maravillas a mi señora. Escriba la carta y despácheme luego, porque tengo gran deseo de volver a sacar a vuestra merced de este purgatorio donde le dejo.

—¿Purgatorio le llamas, Sancho? —dijo don Quijote— Mejor hicieras de llamarle infierno, y aun peor, si hay otra cosa que lo sea.

—Quien está en el infierno —respondió Sancho— nunca sale de él, ni puede. Lo cual será al revés en vuestra merced, o a mí me andarán mal los pies, si es que llevo espuelas para avivar a Rocinante. Póngame yo una por una en el Toboso y delante de mi señora Dulcinea, que yo le diré tales cosas de las necedades y locuras, que todo es uno, que vuestra merced ha hecho y queda haciendo, que la venga a poner más blanda que un guante, aunque la halle más dura que un alcornoque; con cuya respuesta dulce y melificada volveré por los aires como brujo y sacaré a vuestra merced de este purgatorio, que parece infierno y no lo es, pues

hay esperanza de salir de él, la cual, como tengo dicho, no la tienen los que están en el infierno.

—Así es la verdad —dijo el de la Triste Figura—, pero ¿qué haremos para escribir la carta?

—Y la libranza de los pollinos también —añadió Sancho.

—Todo irá inserto —dijo don Quijote—; y sería bueno, ya que no hay papel, que la escribiésemos, como hacían los antiguos, en hojas de árboles o en unas tablillas de cera, aunque tan dificultoso será hallarlas ahora como el papel. Mas ya me ha venido a la memoria dónde será bien, y aun mejor, escribilla: en el librillo de memoria que fue de Cardenio. Tú tendrás cuidado de hacerla trasladar en papel, de buena letra, en el primer lugar donde hallares maestro de escuela de muchachos, o, si no, cualquiera sacristán te la trasladará. Pero no se la des a trasladar a ningún escribano, que hacen letra procesada, que no la entenderá Satanás.

—Pues ¿qué se ha de hacer de la firma? —dijo Sancho.

—Nunca las cartas de Amadís se firmaban —respondió don Quijote.

—Está bien —replicó Sancho—, pero la libranza forzosamente se ha de firmar, y esa, si se traslada, dirán que la firma es falsa y quedaréme sin pollinos.

—La libranza irá en el mismo librillo firmada, que en viéndola mi sobrina no pondrá dificultad en cumplilla. Y en lo que toca a la carta de amores, pondrás por firma: «Vuestro hasta la muerte, el Caballero de la Triste Figura». Y hará poco al caso que vaya de mano ajena, porque, a lo que yo me sé acordar, Dulcinea no sabe escribir ni leer, y en toda su vida ha visto letra ni carta mía, porque mis amores y los suyos han sido siempre platónicos, sin extenderse a más que a un honesto mirar. Y aun esto tan de cuando en cuando, que osaré jurar con verdad que en doce años que ha que la quiero más que a la lumbre de estos ojos que ha de comer la tierra, no la he visto cuatro veces, y aun podrá ser que de estas cuatro veces no hubiese ella echado de ver la una que la miraba: tal es el recato y encerramiento con que sus padres, Lorenzo Corchuelo y Aldonza Nogales, la han criado.

—¡Ta, ta! —dijo Sancho—. ¿Que la hija de Lorenzo Corchuelo es la señora Dulcinea del Toboso, llamada por otro nombre Aldonza Lorenzo?

—Esa es —dijo don Quijote—, y es la que merece ser señora de todo el universo.

—Bien la conozco —dijo Sancho—, y sé decir que tira tan bien una barra como el más forzudo zagal de todo el pueblo. ¡Vive el Dador, que es moza de chapa, hecha y derecha y de pelo en pecho, y que puede sacar

la barba del lodo a cualquier caballero andante que la tuviere por señora! ¡Oh hideputa, qué rejo que tiene, y qué voz! Sé decir que se puso un día encima del campanario de la aldea a llamar a unos zagales suyos que andaban en un barbecho de su padre, y, aunque estaban de allí a más de media legua, así la oyeron como si estuvieran al pie de la torre.

Y lo mejor que tiene es que no es nada melindrosa, porque tiene mucho de cortesana: con todos se burla y de todo hace mueca y donaire. Ahora digo, señor Caballero de la Triste Figura, que no solamente puede y debe vuestra merced hacer locuras por ella, sino que con justo título puede desesperarse y ahorcarse, que nadie habrá que lo sepa que no diga que hizo demasiado de bien, puesto que le lleve el diablo. Y querría ya verme en camino, solo por verla, que ha muchos días que no la veo y debe de estar ya trocada, porque gasta mucho la faz de las mujeres andar siempre al campo, al sol y al aire.

Y confieso a vuestra merced una verdad, señor don Quijote: que hasta aquí he estado en una grande ignorancia, pues pensaba bien y fielmente que la señora Dulcinea debía de ser alguna princesa de quien vuestra merced estaba enamorado, o alguna persona tal, que mereciese los ricos presentes que vuestra merced le ha enviado, así el del vizcaíno como el de los galeotes y otros muchos que deben de ser, según deben de ser muchas las victorias que vuestra merced ha ganado y ganó en el tiempo que yo aún no era su escudero. Pero, bien considerado, ¿qué se le ha de dar a la señora Aldonza Lorenzo —digo, a la señora Dulcinea del Toboso— de que se le vayan a hincar de rodillas delante della los vencidos que vuestra merced le envía y ha de enviar? Porque podría ser que al tiempo que ellos llegasen estuviese ella rastrillando lino o trillando en las eras, y ellos se corriesen de verla, y ella se riese y enfadase del presente.

—Ya te tengo dicho muchas veces, Sancho —dijo don Quijote—, que eres muy grande hablador y que, aunque de ingenio boto, muchas veces despuntas de agudo. Mas para que veas cuán necio eres tú y cuán discreto soy yo, quiero que me oigas un breve cuento.

Has de saber que una viuda hermosa, moza, libre y rica, y sobre todo desenfadada, se enamoró de un mozo rollizo y de buen tomo; alcanzólo a saber su mayor, y un día dijo a la buena viuda, por vía de fraternal represión: «Maravillado estoy, señora, y no sin mucha causa, de que una mujer tan principal, tan hermosa y tan rica como vuestra merced se haya enamorado de un hombre tan soez, tan bajo y tan idiota como fulano, habiendo en esta casa tantos maestros, tantos presentados y

tantos teólogos, en quien vuestra merced pudiera escoger como entre peras, y decir: Este quiero, aqueste no quiero».

Mas ella le respondió con mucho donaire y desenvoltura: «Vuestra merced, señor mío, está muy engañado y piensa muy a lo antiguo, si piensa que yo he escogido mal en fulano por idiota que le parece; pues para lo que yo le quiero, tanta filosofía sabe, y más, que Aristóteles».

Así que, Sancho, por lo que yo quiero a Dulcinea del Toboso, tanto vale como la más alta princesa de la tierra. Sí, que no todos los poetas que alaban damas debajo de un nombre que ellos a su albedrío les ponen, es verdad que las tienen. ¿Piensas tú que las Amarilis, las Filis, las Silvias, las Dianas, las Galateas, las Fílidas y otras tales de que los libros, los romances, las tiendas de barberos y los teatros de comedias están llenos, fueron verdaderamente damas de carne y hueso de aquellos que las celebran? No, por cierto, sino que la mayor parte se las fingen por dar asunto a sus versos y porque los tengan por enamorados y por hombres que tienen valor para serlo.

Y, así, bástame a mí pensar y creer que la buena de Aldonza Lorenzo es hermosa y honesta, y en lo del linaje importa poco, que no han de ir a hacer la información de él para darle algún hábito; y yo me hago cuenta que es la más alta princesa del mundo. Porque has de saber, Sancho, si no lo sabes, que dos cosas solas incitan a amar más que otras: la mucha hermosura y la buena fama, y estas dos cosas se hallan consumadamente en Dulcinea, porque en ser hermosa ninguna le iguala, y en la buena fama, pocas le llegan.

Y para concluir con todo, yo imagino que todo lo que digo es así, sin que sobre ni falte nada, y píntola en mi imaginación como la deseo, así en la belleza como en la nobleza. Ni la iguala Helena, ni la alcanza Lucrecia, ni otra alguna de las famosas mujeres de las edades pasadas, griegas, bárbaras o latinas. Y diga cada uno lo que quisiere; que si por esto fuere reprehendido de los ignorantes, no seré castigado de los rigurosos.

—Digo que en todo tiene vuestra merced razón —respondió Sancho— y que yo soy un asno. Mas no sé yo para qué nombro asno en mi boca, pues no se ha de mentar la soga en casa del ahorcado. Pero venga la carta, y a Dios, que me mudo.

—Por vida de mi padre —dijo Sancho en oyendo la carta—, que es la más alta cosa que jamás he oído. ¡Pesia a mí, y cómo le dice vuestra merced ahí todo cuanto quiere, y qué bien que encaja en la firma El

Caballero de la Triste Figura! Digo de verdad que es vuestra merced el mesmo diablo y que no hay cosa que no sepa.

—Todo es menester —respondió don Quijote— para el oficio que traigo.

—Ea, pues —dijo Sancho—, ponga vuestra merced en esa otra vuelta la cédula de los tres pollinos, y fírmela con mucha claridad, porque la conozcan en viéndola.

—Que me place —dijo don Quijote.

Y, habiéndola escrito, se la leyó, que decía así:

Libranza de don Quijote a favor de Sancho

Mandará vuestra merced, por esta primera de pollinos, señora sobrina, dar a Sancho Panza, mi escudero, tres de los cinco que dejé en casa y están a cargo de vuestra merced. Los cuales tres pollinos se los mando librar y pagar por otros tantos aquí recebidos de contado, que con esta y con su carta de pago serán bien dados.

Fecha en las entrañas de Sierra Morena, a veinte y dos de agosto de este presente año.

—Buena está —dijo Sancho—, fírmela vuestra merced.

—No es menester firmarla —dijo don Quijote—, sino solamente poner mi rúbrica, que es lo mesmo que firma, y para tres asnos, y aun para trescientos, fuera bastante.

—Yo me confío de vuestra merced —respondió Sancho—. Déjeme, iré a ensillar a Rocinante, y aparéjese vuestra merced a echarme su bendición, que luego pienso partirme, sin ver las sandeces que vuestra merced ha de hacer, que yo diré que le vi hacer tantas, que no quiera más.

—Por lo menos, quiero, Sancho —respondió don Quijote—, y porque es menester así, quiero que me veas en cueros y hacer una o dos docenas de locuras, que las haré en menos de media hora, para que, habiéndolas tú visto con tus ojos, puedas jurar a salvo en las demás que quisieres añadir; y te aseguro que no dirás tantas cuantas yo pienso hacer.

—Por amor de Dios, señor mío, que no vea yo en cueros a vuestra merced, que me dará mucha lástima y no podré dejar de llorar, y tengo tal la cabeza, del llanto que anoche hice por el rucio, que no estoy para meterme en nuevos lloros. Y si es que vuestra merced gusta de que yo vea algunas locuras, hágalas vestido, breves y las que le vinieren más a cuento. Cuanto más, que para mí no era menester nada de eso, y, como ya tengo dicho, fuera ahorrar el camino de mi vuelta, que ha de ser con las nuevas que vuestra merced desea y merece.

Y si no, aparéjese la señora Dulcinea, que, si no responde como es razón, voto hago solemne a quien puedo que le tengo de sacar la buena respuesta del estómago a coces y a bofetones. Porque ¿dónde se ha de sufrir que un caballero andante tan famoso como vuestra merced se vuelva loco, sin qué ni para qué, por una…? No me lo haga decir la señora, porque por Dios que despotrique y lo eche todo a doce, aunque nunca se venda. ¡Bonico soy yo para eso! ¡Mal me conoce! ¡Pues a fe que si me conociese, que me ayunase!

—A fe, Sancho —dijo don Quijote—, que, a lo que parece, no estás tú más cuerdo que yo.

—No estoy tan loco —respondió Sancho—, mas estoy más colérico. Pero, dejando esto aparte, ¿qué es lo que ha de comer vuestra merced en tanto que yo vuelvo? ¿Ha de salir al camino, como Cardenio, a quitárselo a los pastores?

—No te dé pena ese cuidado —respondió don Quijote—, porque, aunque tuviera, no comiera otra cosa que las yerbas y frutos que este prado y estos árboles me dieren, que la fineza de mi negocio está en no comer y en hacer otras asperezas equivalentes.

—Adiós, pues. Pero ¿sabe vuestra merced qué temo? Que no tengo de acertar a volver a este lugar donde agora le dejo, según está de escondido.

—Toma bien las señas, que yo procuraré no apartarme de estos contornos —dijo don Quijote—, y aun tendré cuidado de subirme por estos riscos, por ver si te descubro cuando vuelvas. Cuanto más, que lo más acertado será, para que no me yerres y te pierdas, que cortes algunas retamas de las muchas que por aquí hay y las vayas poniendo de trecho en trecho, hasta salir a lo raso, las cuales te servirán de mojones y señales para que me halles cuando vuelvas, a imitación del hilo del laberinto de Perseo.

—Así lo haré —respondió Sancho Panza.

Y, cortando algunos, pidió la bendición a su señor y, no sin muchas lágrimas de entrambos, se despidió de él. Y subiendo sobre Rocinante, a quien don Quijote encomendó mucho y que mirase por él como por su propia persona, se puso en camino del llano, esparciendo de trecho en trecho los ramos de la retama, como su amo le había aconsejado.

Y así se fue, aunque todavía le importunaba don Quijote que le viese siquiera hacer dos locuras. Mas no hubo andado cien pasos, cuando volvió y dijo:

—Digo, señor, que vuestra merced ha dicho muy bien: que, para que pueda jurar sin cargo de conciencia que le he visto hacer locuras, será bien que vea siquiera una, aunque bien grande la he visto en la quedada de vuestra merced.

—¿No te lo decía yo? —dijo don Quijote—. Espérate, Sancho, que en un credo las haré.

Y desnudándose con toda prisa los calzones, quedó en carnes y en pañales, y luego sin más ni más dio dos zapatetas en el aire y dos tumbas con la cabeza abajo y los pies en alto, descubriendo cosas que, por no verlas otra vez, volvió Sancho la rienda a Rocinante y se dio por contento y satisfecho de que podía jurar que su amo quedaba loco.

Y así le dejaremos ir su camino, hasta la vuelta, que fue breve.

CAPÍTULO XXVI

Y volviendo a contar lo que hizo el de la Triste Figura después que se vio solo, dice la historia que, así como don Quijote acabó de dar las tumbas o vueltas de medio abajo desnudo y de medio arriba vestido, y viendo que Sancho se había ido sin querer aguardar a ver más sandeces, se subió sobre una punta de una alta peña y allí tornó a pensar lo que otras muchas veces había pensado sin haberse jamás resuelto en ello: cuál sería mejor y le estaría más a cuento, imitar a Roldán en las locuras desaforadas que hizo, o a Amadís en las melancólicas.

Y hablando entre sí mismo decía:

—Si Roldán fue tan buen caballero y tan valiente como todos dicen, no es maravilla, pues al fin era encantado y no le podía matar nadie si no era metiéndole un alfiler de a blanca por la planta del pie, y él traía siempre los zapatos con siete suelas de hierro. Aunque no le valieron tretas contra Bernardo del Carpio, que se las entendió y le ahogó entre los brazos en Roncesvalles. Pero dejando en él lo de la valentía a una parte, vengamos a lo de perder el juicio, que es cierto que lo perdió, por las señales que halló en la fuente y por las nuevas que le dio el pastor de que Angélica había dormido más de dos siestas con Medoro, un morillo de cabellos enrizados y paje de Agramante; y si él entendió que esto era verdad y que su dama le había cometido desaguisado, no hizo mucho en volverse loco.

Pero yo, ¿cómo puedo imitarle en las locuras, si no le imito en la ocasión dellas? Porque mi Dulcinea del Toboso osaré jurar que no ha visto en todos los días de su vida moro alguno como él es, en su mismo traje, y que se está hoy como la madre que la parió; y haríale agravio

manifiesto si, imaginando otra cosa della, me volviese loco de aquel género de locura de Roldán el Furioso.

Por otra parte, veo que Amadís de Gaula, sin perder el juicio y sin hacer locuras, alcanzó tanta fama de enamorado como el que más; porque lo que hizo, según su historia, no fue más de que, por verse desdeñado de su señora Oriana, que le había mandado que no pareciese ante su presencia hasta que fuese su voluntad, se retiró a la Peña Pobre en compañía de un ermitaño, y allí se hartó de llorar y de encomendarse a Dios, hasta que el cielo le socorrió en medio de su mayor cuita y necesidad.

Y si esto es verdad, como lo es, ¿para qué quiero yo tomar trabajo ahora de desnudarme del todo, ni dar pesadumbre a estos árboles que no me han hecho mal alguno? Ni tengo para qué enturbiar el agua clara de estos arroyos, los cuales me han de dar de beber cuando tenga gana. Viva la memoria de Amadís, y sea imitado de don Quijote de la Mancha en todo lo que pudiere, del cual se dirá lo que del otro se dijo: que si no acabó grandes cosas, murió por acometerlas.

Y si yo no soy desechado ni desdeñado de Dulcinea del Toboso, bástame, como ya he dicho, estar ausente della. Ea, pues, manos a la obra: venid a mi memoria, cosas de Amadís, y enseñadme por dónde tengo de comenzar a imitaros. Mas ya sé que lo más que él hizo fue rezar y encomendarse a Dios; pero, ¿qué haré de rosario, que no le tengo?

En esto le vino al pensamiento cómo le haría, y fue que rasgó una gran tira de las faldas de la camisa, que andaban colgando, y diole once nudos, el uno más gordo que los demás, y esto le sirvió de rosario el tiempo que allí estuvo, donde rezó un millón de avemarías.

Lo que le fatigaba mucho era no hallar por allí otro ermitaño que le confesase y con quien consolarse; y, así, se entretenía paseándose por el pradecillo, escribiendo y grabando por las cortezas de los árboles y por la menuda arena muchos versos, todos acomodados a su tristeza, y algunos en alabanza de Dulcinea. Mas los que se pudieron hallar enteros y que se pudiesen leer después que a él allí le hallaron no fueron más que estos que aquí se siguen:

Versos de don Quijote
Árboles, hierbas y plantas
 que en este sitio estáis,
 tan altos, verdes y tantas,
 si de mi mal no os holgáis,

escuchad mis quejas santas.

Mi dolor no os alborote,
aunque más terrible sea,
pues por pagaros escote
aquí lloró don Quijote
ausencias de Dulcinea
del Toboso.

Es aquí el lugar adonde
el amador más leal
de su señora se esconde,
y ha venido a tanto mal
sin saber cómo o por dónde.

Tráele amor al estricote,
que es de muy mala ralea;
y, así, hasta henchir un pipote,
aquí lloró don Quijote
ausencias de Dulcinea
del Toboso.

Buscando las aventuras
por entre las duras peñas,
maldiciendo entrañas duras,
que entre riscos y entre breñas
halla el triste desventuras,

hirióle amor con su azote,
no con su blanda correa,
y en tocándole el cogote
aquí lloró don Quijote
ausencias de Dulcinea
del Toboso.

No causó poca risa en los que hallaron los versos referidos la añadidura «del Toboso» al nombre de Dulcinea, porque imaginaron que don Quijote pensaba que, si en nombrando a Dulcinea no decía también «del Toboso», no se entendería la copla; y así fue la verdad, como él

después confesó. Otros muchos escribió, pero, como se ha dicho, no se pudieron sacar en limpio ni enteros más de estas tres coplas.

En esto, en suspirar y en llamar a los faunos y silvanos de aquellos bosques, a las ninfas de los ríos y a la dolorosa y húmeda Eco, que le respondiese, consolase y escuchase, se entretenía, y en buscar algunas hierbas con que sustentarse en tanto que Sancho volvía. Que si, como tardó tres días, tardara tres semanas, el Caballero de la Triste Figura quedara tan desfigurado que no le conociera la madre que lo parió.

Y será bien dejalle envuelto entre sus suspiros y versos, por contar lo que le avino a Sancho Panza en su mandadería. Fue que, en saliendo al camino real, se puso en busca del del Toboso, y otro día llegó a la venta donde le había sucedido la desgracia de la manta. Y no la hubo bien visto, cuando le pareció que otra vez andaba en los aires, y no quiso entrar dentro, aunque llegó a hora en que lo pudiera y debiera hacer, por ser la de comer y llevar en deseo de gustar algo caliente, que había muchos días que todo era fiambre.

Esta necesidad le forzó a que llegase junto a la venta, todavía dudoso si entraría o no. Y estando en esto, salieron de la venta dos personas que luego le conocieron; y dijo el uno al otro:

—Dígame, señor licenciado, ¿aquel del caballo no es Sancho Panza, el que dijo el ama de nuestro aventurero que había salido con su señor por escudero?

—Sí es —dijo el licenciado—, y aquel es el caballo de nuestro don Quijote.

Y conociéronle tan bien como aquellos que eran el cura y el barbero de su mismo lugar y los que hicieron el escrutinio y acto general de los libros. Los cuales, así como acabaron de conocer a Sancho Panza y a Rocinante, deseosos de saber de don Quijote, se fueron a él, y el cura le llamó por su nombre, diciéndole:

—Amigo Sancho Panza, ¿adónde queda vuestro amo?

Conociólos luego Sancho y determinó encubrir el lugar y la suerte en que su amo quedaba. Y así, les respondió que su señor estaba ocupado en cierta parte y en cierta cosa que le era de mucha importancia, la cual él no podía descubrir, por los ojos que en la cara tenía.

—No, no —dijo el barbero—, Sancho Panza, si vos no nos decís dónde queda, imaginaremos, como ya imaginamos, que vos le habéis muerto y robado, pues venís encima de su caballo. En verdad que nos habéis de dar el dueño del rocín, o sobre eso, morena.

—No hay para qué amenazas conmigo —respondió Sancho—, que yo no soy hombre que robo ni mato a nadie: a cada uno mate su ventura, o Dios, que le hizo. Mi amo queda haciendo penitencia en la mitad de esta montaña, muy a su sabor.

Y luego, de corrida y sin parar, les contó de la suerte que quedaba, las aventuras que le habían sucedido y cómo llevaba la carta a la señora Dulcinea del Toboso, que era la hija de Lorenzo Corchuelo, de quien estaba enamorado hasta los hígados.

Quedaron admirados los dos de lo que Sancho les contaba; y aunque ya sabían la locura de don Quijote y el género della, siempre que la oían se admiraban de nuevo. Pidiéronle a Sancho que les enseñase la carta que llevaba a la señora Dulcinea del Toboso. Él dijo que iba escrita en un libro de memoria y que era orden de su señor que la hiciese trasladar en papel en el primer lugar que llegase.

A lo cual dijo el cura que se la mostrase, que él la trasladaría de muy buena letra.

Metió la mano en el seno Sancho Panza, buscando el librillo, pero no le halló, ni le podía hallar si le buscara hasta ahora, porque se había quedado don Quijote con él y no se lo había dado, ni a él se le acordó pedírselo.

Cuando Sancho vio que no hallaba el libro, fuésele parando mortal el rostro; y tornándose a tentar todo el cuerpo muy aprisa, volvió a echar de ver que no lo hallaba. Y sin más ni más se echó entrambos puños a las barbas y se arrancó la mitad de ellas, y luego aprisa y sin cesar se dio media docena de puñadas en el rostro y en las narices, que se las bañó todas en sangre.

Visto lo cual por el cura y el barbero, le dijeron que qué le había sucedido, que tan mal se paraba.

—¿Qué me ha de suceder —respondió Sancho—, sino el haber perdido de una mano a otra, en un instante, tres pollinos, que cada uno era como un castillo?

—¿Cómo es eso? —replicó el barbero.

—He perdido el libro de memoria —respondió Sancho—, donde venía la carta para Dulcinea y una cédula firmada de mi señor, por la cual mandaba que su sobrina me diese tres pollinos de cuatro o cinco que estaban en casa.

Y con esto les contó la pérdida del rucio. Consolóle el cura, y díjole que en hallando a su señor él le haría revalidar la manda y que tornase a

hacer la libranza en papel, como era uso y costumbre, porque las que se hacían en libros de memoria jamás se aceptaban ni cumplían.

Con esto se consoló Sancho, y dijo que como aquello fuese así, no le daba mucha pena la pérdida de la carta de Dulcinea, porque él la sabía casi de memoria, de la cual se podría trasladar donde y cuando quisiesen.

—Decidla, Sancho, pues —dijo el barbero—, que después la trasladaremos.

ROMEO Y JULIETA *por WILLIAM SHAKESPEARE*

ACTO II. ESCENA II.

Bajo el balcón de Julieta. (Romeo entra sin ser visto en el palacio de los Capuleto. Julieta aparece en una ventana)

Romeo: ¡Silencio! ¿Qué resplandor se abre paso a través de aquella ventana? ¡Es el Oriente, y Julieta, el sol! ¡Surge, esplendente sol, y mata a la envidiosa luna, lánguida y pálida de sentimiento porque tú, su doncella, la has aventajado en hermosura! ¡No la sirvas, que es envidiosa! Su tocado de vestal es enfermizo y amarillento, y no son sino bufones los que lo usan, ¡Deséchalo! ¡Es mi vida, es mi amor el que aparece!… Habla… mas nada se escucha; pero, ¿qué importa? ¡Hablan sus ojos; les responderé!… Soy demasiado atrevido. No es a mí a quien habla. Las más resplandecientes estrellas de todo el cielo, teniendo algún quehacer ruegan a sus ojos que brillen en sus esferas hasta su retorno. ¿Y si los ojos de ella estuvieran en el firmamento y las estrellas en su rostro? ¡El fulgor de sus mejillas avergonzaría a esos astros, como la luz del día a la de una lámpara! ¡Sus ojos lanzarían desde la bóveda celestial unos rayos tan claros a través de la región etérea, que cantarían las aves creyendo llegada la aurora!… ¡Mirad cómo apoya en su mano la mejilla! ¡Oh! ¡Quién fuera guante de esa mano para poder tocar esa mejilla!

Julieta: ¡Ay de mí!

Romeo: Habla. ¡Oh! ¡Habla otra vez ángel resplandeciente!… Porque esta noche apareces tan esplendorosa sobre mi cabeza como un alado mensajero celeste ante los ojos extáticos y maravillados de los mortales, que se inclinan hacia atrás para verle, cuando él cabalga sobre las tardas perezosas nubes y navega en el seno del aire.

Julieta: ¡Oh Romeo, Romeo! ¿Por qué eres tú Romeo? Niega a tu padre y rehúsa tu nombre; o, si no quieres, júrame tan sólo que me amas, y dejaré yo de ser una Capuleto.

Romeo: (Aparte) ¿Continuaré oyéndola, o le hablo ahora?

Julieta:— ¡Sólo tu nombre es mi enemigo! ¡Porque tú eres tú mismo, seas o no Montesco! ¿Qué es Montesco? No es ni mano, ni pie, ni brazo, ni rostro, ni parte alguna que pertenezca a un hombre. ¡Oh, sea otro nombre! ¿Qué hay en un nombre? ¡Lo que llamamos rosa exhalaría el

mismo grato perfume con cualquiera otra denominación! De igual modo Romeo, aunque Romeo no se llamara, conservaría sin este título las raras

perfecciones que atesora. ¡Romeo, rechaza tu nombre; y a cambio de ese nombre, que no forma parte de ti, tómame a mí toda entera!

Romeo: Te tomo la palabra. Llámame sólo "amor mío" y seré nuevamente bautizado. ¡Desde ahora mismo dejaré de ser Romeo!

Julieta: ¿Quién eres tú, que así, envuelto en la noche, sorprendes de tal modo mis secretos?

Romeo: ¡No sé cómo expresarte con un nombre quien soy! Mi nombre, santa adorada, me es odioso, por ser para ti un enemigo. De tenerla escrita, rasgaría esa palabra.

Julieta: Todavía no he escuchado cien palabras de esa lengua, y conozco ya el acento. ¿No eres tú Romeo y Montesco?

Romeo: Ni uno ni otro, hermosa doncella, si los dos te desagradan.

Julieta: Y dime, ¿cómo has llegado hasta aquí y para qué? Las tapias del jardín son altas y difíciles de escalar, y el sitio, de muerte, considerando quién eres, si alguno de mis parientes te descubriera.

Romeo: Con ligeras alas de amor franqueé estos muros, pues no hay cerca de piedra capaz de atajar el amor; y lo que el amor puede hacer, aquello el amor se atreve a intentar. Por tanto, tus parientes no me importan.

Julieta: ¡Te asesinarán si te encuentran!

Romeo: ¡Ay! ¡Más peligro hallo en tus ojos que en veinte espadas de ellos! Mírame tan sólo con agrado, y quedo a prueba de su enemistad.

Julieta: ¡Por cuanto vale el mundo, no quisiera que te viesen aquí!

Romeo: El manto de la noche me oculta a sus miradas; pero, si no me quieres, déjalos que me hallen aquí. ¡Es mejor que termine mi vida víctima de su odio, que se retrase mi muerte falto de tu amor.

Julieta: ¿Quién fue tu guía para descubrir este sitio?

Romeo: Amor, que fue el primero que me incitó a indagar; él me prestó consejo y yo le presté mis ojos. No soy piloto; sin embargo, aunque te hallaras tan lejos como la más extensa ribera que baña el más lejano mar, me aventuraría por mercancía semejante.

Julieta: Tú sabes que el velo de la noche cubre mi rostro; si así lo fuera, un rubor virginal verías teñir mis mejillas por lo que me oíste pronunciar esta noche. Gustosa quisiera guardar las formas, gustosa negar cuanto he hablado; pero, ¡adiós cumplimientos! ¿Me amas? Sé que dirás: sí, yo te creeré bajo tu palabra. Con todo, si lo jurases, podría resultar falso, y de los perjurios de los amantes dicen que se ríe Júpiter. ¡Oh gentil Romeo! Si de veras me quieres, decláralo con sinceridad; o, si piensas que soy demasiado ligera, me pondré desdeñosa y esquiva, y

tanto mayor será tu empeño en galantearme. En verdad, arrogante Montesco, soy demasiado apasionada, y por ello tal vez tildes de liviana mi conducta; pero, créeme, hidalgo, daré pruebas de ser más sincera que las que tienen más destreza en disimular. Yo hubiera sido más reservada, lo confieso, de no haber tú sorprendido, sin que yo me apercibiese, mi verdadera pasión amorosa. ¡Perdóname, por tanto, y no atribuyas a liviano amor esta flaqueza mía, que de tal modo ha descubierto la oscura noche!

Romeo: Júrote, amada mía, por los rayos de la luna que platean la copa de los árboles…

Julieta: No jures por la luna, que es su rápida movimiento cambia de aspecto cada mes. No vayas a imitar su inconstancia.

Romeo: ¿Pues por quién juraré?

Julieta: No hagas ningún juramento. Si acaso, jura por ti mismo, por tu persona que es el dios que adoro y en quien he de creer.

Romeo: ¿Pues por quién juraré?

Julieta: No jures. Aunque me llene de alegría el verte, no quiero esta noche oír tales promesas que parecen violentas y demasiado rápidas. Son como el rayo que se extingue, apenas aparece. Aléjate ahora: quizá cuando vuelvas haya llegado abrirse, animado por las brisas del estío, el capullo de esta flor. Adiós, ¡ojalá caliente tu pecho en tan dulce clama como el mío!

Romeo: ¿Y no me das más consuelo que ése?

Julieta: ¿Y qué otro puedo darte esta noche?

Romeo: Tu fe por la mía.

Julieta: Antes te la di que tú acertaras a pedírmela. Lo que siento es no poder dártela otra vez.

Romeo: ¿Pues qué? ¿Otra vez quisieras quitármela?

Julieta: Sí, para dártela otra vez, aunque esto fuera codicia de un bien que tengo ya. Pero mi afán de dártelo todo es tan profundo y tan sin límite como los abismos de la mar. ¡Cuanto más te doy, más quisiera date!… Pero oigo ruido dentro. ¡Adiós no engañes mi esperanza…! Ama, allá voy… Guárdame fidelidad, Montesco mío. Espera un instante, que vuelvo en seguida.

Romeo: ¡Noche, deliciosa noche! Sólo temo que, por ser de noche, no pase todo esto de un delicioso sueño.

Julieta: (Asomada otra vez a la ventana) Sólo te diré dos palabras. Si el fin de tu amor es honrado, si quieres casarte, avisa mañana al mensajero que te enviaré, de cómo y cuándo quieres celebrar la sagrada ceremonia. Yo te sacrificaré mi vida e iré en pos de ti por el mundo.

Ama: (Llamando dentro) ¡Julieta!

Julieta: Ya voy. Pero si son torcidas tus intenciones, suplícote que…

Ama: ¡Julieta!

Julieta: Ya corro… Suplícote que desistas de tu empeño, y me dejes a solas con mi dolor. Mañana irá el mensajero…

Romeo: Por la gloria…

Julieta: Buenas noches.

Romeo: No. ¿Cómo han de ser buenas sin tus rayos? El amor va en busca del amor como el estudiante huyendo de sus libros, y el amor se aleja del amor como el niño que deja sus juegos para tornar al estudio.

Julieta: (Otra vez a la ventana) ¡Romeo! ¡Romeo! ¡Oh, si yo tuviese la voz del cazador de cetrería, para llamar de lejos a los halcones. ¡Si yo pudiera hablar a gritos, penetraría mi voz hasta en la gruta de la ninfa Eco, y llegaría a ensordecerla repitiendo el nombre de mi Romeo!

Romeo: Cuán grado suena el acento de mi amada en la apacible noche, protectora de los amantes! Más dulce es que la música en oído atento.

Julieta: ¡Romeo!

Romeo: ¡Alma mía!

Julieta: ¿A qué hora irá mi criado mañana?

Romeo: A las nueve.

Julieta: No faltará. Las horas se me harán siglos hasta que llegue. No sé para qué te he llamado.

Romeo: ¡Déjame quedar aquí hasta que lo pienses!

Julieta: Con el contento de verte cerca me olvidaré eternamente de lo que pensaba, recordando tu dulce compañía.

Romeo: Para que siga tu olvido no he de irme.

Julieta: Ya es de día. Vete… Pero no quisiera que te alejaras más que el breve trecho que consiente alejarse al pajarillo la niña que le tiene sujeto de una cuerda de seda, y que a veces le suelta de la mano, y luego le coge ansiosa, y le vuelve a soltar…

Romeo: ¡Ojalá fuera yo ese pajarillo!

Julieta: ¿Y qué quisiera yo sino que lo fueras? Aunque recelo que mis caricias habían de matarte. ¡Adiós, adiós! Triste es la ausencia y tan dulce la despedida, que no sé cómo arrancarme de los hierros de esta ventana.

Romeo: ¡Que el sueño descanse en tus dulces ojos y la paz en tu alma! ¡Ojalá fuera yo el sueño, ojalá fuera yo la paz en que se duerme tu belleza! De aquí voy a la celda donde mora mi piadoso confesor, para pedirle ayuda y consejo en este trance.

LAS PENAS DEL JOVEN WERTHER por *JOHAN VON GOETHE*

CARTA DEL 16 DE JUNIO

¿Por qué no te escribo? ¡Y puedes preguntarlo tú, uno de los mayores sabios de la tierra! Debías adivinar que me encuentro bien, muy bien; en una palabra, que he hecho un conocimiento que toca a mi corazón muy de cerca. Tengo… tengo… no sé qué. Contarte por orden y detalladamente cómo he llegado a conocer a una de las criaturas más amables del universo sería tarea apoteósica. Estoy contento y soy dichoso; por ende, soy mal historiógrafo.

¡Un ángel! ¡Ay! Todos dicen otro tanto del dueño de su alma. ¿No es verdad? Y, sin embargo, ¡cómo decirte lo perfecta que es! Porque lo es. Basta: ella abarca todos mis sentidos, los domina. ¡Tanta ingenuidad unida a tanto ingenio! ¡Tanta bondad con tanta fuerza de carácter! ¡Y la tranquilidad del alma en medio de la vida más agitada!

Todo lo que digo de ella no es más que una plática incoherente, lastimosas abstracciones que no dan a conocer ni un ángulo de su personalidad. Otro día… no, ahora mismo te lo voy a decir. Si no lo hago ahora, no lo haré nunca; porque debo decir que desde que empecé a escribir he estado a punto tres veces de tirar la pluma, hacer alistar mi caballo e irme a recorrer el país, aunque me hubiera propuesto esta mañana quedarme aquí. Me asomo a la ventana todo el tiempo para ver si el sol sigue muy alto.

No he podido resistir. He tenido que ir a su casa y ya he regresado, mi querido Guillermo. Cenaré mi manteca mientras te escribo. ¡Qué delicia para mí contemplarla rodeada de sus ocho alegres y traviesos hermanitos!

Si siguiera escribiéndote de este modo, quedarías tan enterado al principio como al final. Pon atención, que voy a violentarme para entrar en detalles.

Ya te escribí en fechas recientes cómo había conocido al mayordomo S*** y cómo me había invitado a ir a verle en su retiro, o más bien en su pequeño reino. Hice poco caso de esta invitación y quizá no habría vuelto a recordarlo si la casualidad no me muestra el tesoro oculto en su retiro.

Los mozos del pueblo daban un baile campestre y asistí. Ofrecí la mano a una agraciada señorita, amable pero insulsa. Se acordó que yo conduciría a mi pareja y a su prima, en coche, al lugar de la fiesta, y que recogeríamos a Carlota S***.

—Va usted a conocer a una mujer muy hermosa —dijo mi pareja al llegar a la soberbia calle, o más bien paseo bordado de árboles generosos que conduce a la quinta—. Cuidado con enamorarse.

—¿Y por qué? —le pregunté.

—Porque está comprometida con un hombre honrado —me contestó—, ausente en este momento arreglando negocios por el deceso de su padre y, al mismo tiempo, para conseguir un empleo ventajoso.

Estos datos, te diré, los oí con total indiferencia.

El sol iba a esconderse detrás de las montañas cuando llegamos a la puerta de entrada. El aire era pesado y difícil era respirar; se veían arremolinarse en el horizonte ingentes y numerosos nubarrones de un color oscuro. Las jóvenes manifestaban sus temores de una tormenta próxima y, aun cuando yo mismo estaba convencido de ello y adelantaba que la fiesta fracasaría, traté de calmarlas con mis fingidos conocimientos meteorológicos.

Me bajé del coche y, al mismo tiempo, se presentó una criada y nos pidió esperar un momento a la señorita Carlota, que iba a bajar enseguida. Atravesé el patio, subí la escalinata que llevaba a la entrada de la linda casa, y cuando pasé por el vestíbulo presencié el espectáculo más encantador que hubiera visto. Seis niños, entre dos y once años, estaban agrupados en torno a una joven de estatura media pero bien formada, cuyo traje era un simple vestido blanco adornado con lazos de color de rosa en mangas y pechera. Tenía un pan casero en la mano y a cada niño le daba un pedazo según su edad y apetito. Los niños levantaban sus manitas y, luego de recibir la merienda, los más vivos se fueron con ella muy alegres y los más calmados se dirigieron con prudencia a la puerta para ver a los forasteros y el coche donde debía subir su querida Carlota.

—Pido a usted mil perdones —me dijo— por haberle dado la molestia de llegar hasta este lugar y por hacer esperar a esas señoras; pero, ocupada primero en vestirme y después en arreglar lo que ha de hacerse en casa en mi ausencia, me olvidé de dar de comer a mis pequeños, y no hay quien les haga tomar el pan si yo no lo parto.

Respondí con un trivial cumplido, porque mi alma entera estaba fija en sus labios, absorta de oír el timbre de su voz y de contemplar su

gallardía. Corrió a su habitación por los guantes y el abanico, y mientras pude reponerme de mi trastorno. Los niños no se atrevían a acercárseme y me miraban de reojo; fui hacia el más pequeño, que era una criatura preciosa. El chiquillo huyó, pero en ese momento Carlota entró y dijo:

—Luis, ven a dar la mano a tu primo.

El muchacho dejó la timidez y obedeció; yo no pude menos que besarle efusivo, a pesar de que su cara estaba llena del dulce de la merienda.

—¡Primo! —repetí yo mientras estiré la mano a Carlota—. ¿Me considera en verdad digno de la dicha de ser familiar suyo?

—¡Oh! —contestó ella con maliciosa sonrisa—. ¡Tenemos tantos primos! Lo que sentiría es que fuera usted el peor de todos.

Al marchar recomendó a Sofía, la mayor de las hermanitas, de unos once años, que tuviera mucho cuidado de los pequeños y que no olvidara dar las buenas noches a su papá cuando volviera a casa; a los niños dijo:

—Ustedes obedezcan a su hermana Sofía como si fuera yo misma.

Algunos prometieron hacerlo, pero una rubita muy viva, de a lo mucho seis años, le dijo con aire de importancia:

—Sofía no es lo mismo que tú, a ti todos te queremos más.

Los dos chicos mayores se habían encaramado al coche y, ante mis ruegos, Carlota les permitió que fueran con nosotros hasta el bosque, con tal que prometieran no hacer ninguna travesura.

Poco después de instalarnos en el coche y luego de saludarse las señoras e intercambiar algunas observaciones sobre los trajes —y sobre todo de los sombreros—, con su poco de murmuración inevitable en estos casos dirigida contra las personas que habríamos de ver, Carlota hizo detener el carro y pidió a los niños que se bajaran; estos obedecieron en el acto, rogando a Carlota que les diera a besar su mano; el mayor lo hizo con la tierna efusividad de los quince años y el menor con mucha viveza. Carlota les encargó que dieran mil caricias de su parte a los otros hermanitos. Seguimos nuestro camino.

La primera le preguntó si había acabado de leer el libro que ella le había enviado.

—No —dijo Carlota—, no me gusta y puedes llevártelo; el anterior no era mucho mejor.

Yo quise saber de qué libros se trataba y quedé admirado al conocer que eran las obras de X. Encontraba tan buen juicio en sus apreciaciones, tanto sentido en todo lo que decía; descubría encantos nuevos en todas sus palabras y veía brillar rayos de inteligencia en su cara que la

iluminaban, que poco a poco se llegaba a distinguir en su semblante la alegría que sentía de que la comprendiera.

Cuando era más joven —dijo—, nada me gustaba como leer novelas. Dios sabe qué placer me causaba pasar el domingo entero en un rincón solitario, participando de la dicha o de las desgracias de una miss Jenny. No niego que este género no tenga todavía para mí algunos atractivos; pero como en el día son muy escasos los momentos libres que me quedan para coger un libro, es preciso por lo menos que sea de mi agrado. El autor que prefiero es aquel que me pone en contacto con los de mi clase y sabe animar todo lo que me rodea; aquel cuyas historias son tan caras a mi corazón como a mi vida interior, que sin ser un paraíso, es para mí un manantial de inexpresable felicidad.

Hice esfuerzos para ocultar la emoción que me producían sus palabras; pero no mucho tiempo, porque al oírla hablar del Vicario de Wakefield y de X, con precisión y verdad conmovedoras, no me pude contener y me empecé a disertar entusiasta, como transportado y fuera de mí.

Hasta que Carlota se dirigió a sus dos compañeras me percaté de que estaban ahí, con los ojos abiertos al extremo, pero como si no estuvieran. La prima me miró con aire malicioso y socarrón, pero fingí no verla. Enseguida se habló del placer del baile.

—¿Será un defecto esa pasión? —dijo Carlota—. He de decir que no conozco nada superior al baile. Cuando alguna pena me embarga y quiero mitigarla, me siento al clave, toco una contradanza y, de inmediato, todo se me pasa.

¡Con avidez miraba sus bellos ojos negros! ¡Con qué ardor contemplaba sus labios rosados, sus frescas mejillas tan animadas, sintiéndome como encantado mientras hablaba! Sumido como en un éxtasis de admiración por lo sublime y exquisito que ella decía, me sucedía con frecuencia no oír las palabras que pronunciaba, ni concentrarme en los términos que utilizaba. ¡Ah! Tú que me conoces, entenderás lo que me pasaba. En una palabra, bajé del carruaje como sonámbulo y seguí caminando como un hombre perdido, inmerso en un mar de ensueños, y cuando llegamos a la puerta de la casa donde era la reunión, no sabía dónde me encontraba.

Tan absorta estaba mi imaginación que no sentí el ruido de la música que oía en la sala de baile, con iluminación brillante. Los dos caballeros, Audrán y un tal N. N. (¿cómo es posible retener en la memoria todos esos nombres?), que eran las parejas de baile de la prima y de Carlota,

nos recibieron al bajarnos del coche y se apoderaron de sus damas. Yo conduje a la mía a la sala de baile. Se empezó a bailar un minué, en el que entrelazábamos unos con otros; yo saqué a bailar a una señorita, luego a otra, y me impacientaba ver que eran justo las más feas las que no podían decidirse a darme la mano para terminar. Carlota y su acompañante empezaron a bailar una contradanza. ¡Qué grande fue mi gozo, como debes imaginar, cuando le tocó venir a hacer figura delante de mí! ¡Verla bailar es admirarla! Su corazón, su alma completa, todo su cuerpo tienen perfecta armonía; son tan libres, tan sueltos sus movimientos, que parece que en esos momentos no ve, ni siente, ni piensa en otra cosa; y se diría que, por instantes, todo se desvanece y desaparece ante sus ojos.

Yo la comprometí para la segunda contradanza, pero ella me prometió la tercera, al decirme con total confianza que le encantaba bailar las alemanadas.

—Aquí se acostumbra y es moda —me dijo— que para las alemanadas cada uno conserve su pareja; pero mi caballero valsea mal y me dispensará, con gusto, si yo le dejo y le excuso de ello. Su pareja está poco al corriente de ese baile y tampoco procura aprenderlo. En cambio, he notado en la contradanza que usted lo hacía muy bien; propongo a mi caballero que le ceda su turno de vals y yo haré la misma solicitud a su pareja.

Yo le di la mano en señal de aceptación del convenio y, de inmediato, quedó arreglado que su caballero entretendría durante la pieza a mi pareja.

El baile dio inicio; al principio nos entretuvimos en hacer varias figuras con los brazos. ¡Qué gracia, qué soltura en todos sus pasos! Cuando llegó el vals y empezamos a dar vueltas unos alrededor de otros, aunque en un inicio nos explayamos con desahogo, como había pocos bailarines que estuvieran al corriente, se dio una confusión extraordinaria. Nosotros tuvimos la prudencia de dejarlos desenredarse poco a poco y los más torpes abandonaron el lugar; entonces nos adueñamos nosotros del salón y empezamos a bailar con nuevo ardor.

Audrán y su pareja fueron los únicos que siguieron con nosotros. Jamás me había sentido tan ágil; ya no era un hombre. ¡Tener entre sus brazos a la más amable de las criaturas! ¡Volar con ella como torbellino que anuncia la tempestad! ¡Ver pasar todo, eclipsarse todo ante mis ojos y a mi alrededor! ¡Sentir! ¡Oh, amigo mío! Si he de ser franco, diré que entonces hice el juramento de no permitir nunca que una joven que yo

amara y sobre la cual tuviera algún derecho bailara con ningún otro hombre, aunque para impedirlo corriera el riesgo de perecer. Creo que me comprendes.

Para recuperar el aliento y descansar un poco, dimos algunas vueltas por la sala, paseando, y ella se sentó enseguida. Yo le ofrecí dos naranjas que había reservado, porque ya no había ninguna en el aparador, y fueron recibidas a la perfección en aquel calor; yo estaba enajenado, pero una indiscreta vecina que se encontraba al lado de Carlota me daba una puñalada al corazón cada vez que aceptaba un gajo de naranja que se le ofrecía.

En la tercera contradanza inglesa formábamos la segunda pareja. Al recorrer toda la columna, Dios sabe con qué delirio seguía yo sus pasos, cómo me embriagaba con sus ojos negros, en los que veía brillar el placer en su pureza completa. Nos tocó hacer figura delante de una mujer que, sin ser muy joven, me había llamado la atención por su grata fisonomía; esta mujer miró a Carlota, sonriendo, y amenazándola con un dedo, pronunció dos veces, al pasar, el nombre de Alberto con un tono significativo.

—¿Quién es Alberto? —le dije a Carlota—, si no es indiscreción preguntar.

Iba a contestar, pero nos tuvimos que separar para formar la gran cadena de ocho, y me pareció ver ensombrecida su frente cuando volví a pasar frente a ella.

—¿Por qué se lo iba a ocultar? —me dijo al darme la mano para el paseo—. Alberto es un hombre honrado con quien estoy comprometida.

Esta no era noticia para mí, pues sus amigas me lo habían advertido durante el camino; pero ahora, después de que habían bastado algunos instantes para tomarle tanto cariño y aprecio, estas palabras me perturbaron como si hubiera recibido un golpe inesperado. Esta noticia me trastornó por completo y su recuerdo me dejó atontado, en términos que ni sabía lo que hacía ni dónde estaba; y este olvido de mí mismo fue tan grande que no supe ni pude hacer a tiempo la figura que seguía, y de tal modo confundí el baile, que fue necesario que, con toda su presencia de espíritu, Carlota me tomara de la mano, como a un niño, y me sacara de aquel caos para poder restablecer el orden.

Los relámpagos que brillaban en el horizonte y que yo calificaba de simples exhalaciones de calor empezaron a ser cada vez más frecuentes, y el estampido del trueno llegó a esconder los acordes de la orquesta. Tres señoritas dejaron en el acto de bailar y sus parejas las siguieron. Se

generalizó la desbandada y enmudeció la música. Cuando una desgracia nos sorprende en medio del placer, parece natural que suframos una impresión más viva que cuando se produce en otras condiciones, bien porque el contraste se deje sentir con mayor viveza o porque nuestra impresionabilidad sea mayor. A una de estas razones debo atribuir las singulares actitudes que noté en algunas señoras. Una de ellas se metió en un rincón, de espaldas a la ventana, y cubrió sus oídos. Otra se arrodilló delante de la primera y ocultó la cabeza entre las piernas de ella. Una tercera se acercó y las estrechó en sus brazos, derramando un copioso torrente de lágrimas.

Algunas querían volver a casa; otras, todavía más fuera de control, ni siquiera conservaban la entereza para rechazar las travesuras de nuestros perillanes, muy solícitos y presurosos en robar de los labios de las bellas atemorizadas los fervientes ruegos que dirigían al cielo.

Parte de los hombres habían salido de la sala de baile y bajado al patio para fumar sus pipas con tranquilidad. El resto de la concurrencia siguió a la dueña de la casa, que tuvo la gran idea de hacernos pasar a otra sala cerrada con contraventanas y cortinas. Apenas llegamos ahí, Carlota hizo un círculo con las sillas, tocó a todos sentarse y propuso un juego de prendas. Al oír esta proposición vi a muchos fruncir alegremente los labios con esperanza, sin duda de conseguir un beso para desempeñar la prenda.

Cuando todos se sentaron:

—Vamos a jugar —dijo— el juego de la Cuenta. Escuchen y pongan atención. Yo daré vueltas en el círculo de derecha a izquierda y mientras ustedes contarán; cada uno tiene que decir el número correspondiente, y todas estas cifras deben sucederse como un fuego graneado: el que se pare o se equivoque recibirá una cachetada; y así debemos contar hasta mil.

¡Oh, qué hermosa lucía en aquellos momentos! Empezó a dar vueltas con los brazos estirados, contando el primero uno; dos, el siguiente; tres, el tercero, y así sucesivamente. Poco a poco la joven aceleró el paso. Uno se equivocó y ¡pum!, recibió una cachetada; el siguiente se rio y perdió la cuenta, y para este momento Carlota iba más aprisa. A mí me tocaron dos bofetones y creí notar con honda satisfacción que fueron más fuertes que las de mis compañeros. La risa y algarabía general terminaron el juego antes de que alcanzáramos el mil. Algunas parejas formaron grupos separados; había pasado ya la tormenta y acompañé a Carlota a la sala donde habíamos bailado.

En el camino me dijo:

—Los golpes les han hecho olvidar la tormenta y todo lo demás.

No atiné a responder.

—Yo era una de las más medrosas, pero haciéndome la valiente para animar a las demás, he logrado en verdad no tener miedo.

Enseguida nos asomamos a la ventana. Aún se oía a lo lejos el rugido del trueno; la lluvia refrescante caía con un murmullo y los más deliciosos aromas llegaban a nosotros; un aire puro y fresco nos traía los balsámicos perfumes que se desprendían de todas las plantas. Recargada en su codo, con aspecto pensativo, sus miradas recorrían toda la campiña; fijó sus ojos en el cielo, luego en mí, y noté en ese momento anegados sus ojos de lágrimas; puso su mano en la mía y dijo:

—¡Klopstock!

Recordé la magnífica oda a que se refería (aquella en la que el poeta celebra la belleza de la naturaleza después de una tempestad), y el nombre de Klopstock me produjo gran cantidad de impetuosas sensaciones, a las que me abandoné con toda mi alma. No pude resistir los impulsos de mi corazón; estaba conmovido en lo más hondo; lloraba de felicidad e, inclinándome hacia Carlota, besé sus manos y luego levanté la mirada en busca de los suyos.

¡Klopstock, noble poeta! ¡Genio sublime! ¿Por qué no has podido ver tu apoteosis en estas miradas? ¡Ojalá no oyera a nadie profanar ya tu augusto nombre!

¿Adónde llegaba con mi relación? Te aseguro que yo lo ignoro; todo lo que sé y lo que recuerdo es que cuando me fui a dormir eran las dos de la mañana. ¡Ah! Si hubiera estado junto a ella, en lugar de escribir, te habría hablado quizá hasta la mañana.

No te he contado aún lo que me sucedió cuando regresamos del baile y hoy no tengo tiempo para hacerte una relación detallada. El sol salía con toda su majestad e iluminaba el bosque. Se veían brillar en las extremidades de las ramas y en las hojas de los árboles las gotas de la lluvia o del rocío, y el verdor de los campos era más fresco y vivo. Nuestras dos acompañantes dormían y ella me preguntó si no haría lo mismo.

—Si tiene sueño —me dijo—, no gaste cumplidos.

—¿Dormir, dormir yo mientras vea esos ojos abiertos? —le respondí con mi mirada fija en la suya—. Me sería imposible cerrarlos.

Y, en efecto, ambos seguimos despiertos hasta llegar a su puerta. Una criada la abrió sin ruido y, después de interrogarla, le respondió que sus

padres y los niños dormían profundamente. Yo me separé de ella tras haberle pedido permiso para visitarla aquel mismo día; ella aceptó y estoy de regreso.

Desde entonces el sol, la luna y las estrellas pueden salir y ocultarse cuando y como quieran; yo no sé ya cuándo es de día ni cuándo es de noche, cuándo hace sol o cuándo hace luna; para mí ha desaparecido el universo en su totalidad.

CARTA DEL 20 DE DICIEMBRE

Agradezco, querido Guillermo, que tu amistad haya entendido tan bien lo que yo quería decir. Tienes razón: lo mejor que puedo hacer es irme. Pero la invitación que me haces para que regrese a tu lado no corresponde mucho a mi pensamiento. Antes haré una breve excursión, a la que convidan el frío continuado que es de esperar y los caminos que estarán en buen estado. Tu deseo de venir a verme me agrada mucho; pero te ruego que me concedas un plazo de quince días y que esperes a recibir otra carta en la que te participe mis últimas noticias. Di a mi madre que pida a Dios por su hijo; dile también que le ofrezco disculpas por todas las angustias a las que la he sometido. Sin duda era mi destino apesadumbrar a las personas a quienes hubiera querido hacer felices. Adiós, mi queridísimo amigo; el cielo ponga en ti sus bendiciones. Adiós.

No intentamos revelar ahora lo que pasaba en el corazón de Carlota y los sentimientos que en él producían su esposo y su desdichado amigo, por más que el conocimiento que tenemos de su carácter nos permita formar una idea cercana.

Es seguro, por lo menos, que estaba decidida a hacer todo lo posible por alejar a Werther y, si algo la hacía dudar, era solo cierta consideración compasiva dictada por la amistad, sabiendo lo caro que le sería al desgraciado joven esta separación, pues un esfuerzo semejante era superior a su fuerza. No obstante, las circunstancias se hacían cada vez más críticas y aquella necesidad, más urgente. Su marido guardaba el más hondo silencio sobre el asunto, así como lo había guardado siempre ella misma, que solo deseaba probar sinceramente con sus actos cuán dignos de los suyos eran sus sentimientos.

El mismo día que Werther escribió a su amigo la carta que recién copiamos, el domingo antes de Navidad, fue por la tarde a casa de Carlota y la encontró sola, arreglando los juguetes para sus hermanos y hermanas. Habló de la alegría que tendrían los niños y de los tiempos en

que la aparición de una mesa cargada de manzanas y turrones eran también para ella las delicias del paraíso.

—Pues bien —le dijo Carlota, ocultando su ofuscación con una cordial sonrisa—, también tendrías regalos de Navidad si tuvieras juicio: una barra de turrón y algún otro detalle.

—¿Y qué entiende por tener juicio? —exclamó Werther—. ¿Cómo debo ser juicioso? ¿Cómo puedo serlo, querida Carlota?

—El jueves por la noche —repuso ella— es Nochebuena; vendrán los niños, mi padre los acompañará y todos recibirán su regalito. Ven tú también, pero no antes.

Werther se sentía cohibido.

—Te lo ruego —agregó—; es necesario… porque esto no puede continuar así.

Al oír estas palabras, Werther apartó su vista de Carlota, se puso a caminar a grandes pasos por el cuarto, repitiendo entre dientes: «Esto no puede seguir».

Percibiendo Carlota el estado de agitación que le habían causado sus palabras, trató de calmarlo y distraerlo con algunas preguntas y diferentes temas de charla; nada dio resultado.

—No, Carlota; ya no volveré a verte.

—¿Y por qué no, Werther? Puedes y debes visitarnos si te moderas. ¿Por qué tienes ese carácter tan ardiente, esa pasión indomable que, como fuego devorador, abrasa todo a su paso? Por Dios te suplico que te controles. ¡Qué de distracciones y de goces ofrecen tu talento, conocimientos e imaginación! ¡Sé un hombre! Aléjate de ese cariño fatal, de esa pasión por una criatura que no puede más que compadecerte.

Werther rechinó los dientes y la miró con un aire sombrío. Carlota sostenía en las manos la de su amigo.

—Ten calma —le dijo—. ¿No ves que corres por voluntad a tu perdición? ¿Por qué he de ser yo, justo yo, que soy de otro? ¡Ah! Temo que la imposibilidad de obtener mi amor sea lo que exalte tu pasión.

Werther quitó la mano y miró a Carlota disgustado.

—Está bien —dijo—; esa sabia observación la ha originado Alberto, sin duda. Es política, ¡muy política!

—Cualquiera puede hacerla —dijo ella—. ¿No habrá en todo el mundo una joven capaz de llenar los deseos de tu corazón? Búscala; te garantizo que la encontrarás. Hace mucho tiempo que deploro, por ti y por nosotros, el aislamiento al que te has condenado. Vamos, haz un esfuerzo; un viaje puede distraerte; si buscas bien, encontrarás una mujer

digna de tu cariño y entonces podrás regresar para que disfrutemos todos esa tranquila felicidad que da la amistad sincera.

—Podrían imprimirse tus palabras —repuso Werther con una sonrisa amarga—, y recomendarlas a todos los que se dedican a la enseñanza. ¡Ah, querida Carlota!, dame un plazo corto y todo estará bien.

—Concedido; pero no vuelvas hasta la víspera de Navidad.

Werther iba a contestar cuando llegó Alberto. Se saludaron con tono seco y ambos se pusieron a caminar, uno al lado del otro, con una carga evidente. Werther habló de cosas sin importancia que dejaba a medias; Alberto, después de hacer lo propio, preguntó a su mujer por algunos encargos que le había dado.

Al saber que no los había terminado, le dijo algunas cosas que parecieron a Werther no solo frías, sino duras. Este quiso marcharse y le faltaron fuerzas. Permaneció ahí hasta las ocho, su mal humor creció; cuando vio que alistaban la mesa, tomó su bastón y su sombrero. Alberto le invitó a quedarse, pero consideró él la invitación como un acto de cortesía forzada y se retiró, no sin antes agradecer con frialdad. Cuando llegó a su casa, tomó la luz de manos de su sirviente, que quería alumbrarle, y subió solo a su cuarto. Una vez ahí, se puso a recorrerla con pasos grandes, sollozando y hablando solo, pero en voz alta y con ardor; acabó por arrojarse vestido sobre la cama, donde el criado le encontró tendido a las once, cuando fue a preguntar si quería que le quitara las botas. Werther aceptó y le prohibió que entrara a su habitación al día siguiente antes de que le llamara.

El lunes por la mañana, 21 de diciembre, escribió a Carlota la siguiente carta, que se encontró cerrada sobre su mesa y fue entregada a su amada.

La incluimos aquí por fragmentos, como parece que la escribió:

Está decidido, Carlota: quiero morir y te lo informo sin ninguna intención romántica, con la cabeza tranquila, el mismo día en que te veré por última vez.

Cuando leas estas líneas, amada Carlota, yacerán en la tumba los despojos del desdichado que, en los últimos momentos de su vida, no encuentra placer más dulce que el de hablar contigo en la mente. He pasado una noche terrible; con todo, ha sido benéfica, porque me ha ayudado a resolverme. ¡Quiero morir!

Al separarnos ayer, un frío inexplicable se apoderó de todo mi ser; volvía la sangre a mi corazón y, respirando con angustiosa dificultad, pensaba en mi vida, que se consume cerca de ti, sin alegría, sin

esperanza. ¡Ah!, estaba helado de miedo. Apenas pude llegar a mi alcoba, donde caí arrodillado, loco por completo. ¡Oh, Dios mío! Tú me concediste por última vez el consuelo del llanto. ¡Pero qué lágrimas tan amargas! Mil ideas, mil proyectos agitaron mi espíritu, fundiéndose, al fin, todos en uno solo; pero firme, inquebrantable: ¡morir! Con esta decisión me acosté; con esta resolución, firme y terminante como ayer, he despertado: ¡quiero morir! No es desesperación, es convicción; mi carrera está terminada y me sacrifico por ti. Sí, Carlota, ¿por qué te lo debería ocultar? Es necesario que uno de los tres muera y deseo ser yo. ¡Oh, vida de mi vida! Más de una vez en mi alma desgarrada se ha introducido un horrible pensamiento: matar a tu esposo… a ti… a mí. Debo ser yo; así será.

Cuando, al anochecer de un día hermoso de verano, subas a la montaña, piensa en mí y recuerda que he recorrido el valle muchas veces; mira después hacia el cementerio y, a los últimos rayos del sol poniente, ve cómo el viento azota la hierba de mi tumba. Estaba tranquilo al comenzar esta misiva y ahora lloro como niño. ¡Tanto martirizan estas ideas a mi pobre corazón!

EL AUXULIAR DE LA PARROQUIA *por CHARLES DICKENS*

Había una vez, en una diminuta ciudad de provincias bastante alejada de Londres, un hombrecito llamado Nathaniel Pipkin, que trabajaba en la parroquia de la pequeña población y vivía en una pequeña casa de la Calle High, a escasos diez minutos a pie de la pequeña iglesia; y a quien se podía encontrar todos los días, de nueve a cuatro, impartiendo algunas enseñanzas a los niños del lugar. Nathaniel Pipkin era un ser ingenuo, inofensivo y de carácter bondadoso, de nariz respingona, un poco zambo, bizco y algo cojo; dividía su tiempo entre la iglesia y la escuela, convencido de que, sobre la faz de la tierra, no había ningún hombre tan inteligente como el pastor, ninguna estancia tan grandiosa como la sacristía, ninguna escuela tan organizada como la suya. Una vez, una sola vez en su vida, había visto a un obispo… a un verdadero obispo, con mangas de batista y peluca. Lo había visto pasear y lo había oído hablar en una confirmación, y, en aquella ocasión tan memorable, Nathaniel Pipkin se había sentido tan abrumado por la devoción y por el miedo que, cuando el obispo que acabamos de mencionar puso la mano sobre su cabeza, él cayó desvanecido y fue sacado de la iglesia en brazos del pertiguero.

Aquello había sido un gran acontecimiento, un momento fundamental en la vida de Nathaniel Pipkin, y el único que había alterado el suave discurrir de su tranquila existencia, hasta que una hermosa tarde en que estaba completamente entregado a sus pensamientos, levantó por casualidad los ojos de la pizarra —donde ideaba un espantoso problema lleno de sumas para un pilluelo desobediente— y éstos se posaron, inesperadamente, en el radiante rostro de María Lobbs, la única hija del viejo Lobbs, el poderoso guarnicionero que vivía enfrente. Lo cierto es que los ojos del señor Pipkin se habían posado antes, y con mucha frecuencia, en el bonito semblante de María Lobbs, en la iglesia y en otros lugares; pero los ojos de María Lobbs nunca le habían parecido tan brillantes, ni las mejillas de María Lobbs tan sonrosadas como en aquella ocasión. No es de extrañar, pues, que Nathaniel Pipkin fuera incapaz de apartar su mirada del rostro de la señorita Lobbs; no es de extrañar que la señorita Lobbs, al ver los ojos del joven clavados en ella, retirara su

cabeza de la ventana donde estaba asomada, la cerrara y bajase la persiana; no es de extrañar que, inmediatamente después, Nathaniel Pipkin se abalanzara sobre el pequeño granuja que antes le había molestado y le diera algún coscorrón y alguna bofetada para desahogarse. Todo eso fue muy natural, y no hay nada en ello digno de asombro.

De lo que sí hay que asombrarse, sin embargo, es de que alguien tan tímido y nervioso como el señor Nathaniel Pipkin, y con unos ingresos tan insignificantes como él, tuviera la osadía de aspirar, desde ese día, a la mano y al corazón de la única hija del irascible viejo Lobbs… del viejo Lobbs, el poderoso guarnicionero, que podía haber comprado toda la ciudad de un plumazo sin que su fortuna se resintiera… del viejo Lobbs, que tenía muchísimo dinero invertido en el banco de la población con mercado más cercana… que, según decían, poseía incontables e inagotables tesoros escondidos en la pequeña caja fuerte con el ojo de la cerradura enorme, sobre la repisa de la chimenea, en la sala de la parte trasera… y que, como todos sabían, los días de fiesta adornaba su mesa con una auténtica tetera de plata, una jarrita para la crema y un azucarero, que, según alardeaba con el corazón henchido de orgullo, serían propiedad de su hija cuando encontrara a un hombre digno de ella. Y comento todo esto porque es realmente asombroso y extraño que Nathaniel Pipkin hubiera tenido la temeridad de mirar en aquella dirección. Pero el amor es ciego, y Nathaniel era bizco; y es posible que la suma de esas dos circunstancias le impidiese ver las cosas como son.

Ahora bien, si el viejo Lobbs hubiera tenido la más remota o vaga idea del estado emocional de Nathaniel Pipkin, habría arrasado la escuela, o borrado a su maestro de la faz de la tierra, o cometido algún otro desmán o atrocidad de características igualmente feroces y violentas; pues el viejo Lobbs era un tipo terrible cuando herían su orgullo o se enojaba. Y, ¡podría jurarlo!, algunas veces soltaba tantos improperios por la boca, cuando denunciaba la holgazanería del delgado aprendiz de piernas esqueléticas, que Nathaniel Pipkin temblaba de miedo y a sus alumnos se les erizaban los cabellos del susto.

Día tras día, cuando se acababan las clases y los alumnos se habían ido, Nathaniel Pipkin se sentaba en la ventana que daba a la fachada y, mientras fingía leer un libro, miraba de reojo al otro lado de la calle en busca de los brillantes ojos de María Lobbs; y no transcurrieron muchos días antes de que esos brillantes ojos apareciesen en una de las ventanas del piso de arriba, aparentemente enfrascados también en la lectura. Era

algo maravilloso que llenaba de alegría el corazón de Nathaniel Pipkin. Era una felicidad estar sentados allí durante horas, los dos juntos, y mirar aquel hermoso rostro cuando bajaba los ojos; pero cuando María Lobbs empezaba a levantar los ojos del libro y a lanzar sus rayos en dirección a Nathaniel Pipkin, su gozo y su admiración no conocían límite. Finalmente, un día en que sabía que el viejo Lobbs se hallaba ausente, Nathaniel Pipkin tuvo el atrevimiento de enviar un beso con la mano a María Lobbs; y María Lobbs, en lugar de cerrar la ventana, ¡se lo devolvió y le sonrió! A raíz de esto, Nathaniel Pipkin decidió que, pasara lo que pasara, comunicaría sin más demora sus sentimientos a la joven.

Jamás un pie más lindo, ni un corazón más feliz, ni unos hoyuelos más encantadores, ni una figura más hermosa, pisó con tanta gracia como María Lobbs, la hija del viejo guarnicionero, la tierra que embellecía con su presencia. Había un centelleo malicioso en sus brillantes ojos que habría conquistado corazones mucho menos enamoradizos que el de Nathaniel Pipkin; y su risa era tan alegre que hasta el peor misántropo habría sonreído al oírla. Ni siquiera el viejo Lobbs, en el paroxismo de su furia, podía resistirse a las carantoñas de su preciosa hija; y cuando ella y su prima Kate —una personita traviesa, descarada y cautivadora— querían conseguir algo del anciano, lo que, para ser sinceros, ocurría a menudo, no había nada que éste fuera capaz de negarles, incluso cuando le pedían una parte de los incontables e inagotables tesoros escondidos en la caja fuerte.

El corazón de Nathaniel Pipkin pareció brincarle dentro del pecho cuando, una tarde de verano, divisó a aquella atractiva pareja unos cientos de yardas por delante de él, en el mismo prado donde tantas veces había paseado hasta el anochecer, recordando la belleza de María Lobbs. Pero, a pesar de que, en esas ocasiones, había pensado frecuentemente con cuánta rapidez se acercaría a María Lobbs para declararle su pasión si la encontraba, ahora que inesperadamente la tenía delante, toda la sangre de su cuerpo afluyó a su rostro, en claro detrimento de sus piernas que, privadas de su dosis habitual, empezaron a temblar bajo su torso. Cuando las jóvenes se paraban a coger una flor del seto, o a escuchar un pájaro, Nathaniel Pipkin hacía también un alto, y fingía estar absorto en sus meditaciones, lo que sin duda era cierto; pues pensaba qué demonios iba a hacer cuando se dieran la vuelta, como ocurriría inevitablemente, y se encontraran frente a frente.

Pero, a pesar de que temía acercarse a ellas, no podía soportar perderlas de vista; de modo que, cuando las dos jóvenes andaban más

deprisa, él andaba más deprisa y, cuando se detenían, él se detenía; y habrían seguido así hasta que la noche se lo impidiera, si Kate no hubiera mirado maliciosamente hacia atrás y hubiese animado a avanzar a Nathaniel. Había algo irresistible en los modales de Kate, así que Nathaniel Pipkin accedió a su deseo; y después de mucho ruborizarse, mientras la pequeña y traviesa prima se desternillaba de risa, Nathaniel Pipkin se arrodilló en la hierba mojada y declaró su determinación de quedarse allí para siempre, a menos que le permitieran ponerse en pie como novio formal de María Lobbs. Al oír esto, la alegre risa de la señorita Lobbs resonó a través del aire sereno de la noche… aunque no pareció perturbarlo; su sonido era tan encantador… Y la pequeña y traviesa prima se rió más fuerte que antes, y Nathaniel Pipkin enrojeció como nunca lo había hecho. Finalmente, María Lobbs, ante la insistencia de su rendido admirador, volvió la cabeza y susurró a su prima que dijera —o, en cualquier caso, fue ésta quien lo dijo— que se sentía muy honrada con las palabras del señor Pipkin; que su mano y su corazón estaban a disposición de su padre; y que nadie podía ser insensible a los méritos del señor Pipkin. Como Kate declaró todo esto con enorme seriedad, y Nathaniel Pipkin acompañó a casa a María Lobbs, e incluso intentó despedirse de ella con un beso, el joven se fue feliz a la cama, y pasó la noche soñando con ablandar al viejo Lobbs, abrir la caja fuerte y casarse con María.

Al día siguiente, Nathaniel Pipkin vio cómo el viejo Lobbs se alejaba en su viejo pony gris y, después de que la pequeña y traviesa prima le hiciera innumerables señas desde la ventana, cuya finalidad y significado fue incapaz de comprender, el delgado aprendiz de piernas esqueléticas fue a decirle que su amo no regresaría en toda la noche y que las damas lo esperaban para tomar el té exactamente a las seis en punto.

Cómo transcurrieron las clases aquel día es algo de lo que ni Nathaniel Pipkin ni sus alumnos saben más que usted; pero lo cierto es que, de un modo u otro, éstas llegaron a su fin y, cuando los niños se marcharon, Nathaniel Pipkin se tomó hasta las seis en punto para vestirse a su gusto. No es que tardase mucho tiempo en elegir el atuendo que iba a llevar, ya que no había dónde escoger; pero, conseguir que éste luciera al máximo y darle los últimos toques era una tarea no exenta de dificultades ni de importancia.

Lo esperaba un pequeño grupo, formado por María Lobbs, su prima Kate y tres o cuatro muchachas, juguetonas y afables, de mejillas sonrosadas. Nathaniel Pipkin comprobó personalmente que los rumores

que corrían sobre los tesoros del viejo Lobbs no eran exagerados. Había sobre la mesa una auténtica tetera de plata, una jarrita para la crema y un azucarero, y auténticas cucharitas de plata para remover el té, y auténticas tazas de porcelana para beberlo, y platos a juego para los pasteles y las tostadas. Lo único que le disgustaba era la presencia de otro primo de María Lobbs, un hermano de Kate, a quien María llamaba Henry, y que parecía acaparar la compañía de María Lobbs en uno de los extremos de la mesa. Resulta encantador que las familias se quieran, siempre que no lleven ese sentimiento demasiado lejos, y Nathaniel Pipkin no pudo sino pensar que María Lobbs debía de estar especialmente encariñada con sus parientes, si prestaba a los demás la misma atención que a aquel primo. Después de tomar el té, cuando la pequeña y traviesa prima propuso jugar a la gallina ciega, por un motivo u otro, Nathaniel Pipkin estuvo casi todo el tiempo con los ojos vendados; y siempre que cogía al primo sabía con seguridad que María Lobbs andaba cerca. Y, a pesar de que la pequeña y traviesa prima y las otras muchachas le pellizcaban, le tiraban del pelo, empujaban las sillas para que tropezara, y toda clase de cosas, María Lobbs jamás se acercó a él; y en una ocasión… en una ocasión… Nathaniel Pipkin habría jurado oír el sonido de un beso, seguido de una débil protesta de María Lobbs, y de unas risitas de sus amigas. Todo esto era extraño… muy extraño… y es difícil saber lo que Nathaniel Pipkin habría hecho si sus pensamientos no hubieran tomado bruscamente otra dirección.

Y las circunstancias que cambiaron el rumbo de sus pensamientos fueron unos fuertes aldabonazos en la puerta de entrada; y quien así llamaba era el viejo Lobbs, que había regresado inesperadamente y golpeaba la puerta con la misma insistencia que un fabricante de ataúdes, pues reclamaba su cena. En cuanto el delgado aprendiz de piernas esqueléticas les comunicó la alarmante noticia, las muchachas subieron corriendo al dormitorio de María Lobbs, y el primo y Nathaniel Pipkin fueron empujados dentro de dos armarios de la sala, a falta de otro escondite mejor; y, cuando María Lobbs y su pequeña y traviesa prima hubieron ocultado a los jóvenes y ordenado la estancia, abrieron al viejo Lobbs, que no había dejado de aporrear la puerta desde su llegada.

Lo que, desgraciadamente, sucedió entonces es que el viejo Lobbs, que estaba muerto de hambre, llegó con un humor espantoso. Nathaniel Pipkin podía oírlo gruñir como un viejo mastín con dolor de garganta; y, siempre que el infortunado aprendiz de piernas esqueléticas entraba en el cuarto, tenía la certeza de que el viejo Lobbs empezaría a maldecirlo

del modo más sarracénico y feroz, aunque, al parecer, sin otra finalidad u objetivo que desahogar su furia con aquellos superfluos exabruptos. Finalmente le sirvieron la cena, que hubieron de calentar, y el viejo Lobbs se abalanzó sobre la comida; después de comérselo todo con rapidez, besó a su hija y le pidió su pipa.

La naturaleza había colocado las rodillas de Nathaniel Pipkin en una posición muy cercana, pero, cuando oyó que el viejo Lobbs pedía su pipa, éstas se juntaron con fuerza como si pretendieran reducirse mutuamente a polvo; pues, colgando de un par de ganchos, en el mismo armario donde se escondía, había una enorme pipa, de boquilla marrón y cazoleta de plata, que él mismo había contemplado en la boca del viejo Lobbs con regularidad, todas las tardes y todas las noches, durante los últimos cinco años. Las dos jóvenes buscaron la pipa en el piso de abajo, en el piso de arriba, y en todas partes excepto donde sabían que estaba, y el viejo Lobbs, mientras tanto, despotricaba del modo más increíble. Finalmente, recordó el armario y se dirigió a él. No sirvió de nada que un hombre diminuto como Nathaniel Pipkin tirara de la puerta hacia dentro mientras un tipo grande y fuerte como el viejo Lobbs tiraba hacia fuera. El viejo Lobbs abrió el armario de golpe, poniendo al descubierto a Nathaniel Pipkin que, muy erguido dentro del armario, temblaba atemorizado de la cabeza a los pies. ¡Santo Dios! Qué mirada tan terrible le lanzó el viejo Lobbs, mientras lo sacaba por el cuello y lo sujetaba a cierta distancia.

—Pero ¿qué demonios se le ha perdido aquí? —exclamó el viejo Lobbs, con voz estentórea.

Nathaniel Pipkin fue incapaz de contestar, de modo que el viejo Lobbs lo zarandeó hacia delante y hacia atrás durante dos o tres minutos, a fin de ayudarlo a aclarar sus ideas.

—¿Que qué se le ha perdido aquí? —bramó Lobbs—; supongo que ha venido detrás de mi hija, ¿no es así?

El viejo Lobbs lo dijo únicamente para burlarse de él; pues no creía que el atrevimiento de Nathaniel Pipkin pudiera llegar tan lejos. Cuán grande fue su indignación cuando el pobre hombre respondió:

—Sí, señor Lobbs, he venido detrás de su hija. Estoy enamorado de ella, señor Lobbs.

—¿Usted? ¡Un rufián apocado, enclenque y mal encarado! —dijo con voz entrecortada el viejo Lobbs, paralizado por la terrible confesión—. ¿Qué significan sus palabras? ¡Dígamelo en la cara! ¡Maldita sea, lo estrangularé!

Es muy probable que el viejo Lobbs hubiera ejecutado su amenaza, empujado por la ira, de no haberlo impedido una inesperada aparición: a saber, el primo de María que, abandonando su armario y corriendo hacia el viejo Lobbs, exclamó:

—No puedo permitir que esta persona inofensiva, que ha sido invitada aquí para el regocijo de unas niñas, asuma, de un modo tan generoso, la responsabilidad de una falta (si es que puede llamarse así) de la que soy el único culpable; y estoy dispuesto a reconocerlo. Quiero a su hija, señor; y he venido con el propósito de verla.

El viejo Lobbs abrió mucho los ojos al oír sus palabras, aunque no más que Nathaniel Pipkin.

—¿Ha venido usted? —dijo Lobbs, recuperando finalmente el habla.

—Sí, he venido.

—Hace mucho tiempo que le prohibí entrar en esta casa.

—Es cierto; de otro modo no habría venido a escondidas esta noche.

Lamento contar esto del viejo Lobbs, pero creo que habría pegado al primo si su hermosa hija, con los brillantes ojos anegados en lágrimas, no le hubiera agarrado el brazo.

—No lo detengas, María —exclamó el joven—; si quiere pegarme, déjalo. Yo no tocaría ni uno de sus cabellos grises por todo el oro del mundo.

El anciano bajó la mirada tras ese reproche, y sus ojos se encontraron con los de su hija. He insinuado ya en una o dos ocasiones que los tenía muy brillantes, y, aunque ahora estaban llenos de lágrimas, su influjo no era menor. Cuando el viejo Lobbs volvió la cabeza, para evitar que esos ojos lo convencieran, se topó con el rostro de la pequeña y traviesa prima que, medio asustada por su hermano y medio riéndose de Nathaniel Pipkin, mostraba la expresión más encantadora, y no exenta de malicia, que un hombre viejo o joven puede contemplar. Cogió zalamera el brazo del anciano y le susurró algo al oído; y, a pesar de sus esfuerzos, el viejo Lobbs no pudo evitar sonreír, al tiempo que una lágrima rodaba por sus mejillas. Cinco minutos más tarde, sus amigas bajaban del dormitorio entre remilgos y risitas sofocadas; y, mientras los jóvenes se divertían, el viejo Lobbs descolgó la pipa y se puso a fumar; y se dio la extraordinaria circunstancia de que aquella pipa de tabaco fue la más deliciosa y relajante que había fumado jamás.

Nathaniel Pipkin creyó preferible guardar silencio y, al hacerlo, consiguió ganarse poco a poco la estima del viejo Lobbs, que con el tiempo le enseñó a fumar; y, durante muchos años, los dos se sentaban

en el jardín al atardecer, cuando el tiempo era bueno, y fumaban y bebían muy animados. No tardó en recuperarse de su desengaño, pues su nombre figura en el registro de la parroquia como testigo de la boda de María Lobbs y su primo; y, según consta en otros documentos, parece que la noche de la ceremonia la pasó entre rejas, por haber cometido toda clase de excesos en las calles en un estado de absoluta embriaguez, ayudado e instigado por el delgado aprendiz de piernas esqueléticas.

LA DAMA DE LAS CAMELIAS *por ALEJANDRO DUMAS*

Armand, cansado por este extenso relato interrumpido a menudo por sus lágrimas, se llevó las dos manos a la frente y cerró los ojos, ya fuera para pensar o ya para intentar dormir, después de darme las páginas escritas de puño y letra de Marguerite.

Unos instantes después una respiración un poco más rápida me indicaba que Armand dormía, pero con ese sueño ligero que el menor ruido hace desaparecer.

Esto es lo que leí, y lo transcribo sin añadir ni quitar ninguna sílaba:

Hoy estamos a 15 de diciembre. Hace tres o cuatro días que no me siento bien. Esta mañana me he quedado en la cama; el tiempo está sombrío, yo estoy triste; no tengo a nadie junto a mí y pienso en usted, Armand. Y usted, ¿dónde está usted en el momento en que escribo estas líneas? Me han dicho que lejos de París, muy lejos, y quizá ya haya olvidado a Marguerite. En fin, sea feliz, usted, a quien debo los únicos momentos alegres de mi vida.

No pude resistir el deseo de darle una explicación de mi conducta, y le escribí una carta; pero, escrita por una chica como yo, tal carta puede parecer una mentira, a no ser que la muerte la santifique con su autoridad y que en vez de ser una carta sea una confesión.

Hoy estoy enferma; puedo morir de esta enfermedad, pues siempre he tenido el presentimiento de que moriría joven. Mi madre murió enferma del pecho, y mi forma de vivir hasta el presente no ha podido sino empeorar esa afección, la única herencia que me dejó; pero no quiero morir sin que sepa usted a qué atenerse respecto a mí, si es que, cuando regrese, aún se preocupa por la pobre chica a quien tanto quería antes de marcharse.

He aquí lo que contenía aquella carta, que me sentiría feliz de volver a escribir para darme una nueva prueba de mi justificación:

Recordará usted, Armand, cómo la llegada de su padre nos sorprendió en Bougival; se acordará del terror involuntario que aquella llegada me causó, de la escena que tuvo lugar entre usted y él y que usted me contó por la noche.

Al día siguiente, mientras estaba usted en París esperando a su padre, que no volvía, se presentó un hombre en mi casa y me entregó una carta del señor Duval.

Aquella carta, que adjunto a ésta, me rogaba en los términos más solemnes que lo alejara a usted al día siguiente con cualquier pretexto y que recibiera a su padre; tenía que hablar conmigo y me recomendaba sobre todo que no le dijera a usted nada de su petición.

Ya sabe con qué insistencia le aconsejé a su vuelta que fuera otra vez a París al día siguiente.

Hacía una hora que se había marchado usted cuando se presentó su padre. Excuso decirle la impresión que me causó su rostro severo. Su padre estaba imbuido de las viejas teorías, que quieren que toda cortesana sea un ser sin corazón, sin razón, una especie de máquina de coger oro, siempre dispuesta, como las máquinas de hierro, a triturar la mano que le tiende algo y a desgarrar sin piedad, sin discernimiento, al que la hace vivir y actuar.

Su padre me escribió una carta muy correcta para que yo accediera a recibirlo; no se presentó en absoluto como había escrito. Hubo en sus primeras palabras la suficiente altanería, impertinencia e incluso amenazas para que yo le hiciera comprender que estaba en mi casa y que no tenía por qué darle cuenta de mi vida, a no ser por el sincero afecto que sentía por su hijo.

El señor Duval se calmó un poco, y con todo se puso a decirme que no podía sufrir por más tiempo que su hijo se arruinara por mí; que yo era hermosa, cierto, pero que por hermosa que fuese no debía servirme de mi hermosura para echar a perder el porvenir de un joven con gastos como los que yo tenía.

A eso no había más que una cosa que responder, ¿verdad?, y era enseñar las pruebas de que desde que era su amante no me había costado ningún sacrificio serle fiel sin pedirle más dinero del que pudiera darme. Le enseñé las papeletas del Monte de Piedad, los recibos de las personas a quienes había vendido los objetos que no pude empeñar y participé a su padre mi decisión de deshacerme de mi mobiliario para pagar mis deudas y para vivir con usted sin serle una carga demasiado pesada. Le conté nuestra felicidad, la revelación que usted me había hecho de una vida más tranquila y más dichosa, y acabó por rendirse a la evidencia y tenderme la mano, pidiéndome perdón por su forma de presentarse al principio.

Luego me dijo:

—Entonces, señora, no será con reprensiones ni amenazas, sino con súplicas, como intentaré obtener de usted un sacrificio más grande que todos los que ha hecho hasta ahora por mi hijo.

Me eché a temblar ante aquel preámbulo.

Su padre se acercó a mí, me cogió las dos manos y continuó en tono afectuoso:

—Hija mía, no me tome a mal lo que voy a decirle; comprenda solamente que la vida tiene a veces necesidades crueles para el corazón, pero a las que hay que someterse. Es usted buena, y hay en su alma generosidades desconocidas de muchas mujeres que quizá la desprecian y no valen lo que usted. Pero piense que al lado de la amante está la familia; que más allá del amor están los deberes; que a la edad de las pasiones sucede la edad en que el hombre, para ser respetado, necesita estar sólidamente asentado en una posición seria. Mi hijo no tiene fortuna, y sin embargo está dispuesto a cederle la herencia de su madre. Si él aceptara el sacrificio que está usted a punto de hacer, sería para él un motivo de honor y dignidad el hacerle a usted a cambio esa cesión que la pondría para siempre al abrigo de una adversidad completa. Pero él no puede aceptar ese sacrificio, porque el mundo, que no la conoce, atribuiría a ese consentimiento una causa desleal que no debe alcanzar al nombre que llevamos. No mirarían si Armand la ama ni si usted lo ama a él, si ese doble amor es una felicidad para él y una rehabilitación para usted; no verían más que una cosa: que Armand Duval ha permitido que una entretenida, y perdóneme, hija mía, lo que me veo obligado a decirle, vendiera para él todo lo que poseía. Luego llegaría el día de los reproches y las lamentaciones, puede estar segura, para usted como para los demás, y arrastrarían los dos una cadena que no podrían romper. ¿Qué harían entonces? Usted habría perdido su juventud, el porvenir de mi hijo estaría destruido, y yo, su padre, sólo tendría de uno de mis hijos la recompensa que espero de los dos.

»Es usted joven y hermosa, la vida la consolará; es usted noble, y el recuerdo de una buena acción la redimirá de muchas cosas pasadas. Desde hace seis meses que la conoce, Armand me ha olvidado. Le he escrito cuatro veces, y no ha pensado ni una vez en contestarme. ¡Hubiera podido morirme sin que lo supiera!

»Cualquiera que sea su decisión de vivir de un modo distinto a como ha vivido hasta ahora, Armand, que la ama, no se resignará a la reclusión a que la condenará su modesta posición y que no está hecha para su belleza. ¡Quién sabe lo que haría entonces! Sé que ha jugado; sé también

que no le ha dicho nada a usted; pero, en un momento de embriaguez, hubiera podido perder una parte de lo que yo he ido reuniendo desde hace muchos años para la dote de mi hija, para él y para la tranquilidad de mi vejez. Lo que pudo ocurrir puede ocurrir todavía.

»Además, ¿está usted segura de que no la atraerá de nuevo la vida que dejaría por él? ¿Está segura, usted que lo ha amado, de no amar a otro? Y, en fin, ¿no sufrirá usted con las trabas que su relación pondrá a la vida de su amante, de las que quizá no pueda consolarlo, si, con la edad, a los sueños de amor suceden ideas de ambición? Reflexione sobre todo esto, señora; usted ama a Armand; demuéstreselo con el único medio que aún le queda de demostrárselo: sacrificando su amor por el futuro de él. Todavía no ha ocurrido ninguna desgracia, pero ocurrirá, y quizá mayor de lo que preveo. Armand puede ponerse celoso de algún hombre que la haya amado; puede provocarlo, puede batirse, puede morir, en fin, y piense en lo que sufriría usted ante este padre que le pediría cuentas de la vida de su hijo.

»En fin, hija mía, sépalo todo, pues no se lo he dicho todo; sepa, pues, lo que me traía a París. Acabo de decirle que tengo una hija, joven, guapa, pura como un ángel. También ella ama y quiere hacer de ese amor el sueño de su vida. Le escribí todo esto a Armand, pero estaba tan ocupado con usted, que no me contestó. Bueno, pues mi hija va a casarse. Se casa con el hombre que ama y entra en una familia honorable que quiere que todo sea honorable en la mía. La familia del hombre que será mi yerno se ha enterado de la vida que Armand lleva en París y ha manifestado que retirará su palabra si Armand sigue viviendo así. En sus manos está el futuro de una niña que no le ha hecho nada y que tiene derecho a contar con el futuro.

»¿Puede usted y se siente con fuerzas para destrozarlo? En nombre de su amor y de su arrepentimiento, Marguerite, concédame la felicidad de mi hija.

Yo lloraba silenciosamente, amigo mío, ante todas aquellas reflexiones que yo me había hecho con tanta frecuencia y que, en boca de su padre, adquirían una realidad más seria aún. Me decía todo lo que su padre no se atrevía a decirme y que tuvo en la punta de la lengua veinte veces: que al fin y al cabo yo no era más que una entretenida y que cualquier razón que diera a nuestra relación tendría siempre el aspecto de cálculo; que mi vida pasada no me daba ningún derecho a soñar con semejante futuro y que aceptaba responsabilidades que, por mis costumbres y mi reputación, no ofrecían ninguna garantía. En fin,

yo lo amaba a usted, Armand. La manera paternal de hablarme del señor Duval, los castos sentimientos que evocaba en mí, la estima de aquel anciano leal que iba a conquistar, la suya, que estaba segura de tener más tarde, todo ello despertó en mi corazón nobles pensamientos que me realzaban a mis propios ojos e impulsaban a hablar de santas vanidades, desconocidas hasta entonces. Cuando pensaba que algún día aquel anciano, que me imploraba por el futuro de su hijo, diría a su hija que añadiera mi nombre a sus oraciones, como el nombre de una misteriosa amiga, me transformaba y me sentía orgullosa de mí misma.

La exaltación del momento exageraba quizá la verdad de aquellas impresiones; pero eso era lo que yo experimentaba, amigo, y aquellos nuevos sentimientos hacían callar los consejos que me daba el recuerdo de los días felices pasados con usted.

—Está bien, señor —dije a su padre, enjugando mis lágrimas—. ¿Cree usted que amo a su hijo?

—Sí —me dijo el señor Duval.

—¿Con un amor desinteresado?

—Sí.

—¿Cree que había hecho de ese amor la esperanza, el sueño y el perdón de mi vida?

—Firmemente.

—Pues bien, señor, béseme una vez como besaría a su hija, y le juro que ese beso, el único realmente casto que habré recibido, me hará fuerte contra mi amor, y que antes de ocho días su hijo volverá con usted, quizá desgraciado por algún tiempo, pero curado para siempre.

—Es usted una noble muchacha —replicó su padre, besándome en la frente, e intenta algo que Dios le tendrá en cuenta, pero mucho me temo que no obtendrá nada de mi hijo.

—¡Oh!, esté tranquilo, señor: me odiará.

Hacía falta levantar entre nosotros una barrera infranqueable para el uno como para el otro.

Escribí a Prudence que aceptaba las proposiciones del señor conde de N..., y que fuera a decirle que cenaría con ella y con él. Cerré la carta y, sin decirle lo que encerraba, rogué a su padre que la enviara a su destino en llegando a París. No obstante, me preguntó qué contenía.

—Es la felicidad de su hijo —le respondí.

Su padre me besó una vez más. Sentí en mi frente dos lágrimas de agradecimiento, que fueron como el bautismo de mis faltas de otro tiempo y, en el momento en que acababa de consentir en entregarme a

otro hombre, irradiaba de orgullo al pensar en lo que redimía por medio de aquella nueva falta.

Era muy natural, Armand; usted me había dicho que su padre era el hombre más honrado que se podía encontrar.

El señor Duval subió al coche y se fue.

Sin embargo, soy mujer y, cuando volví a verlo a usted, no pude menos de llorar, pero no flaqueé.

¿He hecho bien? Eso es lo que me pregunto hoy que he caído enferma en un lecho que quizá sólo muerta dejaré.

Usted fue testigo de lo que yo experimentaba a medida que se acercaba la hora de nuestra separación inevitable; su padre ya no estaba allí para apoyarme, y hubo un momento en que estuve muy cerca de confesárselo todo, de tan espantada como estaba ante la idea de que usted iba a odiarme y despreciarme.

Quizá no lo crea, Armand, pero rogaba a Dios que me diera fuerza, y la prueba de que aceptó mi sacrificio es que me dio la fuerza que le imploraba.

¡Aún necesité ayuda en aquella cena, pues no quería saber lo que iba a hacer, de tanto como temía que me faltase valor!

¿Quién me hubiera dicho a mí, Marguerite Gautier, que llegaría a sufrir tanto ante la sola idea de tener un nuevo amante?

Bebí para olvidar y, cuando me desperté al día siguiente, estaba en la cama del conde.

Esta es toda la verdad, amigo: juzgue usted y perdóneme, como ya le he perdonado todo el daño que me hizo desde aquel día.

EL DON JUAN *por BENITO PÉREZ GALDÓS*

«Esta no se me escapa: no se me escapa, aunque se opongan a mi triunfo todas las potencias infernales», dije yo siguiéndola a algunos pasos de distancia, sin apartar de ella los ojos, sin cuidarme de su acompañante, sin pensar en los peligros que aquella aventura ofrecía.

¡Cuánto me acuerdo de ella! Era alta, rubia, esbelta, de grandes y expresivos ojos, de majestuoso y agraciado andar, de celestial y picaresca sonrisa. Su nariz, terminada en una hermosa línea levemente encorvada, daba a su rostro una expresión de desdeñosa altivez, capaz de esclavizar medio mundo. Su respiración era ardiente y fatigada, marcando con acompasadas depresiones y expansiones voluptuosas el movimiento de la máquina sentimental, que andaba con una fuerza de caballos de buena raza inglesa. Su mirada no era definible; de sus ojos, medio cerrados por el sopor normal que la irradiación calurosa de su propia tez le producía, salían furtivos rayos, destellos perdidos que quemaban mi alma. Pero mi alma quería quemarse, y no cesaba de revolotear como imprudente mariposa en torno a aquella luz. Sus labios eran coral finísimo; su cuello, primoroso alabastro; sus manos, mármol delicado y flexible; sus cabellos, doradas hebras que las del mesmo sol escurecían. En el hemisferio meridional de su rostro, a algunos grados del meridiano de su nariz y casi a la misma latitud que la boca, tenía un lunar, adornado de algunos sedosos cabellos que, agitados por el viento, se mecían como frondoso cañaveral. Su pie era tan bello, que los adoquines parecían convertirse en flores cuando ella pasaba; de los movimientos de sus brazos, de las oscilaciones de su busto, del encantador vaivén de su cabeza, ¿qué puedo decir? Su cuerpo era el centro de una infinidad de irradiaciones eléctricas, suficientes para dar alimento para un año al cable submarino.

No había oído su voz; de repente la oí. ¡Qué voz, Santo Dios!, parecía que hablaban todos los ángeles del cielo por boca de su boca. Parecía que vibraba con sonora melodía el lunar, corchea escrita en el pentagrama de su cara. Yo devoré aquella nota; y digo que la devoré, porque me hubiera comido aquel lunar, y hubiera dado por aquella lenteja mi derecho de primogenitura sobre todos los don Juanes de la tierra.

Su voz había pronunciado estas palabras, que no puedo olvidar:

—Lurenzo, ¿sabes que comería un bucadu? —Era gallega.

—Angel mío —dijo su marido, que era el que la acompañaba—: aquí tenemos el café del Siglo, entra y tomaremos jamón en dulce.

Entraron, entré; se sentaron, me senté (enfrente); comieron, comí (ellos jamón, yo… no me acuerdo de lo que comí; pero lo cierto es que comí).

Él no me quitaba los ojos de encima. Era un hombre que parecía hecho por un artífice de Alcorcón, expresamente para hacer resaltar la belleza de aquella mujer gallega, pero modelada en mármol de Paros por Benvenuto Cellini. Era un hombre bajo y regordete, de rostro apergaminado y amarillo como el forro de un libro viejo: sus cejas angulosas y las líneas de su nariz y de su boca tenían algo de inscripción. Se le hubiera podido comparar a un viejo libro de 700 páginas, voluminoso, ilegible y apolillado. Este hombre estaba encuadernado en un enorme gabán pardo con cantos de lanilla azul.

Después supe que era un bibliómano.

Yo empecé a deletrear la cara de mi bella galleguita.

Soy fuerte en la paleontología amorosa. Al momento entendí la inscripción, y era favorable para mí.

—Victoria —dije, y me preparé a apuntar a mi nueva víctima en mi catálogo. Era el número 1.003.

Comieron, y se hartaron, y se fueron.

Ella me miró dulcemente al salir. Él me lanzó una mirada terrible, expresando que no las tenía todas consigo; de cada renglón de su cara parecía salir una chispa de fuego indicándome que yo había herido la página más oculta y delicada de su corazón, la página o fibra de los celos.

Salieron, salí.

Entonces era yo el don Juan más célebre del mundo, era el terror de la humanidad casada y soltera. Relataros la serie de mis triunfos sería cosa de no acabar. Todos querían imitarme; imitaban mis ademanes, mis vestidos. Venían de lejanas tierras sólo para verme. El día en que pasó la aventura que os refiero era un día de verano, yo llevaba un chaleco blanco y unos guantes de color de fila, que estaban diciendo comedme.

Se pararon, me paré; entraron, esperé; subieron, pasé a la acera de enfrente.

En el balcón del quinto piso apareció una sombra: ¡es ella!, dije yo, muy ducho en tales lances.

Acerqueme, mire a lo alto, extendí una mano, abrí la boca para hablar, cuando de repente, ¡cielos misericordiosos! ¡cae sobre mí un

diluvio!… ¿de qué? No quiero que este pastel quede, si tal cosa nombro, como quedaron mi chaleco y mis guantes.

Lleneme de ira: me habían puesto perdido. En un acceso de cólera, entro y subo rápidamente la escalera.

Al llegar al tercer piso, sentí que abrían la puerta del quinto. El marido apareció y descargó sobre mí con todas sus fuerzas un objeto que me descalabró: era un libro que pesaba sesenta libras. Después otro del mismo tamaño, después otro y otro; quise defenderme, hasta que al fin una Compilatio decretalium me remató: caí al suelo sin sentido.

Cuando volví en mí, me encontré en el carro de la basura.

Levanteme de aquel lecho de rosas, y me alejé como pude. Miré a la ventana: allí estaba mi verdugo en traje de mañana, vestido a la holandesa; sonrió maliciosamente y me hizo un saludo que me llenó de ira.

Mi aventura 1.003 había fracasado. Aquélla era la primera derrota que había sufrido en toda mi vida. Yo, el don Juan por excelencia, ¡el hombre ante cuya belleza, donaire, desenfado y osadía se habían rendido las más meticulosas divinidades de la tierra!… Era preciso tomar la revancha en la primera ocasión. La fortuna no tardó en presentármela.

Entonces, ¡ay!, yo vagaba alegremente por el mundo, visitaba los paseos, los teatros, las reuniones y también las iglesias.

Una noche, el azar, que era siempre mi guía, me había llevado a una novena: no quiero citar la iglesia, por no dar origen a sospechas peligrosas. Yo estaba oculto en una capilla, desde donde sin ser visto dominaba la concurrencia. Apoyada en una columna vi una sombra, una figura, una mujer. No pude ver su rostro, ni su cuerpo, ni su ademán, ni su talle, porque la cubrían unas grandes vestiduras negras desde la coronilla hasta las puntas de los pies. Yo colegí que era hermosísima, por esa facultad de adivinación que tenemos los don Juanes.

Concluyó el rezo; salió, salí; un joven la acompañaba, «¡su esposo!», dije para mí, algún matrimonio en la luna de miel.

Entraron, me paré y me puse a mirar los cangrejos y langostas que en un restaurante cercano se veían expuestos al público. Miré hacia arriba, ¡oh felicidad! Una mujer salía del balcón, alargaba la mano, me hacía señas… Cercioreme de que no tenía en la mano ningún ánfora de alcoba, como el maldito bibliómano, y me acerqué. Un papel bajó revoloteando como una mariposa hasta posarse en mi hombro. Leí: era una cita. ¡Oh fortuna!, ¡era preciso escalar un jardín, saltar tapias!, eso

era lo que a mí me gustaba. Llegó la siguiente noche y acudí puntual. Salté la tapia y me hallé en el jardín.

Un tibio y azulado rayo de luna, penetrando por entre las ramas de los árboles, daba melancólica claridad al recinto y marcaba pinceladas y borrones de luz sobre todos los objetos.

Por entre las ramas vi venir una sombra blanca, vaporosa: sus pasos no se sentían, avanzaba de un modo misterioso, como si una suave brisa la empujara. Acercose a mí y me tomó de una mano; yo proferí las palabras más dulces de mi diccionario, y la seguí; entramos juntos en la casa. Ella andaba con lentitud y un poco encorvada hacia adelante. Así deben andar las dulces sombras que vagan por el Elíseo, así debía andar Dido cuando se presentó a los ojos de Eneas el Pío.

Entramos en una habitación oscura. Ella dio un suspiro que así de pronto me pareció un ronquido, articulado por unas fauces llenas de rapé. Sin embargo, aquel sonido debía salir de un seno inflamado con la más viva llama del amor. Yo me postré de rodillas, extendí mis brazos hacia ella… cuando de pronto un ruido espantoso de risas resonó detrás de mí; abriéronse puertas y entraron más de veinte personas, que empezaron a darme de palos y a reír como una cuadrilla de demonios burlones. El velo que cubría mi sombra cayó, y vi, ¡Dios de los cielos!, era una vieja de más de noventa años, una arpía arrugada, retorcida, seca como una momia, vestigio secular de una mujer antediluviana, de voz semejante al gruñido de un perro constipado; su nariz era un cuerno, su boca era una cueva de ladrones, sus ojos, dos grietas sin mirada y sin luz. Ella también se reía, ¡la maldita!, se reía como se reiría la abuela de Lucifer, si un don Juan le hubiera hecho el amor.

Los golpes de aquella gente me derribaron; entre mis azotadores estaban el bibliómano y su mujer, que parecían ser los autores de aquella trama. Entre puntapiés, pellizcos, bastonazos y pescozones, me pusieron en la calle, en medio del arroyo, donde caí sin sentido, hasta que las matutinas escobas municipales me hicieron levantar. Tal fue la singular aventura del don Juan más célebre del universo. Siguieron otras por el estilo; y siempre tuve tan mala suerte, que constantemente paraba en los carros que recogen por las mañanas la inmundicia acumulada durante la noche. Un día me trajeron a este sitio, donde me tienen encerrado, diciendo que estoy loco. La sociedad ha tenido que aherrojarme como a una fiera asoladora; y en verdad, a dejarme suelto, yo la hubiera destruido.

LA MUERTA ENAMORADA por *THÉOPHILE GAUTIER*

Me preguntas, hermano, si he amado; sí. Es una historia singular y terrible, y, a pesar de mis sesenta y seis años, apenas me atrevo a remover las cenizas de este recuerdo. No quiero negarte nada, pero no referiría una historia semejante a otra persona menos experimentada que tú. Se trata de acontecimientos tan extraordinarios que apenas puedo creer que hayan sucedido. Fui, durante más de tres años, el juguete de una ilusión singular y diabólica. Yo, un pobre cura rural, he llevado todas las noches en sueños (quiera Dios que fuera un sueño) una vida de condenado, una vida mundana y de Sardanápalo. Una sola mirada demasiado complaciente a una mujer pudo causar la perdición de mi alma; pero, con la ayuda de Dios y de mi santo patrón, pude desterrar al malvado espíritu que se había apoderado de mí. Mi vida se había complicado con una vida nocturna completamente diferente. Durante el día yo era un sacerdote del Señor, casto, ocupado en la oración y en las cosas santas. Durante la noche, en el momento en que cerraba los ojos, me convertía en un joven caballero, experto en mujeres, perros y caballos, jugador de dados, bebedor y blasfemo. Y cuando, al llegar el alba, me despertaba, me parecía lo contrario, que me dormía y soñaba que era sacerdote. Me han quedado recuerdos de objetos y palabras de esta vida sonámbula, de los que no puedo defenderme y, a pesar de no haber salido nunca de mi parroquia, se diría al oírme que soy más bien un hombre que lo ha probado todo, y que, desengañado del mundo, ha entrado en religión queriendo terminar en el seno de Dios días tan agitados, que un humilde seminarista que ha envejecido en una ignorada casa de cura, en medio del bosque y sin ninguna relación con las cosas del siglo.

Sí, he amado como no ha amado nadie en el mundo, con un amor insensato y violento, tan violento que me asombra que no haya hecho estallar mi corazón. ¡Oh, qué noches! ¡Qué noches!

Desde mi más tierna infancia había sentido la vocación del sacerdocio; también fueron dirigidos en este sentido todos mis estudios, y mi vida, hasta los veinticuatro años, no fue otra cosa que un largo noviciado. Con los estudios de teología terminados, pasé sucesivamente por todas las órdenes menores, y mis superiores me juzgaron digno, a

pesar de mi juventud, de alcanzar el último y terrible grado. El día de mi ordenación fue fijado para la semana de Pascua.

Jamás había andado por el mundo. El mundo era para mí el recinto del colegio y del seminario. Sabía vagamente que existía algo que se llamaba mujer, pero no me paraba a pensarlo: mi inocencia era perfecta. Sólo veía a mi madre, anciana y enferma, dos veces al año, y ésta era toda mi relación con el exterior.

No lamentaba nada, no sentía la más mínima duda ante este compromiso irrevocable; estaba lleno de alegría y de impaciencia. Jamás novia alguna contó las horas con tan febril ardor; no dormía, soñaba que cantaba misa. ¡Ser sacerdote! No había en el mundo nada más hermoso: hubiera rechazado ser rey o poeta. Mi ambición no iba más allá.

Digo esto para mostrar cómo lo que me sucedió no debió sucederme y cómo fui víctima de tan inexplicable fascinación.

Llegado el gran día caminaba hacia la iglesia tan ligero que me parecía estar sostenido en el aire, o tener alas en los hombros. Me creía un ángel, y me extrañaba la fisonomía sombría y preocupada de mis compañeros, pues éramos varios. Había pasado la noche en oración, y mi estado casi rozaba el éxtasis. El obispo, un anciano venerable, me parecía Dios Padre inclinado en su eternidad, y podía ver el cielo a través de las bóvedas del templo.

Conoces los detalles de esta ceremonia: la bendición, la comunión bajo las dos especies, la unción de las palmas de las manos con el aceite de los catecúmenos y, finalmente, el santo sacrificio ofrecido al unísono con el obispo. No me detendré en esto. ¡Oh, qué razón tiene Job, y cuán imprudente es aquel que no llega a un pacto con sus ojos! Levanté casualmente mi cabeza, que hasta entonces había tenido inclinada, y vi ante mí, tan cerca que habría podido tocarla —aunque en realidad estuviera a bastante distancia y al otro lado de la balaustrada—, a una mujer joven de una extraordinaria belleza y vestida con un esplendor real. Fue como si se me cayeran las escamas de las pupilas. Experimenté la sensación de un ciego que recuperara súbitamente la vista. El obispo, radiante, se apagó de repente, los cirios palidecieron en sus candelabros de oro como las estrellas al amanecer, y en toda la iglesia se hizo una completa oscuridad. La encantadora criatura destacaba en ese sombrío fondo como una presencia angelical; parecía estar llena de luz, luz que no recibía, sino que derramaba a su alrededor.

Bajé los párpados, decidido a no levantarlos de nuevo, para apartarme de la influencia de los objetos, pues me distraía cada vez más, y apenas sabía lo que hacía.

Un minuto después volví a abrir los ojos, pues a través de mis párpados la veía relucir con los colores del prisma en una penumbra púrpura, como cuando se ha mirado al sol. ¡Ah, qué hermosa era! Cuando los más grandes pintores, persiguiendo en el cielo la belleza ideal, trajeron a la tierra el divino retrato de la Madonna, ni siquiera vislumbraron esta fabulosa realidad. Ni los versos del poeta ni la paleta del pintor pueden dar idea. Era bastante alta, con un talle y un porte de diosa; sus cabellos, de un rubio claro, se separaban en la frente y caían sobre sus sienes como dos ríos de oro; parecía una reina con su diadema; su frente, de una blancura azulada y transparente, se abría amplia y serena sobre los arcos de las pestañas negras, singularidad que contrastaba con las pupilas verde mar de una vivacidad y un brillo insostenibles. ¡Qué ojos! Con un destello decidían el destino de un hombre; tenían una vida, una transparencia, un ardor, una humedad brillante que jamás había visto en ojos humanos; lanzaban rayos como flechas dirigidas a mi corazón. No sé si la llama que los iluminaba venía del cielo o del infierno, pero ciertamente venía de uno o de otro. Esta mujer era un ángel o un demonio, quizá las dos cosas; no había nacido del costado de Eva, la madre común. Sus dientes eran perlas de Oriente que brillaban en su roja sonrisa, y a cada gesto de su boca se formaban pequeños hoyuelos en el satén rosa de sus adorables mejillas. Su nariz era de una finura y de un orgullo regios, y revelaba su noble origen. En la piel brillante de sus hombros semidesnudos jugaban piedras de ágata y unas rubias perlas, de color semejante al de su cuello, que caían sobre su pecho. De vez en cuando levantaba la cabeza con un movimiento ondulante de culebra o de pavo real que hacía estremecer el cuello de encaje bordado que la envolvía como una red de plata.

Llevaba un traje de terciopelo nacarado, de cuyas amplias mangas de armiño salían unas manos patricias, infinitamente delicadas. Sus dedos, largos y torneados, eran de una transparencia tan ideal que dejaban pasar la luz como los de la aurora.

Tengo estos detalles tan presentes como si fueran de ayer, y aunque estaba profundamente turbado nada escapó a mis ojos; ni siquiera el más pequeño detalle: el lunar en la barbilla, el imperceptible vello en las comisuras de los labios, el terciopelo de su frente, la sombra temblorosa

de las pestañas sobre las mejillas, captaba el más ligero matiz con una sorprendente lucidez.

Mientras la miraba sentía abrirse en mí puertas hasta ahora cerradas; tragaluces antes obstruidos dejaban entrever perspectivas desconocidas; la vida me parecía diferente, acababa de nacer a un nuevo orden de ideas. Una escalofriante angustia me atenazaba el corazón; cada minuto transcurrido me parecía un segundo y un siglo. Sin embargo, la ceremonia avanzaba, y yo me encontraba lejos del mundo, cuya entrada cerraban con furia mis nuevos deseos. Dije sí, cuando quería decir no, cuando todo mi ser se revolvía y protestaba contra la violencia que mi lengua hacía a mi alma: una fuerza oculta me arrancaba, a mi pesar, las palabras de la garganta. Quizá por este motivo tantas jóvenes llegan al altar con el firme propósito de rechazar clamorosamente al esposo que les imponen y ninguna lleva a cabo su plan. Por esta razón, sin duda, tantas novicias toman el velo aunque decididas a destrozarlo en el momento de pronunciar sus votos. Uno no se atreve a provocar tal escándalo ni a decepcionar a tantas personas; todas las voluntades, todas las miradas pesan sobre uno como una losa de plomo; además, todo está tan cuidadosamente preparado, las medidas tomadas con antelación de una forma tan visiblemente irrevocable, que el pensamiento cede ante el peso de los hechos y sucumbe por completo.

La mirada de la hermosa desconocida cambiaba de expresión según transcurría la ceremonia. Tierna y acariciadora al principio, adoptó un aire desdeñoso y disgustado, como de no haber sido comprendida.

Hice un esfuerzo capaz de arrancar montañas para gritar que yo no quería ser sacerdote, sin conseguir nada; mi lengua estaba pegada al paladar y me fue imposible traducir mi voluntad en el más mínimo gesto negativo. Aunque despierto, mi estado era semejante al de una pesadilla en que se quiere gritar una palabra de la que nuestra vida depende sin obtener resultado alguno.

Ella pareció darse cuenta de mi martirio y, como para animarme, me lanzó una mirada llena de divinas promesas. Sus ojos eran un poema en el que cada mirada era un canto.

Me decía:

—Si quieres ser mío, te haré más dichoso que el mismo Dios en su paraíso; los ángeles te envidiarán. Rompe ese fúnebre sudario con que vas a cubrirte, yo soy la belleza, la juventud, la vida; ven a mí, seremos el amor. ¿Qué podría ofrecerte Yahvé como compensación? Nuestra vida discurrirá como un sueño y será un beso eterno.

—Derrama el vino de ese cáliz y serás libre, te llevaré a islas desconocidas, dormirás apoyado en mi seno en un lecho de oro macizo bajo un dosel de plata. Te amo y quiero arrebatarte a tu Dios, ante quien tantos corazones nobles derraman un amor que nunca llega hasta él.

Me parecía oír estas palabras con un ritmo y una dulzura infinita; su mirada tenía música, y las frases que me enviaban sus ojos resonaban en el fondo de mi corazón como si una boca invisible las hubiera susurrado en mi alma. Me encontraba dispuesto a renunciar a Dios y, sin embargo, mi corazón realizaba maquinalmente las formalidades de la ceremonia. La hermosa mujer me lanzó una segunda mirada tan suplicante, tan desesperada, que me atravesaron el corazón cuchillas afiladas, y sentí en el pecho más puñales que la Dolorosa.

Todo terminó. Ya era sacerdote.

Jamás fisonomía humana manifestó una angustia tan desgarradora; la joven que ve morir a su novio súbitamente junto a ella, la madre junto a la cuna vacía de su hijo, Eva sentada en el umbral del paraíso, el avaro que encuentra una piedra en el lugar de su tesoro, y el poeta que deja caer al fuego el único manuscrito de su más bella obra, no muestran un aire tan aterrado e inconsolable. La sangre abandonó su rostro encantador, que se volvió blanco como el mármol; sus hermosos brazos cayeron a lo largo de su cuerpo como si sus músculos se hubieran relajado, y se apoyó en una columna, pues desfallecían sus piernas. Yo me dirigí vacilante hacia la puerta de la iglesia, lívido, con la frente inundada de sudor más sangrante que el del Calvario. Me ahogaba. Las bóvedas caían sobre mis hombros y me parecía como si sostuviera solo yo con mi cabeza todo el peso de la cúpula.

Al franquear el umbral, una mano se apoderó bruscamente de la mía, ¡una mano de mujer! Jamás había tocado otra. Era fría como la piel de una serpiente y me dejó una huella ardiente como la marca de un hierro al rojo vivo. Era ella.

—¡Infeliz, infeliz! ¿Qué has hecho? —me susurró. Luego desapareció entre la multitud.

El anciano obispo pasó a mi lado; me miró severamente. Mi comportamiento era de lo más extraño, palidecía, enrojecía, me encontraba turbado. Uno de mis compañeros se apiadó de mí y me llevó con él; hubiera sido incapaz de encontrar solo el camino del seminario. A la vuelta de una esquina, mientras el joven sacerdote miraba hacia otro lado, un paje vestido de manera extraña se me acercó y, sin detenerse, me entregó un portafolios rematado en oro, indicándome que lo ocultara;

lo deslicé en mi manga y lo tuve guardado hasta que me quedé solo en mi celda. Hice saltar el broche; sólo había dos hojas con estas palabras: "Clarimonda, en el palacio Concini." Como yo no estaba entonces al corriente de las cosas de la vida, no conocía a Clarimonda, a pesar de su celebridad, e ignoraba por completo dónde se encontraba el palacio Concini. Hice mil conjeturas tan extravagantes unas como otras, pero, con tal de volver a verla, me importaba bastante poco que pudiera ser gran dama o cortesana.

Este amor, nacido hacía bien poco, se había enraizado de forma indestructible. De tan imposible como me parecía, ni siquiera pensaba en intentar arrancarlo. Esta mujer se había apoderado de mí por completo; tan solo una mirada suya había bastado para transformarme; me había insinuado su voluntad, y ya no vivía en mí, sino en ella y para ella. Hacía mil extravagancias, besaba mi mano donde ella me había cogido y repetía su nombre durante horas. Solo con cerrar los ojos la veía con la misma claridad que si estuviera ante mí y me repetía las mismas palabras que ella me dijo en el pórtico de la iglesia: "Infeliz, infeliz, ¿qué has hecho?". Comprendía todo el horror de mi situación y el carácter fúnebre y terrible del estado que acababa de profesar se revelaba ante mí. Ser sacerdote, es decir, castidad, no amar, no distinguir ni edad ni sexo, apartarse de la belleza, arrancarse los ojos, arrastrarse en la sombra helada de un claustro o de una iglesia, ver solo moribundos, velar cadáveres desconocidos y llevar sobre sí el duelo de la negra sotana con el fin de convertir la túnica en un manto para el propio féretro.

Y sentía mi vida como un lago interior que crece y se desborda; la sangre me latía con fuerza en las arterias; mi juventud, tanto tiempo reprimida, estallaba de golpe, como el áloe que tarda cien años en florecer y se abre con la fuerza de un trueno.

¿Cómo hacer para ver de nuevo a Clarimonda? No tenía pretextos para salir del seminario, no conocía a nadie en la ciudad; ni siquiera permanecería allí por más tiempo, pues solo esperaba a que me designasen la parroquia que debía ocupar. Intenté arrancar los barrotes de la ventana, pero la altura era horrible, y sin escalera era impensable. Además, solo podría bajar de noche y ¿cómo conducirme en el inextricable laberinto de calles? Estas dificultades —que no serían nada para otros— eran inmensas para mí, pobre seminarista recién enamorado, sin experiencia, sin dinero y sin ropa.

"¡Ah! —me decía a mí mismo en mi ceguera—, si no hubiera sido sacerdote habría podido verla todos los días, habría sido su amante, su

esposo; en vez de estar cubierto con mi triste sudario, tendría ropas de seda y terciopelo, cadenas de oro, una espada y plumas como los jóvenes y hermosos caballeros. Mis cabellos, deshonrados por la tonsura, jugarían alrededor de mi cuello, formando ondeantes rizos. Tendría un lustroso bigote y sería un valiente. Pero, una hora ante el altar, unas pocas palabras apenas articuladas, me separaban para siempre de entre los vivos, ¡y yo mismo había sellado la losa de mi tumba, había corrido el cerrojo de mi prisión!"

Me asomé a la ventana. El cielo estaba maravillosamente azul, los árboles se habían vestido de primavera; la naturaleza hacía gala de una irónica alegría. La plaza estaba llena de gente; unos iban, otros venían. Galanes y hermosas jovencitas iban en parejas hacia el jardín y los cenadores. Grupos de amigos pasaban cantando canciones de borrachos. Había un movimiento, una vida, una animación que aumentaba penosamente mi duelo y mi soledad. Una madre joven jugaba con su hijo en el umbral de la casa. Le besaba su boquita rosa perlada de gotas de leche, y le hacía arrumacos con mil divinas puerilidades que solo las madres saben hacer. El padre, de pie, a una cierta distancia, sonreía dulcemente ante esta encantadora escena, y sus brazos cruzados estrechaban su alegría contra el corazón. No pude soportar este espectáculo; cerré la ventana y me eché en la cama con un odio y una envidia espantosa en el corazón, mordiendo mis dedos y la manta como un tigre con hambre de tres días.

No sé cuántos días permanecí de este modo; pero, al volverme en un furioso espasmo, vi al padre Serapion, de pie en la habitación, observándome atentamente. Me avergoncé de mí mismo y, hundiendo la cabeza en mi pecho, me cubrí el rostro con las manos.

—Romualdo, amigo mío —me dijo Serapion después de algunos minutos de silencio—, te sucede algo extraño; ¡tu conducta es verdaderamente inexplicable! Tú, tan sosegado y tan dulce, te revuelves ahora como un animal furioso. Ten cuidado, hermano, y no escuches las sugerencias del diablo; el espíritu maligno, irritado por tu eterna consagración al Señor, te acecha como un lobo rapaz e intenta un último esfuerzo para atraerte a él. En vez de dejarte abatir, mi querido Romualdo, hazte una coraza de oración, un escudo de mortificación y combate valientemente al enemigo: lo vencerás. La virtud necesita de la tentación, y el oro sale más fino del crisol. No te asustes ni te desanimes. Las almas mejor guardadas y las más firmes han tenido estos momentos. Ora, ayuna, medita y se alejará el malvado espíritu.

El discurso del padre Serapion me hizo volver en mí y me tranquilicé.

—Venía a anunciarte que te ha sido asignada la parroquia de C**. El sacerdote que la ocupaba acaba de morir, y el obispo me ha encargado que te instale allí. Prepárate para mañana.

Respondí afirmativamente con la cabeza y el padre se retiró. Abrí el misal y comencé a leer oraciones; pero pronto las líneas se tornaron confusas bajo mis ojos. Las ideas se enmarañaron en mi cerebro, y el libro se deslizó de entre mis manos sin darme cuenta.

¡Partir mañana sin haberla visto!, ¡añadir otro imposible más a todos los que ya había entre nosotros!, ¡perder para siempre la esperanza de encontrarla, a menos que sucediera un milagro!, ¿escribirle?, ¿y a través de quién haría llegar mi carta? Con el carácter sagrado de mi estado, ¿a quién podría abrir mi corazón?, ¿en quién confiar? Fui presa de una terrible ansiedad. Además, me venía a la memoria lo que el padre Serapion me acababa de decir de los artificios del diablo: lo extraño de la aventura, la belleza sobrenatural de Clarimonda, el destello fosforescente de sus ojos, la ardiente huella de su mano, la turbación en que me había hundido, el cambio repentino que se había operado en mí, mi piedad desvanecida en un instante; todo ello demostraba claramente la presencia del diablo, y la mano satinada no era sino el guante con que cubría sus garras. Estos pensamientos me sumieron en un gran temor, recogí el misal que había caído de mis rodillas al suelo y volví a mis oraciones.

A la mañana siguiente, Serapion vino a recogerme. Dos mulas cargadas con nuestro equipaje esperaban a la puerta. Él montó una, y yo, mejor o peor, la otra. Mientras recorríamos las calles de la ciudad miraba todas las ventanas y balcones por si veía a Clarimonda; pero era demasiado temprano, y la ciudad aún no había abierto los ojos. Mi mirada intentaba atravesar los estores y cortinas de los palacios ante los que pasábamos. Serapion, sin duda, atribuía esta curiosidad a la admiración que me causaba la belleza de la arquitectura, pues aminoraba el paso de su montura para darme tiempo de ver. Por fin llegamos a la puerta de la ciudad y empezamos a subir la colina. Cuando llegué a la cima me volví para mirar una vez más el lugar donde vivía Clarimonda. La sombra de una nube cubría por completo la ciudad; los tejados azules y rojos se confundían en un semitono general donde flotaban, aquí y allá, los humos de la mañana, como blancos copos de espuma. Gracias a un singular efecto óptico se dibujaba, rubio y dorado, bajo un rayo único de

luz, un edificio que sobrepasaba en altura a las construcciones vecinas, hundidas por completo en el vaho; aunque estaba a más de una legua, parecía muy cercano. Podían distinguirse los más mínimos detalles, las torres, las azoteas, las ventanas e incluso las veletas con cola de milano.

—¿Qué palacio es ese que veo allá a lo lejos iluminado por un rayo de sol? —le pregunté a Serapion.

Puso la mano por encima de sus ojos y, cuando lo vio, me contestó:

—Es el antiguo palacio que el príncipe Concini regaló a la cortesana Clarimonda; allí suceden cosas horribles.

En ese instante —aún no sé si fue realidad o ilusión— creí ver cómo en la terraza se deslizaba una silueta blanca y esbelta que brilló un segundo y se apagó. ¡Era Clarimonda!

¡Oh! ¿Sabía ella entonces que, desde lo alto de este amargo camino que me separaba de ella, yo no descendería nunca más? ¿Que, ardiente e inquieto, yo no apartaba mis ojos del palacio que habitaba y al que un insignificante juego de luz parecía acercarme como para invitarme a entrar y ser su dueño? Sin duda lo sabía, pues su alma estaba demasiado ligada a la mía como para no sentir el menor estremecimiento, y esta sensación la había impulsado a subir a la terraza, envuelta en sus velos, en el helado rocío de la mañana.

La sombra se apoderó del palacio, y todo fue un océano inmóvil de tejados y cumbres donde solo se distinguía una ondulación montuosa. Serapion arreó a su mula, cuyo paso siguió la mía enseguida, y un recodo del camino me arrebató para siempre la ciudad de S**, pues no volvería nunca.

Al cabo de tres días de camino a través de campos tristes vislumbramos a través de los árboles el gallo del campanario de la iglesia donde debía servir. Después de recorrer calles tortuosas flanqueadas por chozas y cercados, llegamos ante la fachada, que no se caracterizaba por su grandeza. Una terraza adornada con algunas nervaduras y dos o tres pilares del mismo gres toscamente tallados, tejas y contrafuertes del mismo gres que los pilares, esto era todo. A la izquierda, el cementerio con la hierba crecida y una gran cruz de hierro en medio; a la derecha y a la sombra de la iglesia, la casa parroquial. Era una casa de una sencillez extrema y de una desolada pulcritud. Entramos. Algunas gallinas picoteaban unos pocos granos de avena; acostumbradas como estaban a la negra sotana de los curas, no se espantaron con nuestra presencia y apenas se apartaron para dejarnos pasar. Se oyó un ladrido ronco y áspero, y vimos aparecer un perro viejo. Era el perro de mi antecesor.

Tenía los ojos apagados, el pelo gris y todos los síntomas de la mayor vejez que un perro puede alcanzar. Lo acaricié suavemente y se puso a caminar junto a mí, lleno de una indecible satisfacción. Vino también a nuestro encuentro una mujer muy vieja que había sido el ama de llaves del anciano cura, quien, después de conducirme a una habitación de la planta baja, me preguntó si había pensado despedirla. Le respondí que me quedaría con ella, con ella y con el perro, asimismo con las gallinas y con todos los muebles que su amo le había dejado al morir, cosa que la llenó de alegría, una vez que el padre Serapion le pagó en el momento el dinero que quería a cambio.

Cuando estuve instalado, el padre Serapion volvió al seminario. De forma que me quedé solo y sin otro apoyo que yo mismo. La idea de Clarimonda comenzó de nuevo a obsesionarme, y aunque me esforzaba en apartarla de mí, no siempre lo conseguía. Una tarde, paseando por mi jardín entre los caminos bordeados de boj, me pareció ver a través de los arbustos una silueta de mujer que seguía todos mis movimientos, y vi brillar entre las hojas dos pupilas verde mar; pero era solo una ilusión, pues al pasar al otro lado encontré la huella de un pie tan pequeño que parecía de un niño. El jardín estaba rodeado por murallas muy altas, inspeccioné todos los recodos y rincones y no había nadie. Jamás pude explicarme este hecho, que no fue nada comparado con las cosas extrañas que me habían de suceder. Durante un año viví cumpliendo con exactitud todos los deberes correspondientes a mi estado, orando, ayunando y socorriendo enfermos, dando limosnas hasta privarme de lo más indispensable. Pero sentía en mi interior una profunda aridez y la fuente de la gracia estaba seca para mí. No podía gozar de la felicidad que da el cumplimiento de una misión santa. Mi pensamiento estaba en otra parte, y las palabras de Clarimonda me volvían a los labios como un estribillo que se repite involuntariamente. ¡Oh hermano, medita bien esto! Por haber mirado solamente una vez a una mujer, por una falta aparentemente tan leve, he sufrido durante años las más miserables turbaciones. Mi vida está trastornada para siempre jamás.

No voy a entretenerte más tiempo con derrotas y victorias seguidas siempre de las más profundas caídas y pasaré a relatar enseguida un hecho decisivo. Una noche llamaron violentamente a la puerta. La anciana ama de llaves fue a abrir, y un hombre de rostro cobrizo y ricamente vestido, aunque a la moda extranjera, y con un gran puñal, apareció en el umbral a la luz del farol de Bárbara. La primera impresión de esta fue de miedo, pero el hombre la tranquilizó diciéndole que

necesitaba verme enseguida para algo relacionado con mi ministerio. Bárbara lo hizo subir. Yo ya iba a acostarme. El hombre me dijo que su señora, una gran dama, estaba a punto de morir y deseaba un sacerdote. Le respondí que estaba dispuesto a acompañarlo; cogí lo necesario para la Extremaunción y bajé a toda prisa.

En la puerta resoplaban de impaciencia dos caballos negros como la noche, y de su pecho emanaban oleadas de humo. Me sujetó el estribo y me ayudó a montar uno de ellos; después se montó en el otro, apoyando solamente una mano en la silla. Apretó las rodillas y soltó las riendas de su caballo, que salió como una flecha. El mío, cuya brida también sujetaba él, se puso al galope y se mantuvo a la par que el suyo. Bajo nuestro insaciable galope, la tierra desaparecía gris y rayada, y las negras siluetas de los árboles huían como un ejército derrotado. Atravesamos un sombrío bosque tan oscuro y glacial que un escalofrío de supersticioso terror me recorrió el cuerpo. La estela de chispas que las herraduras de nuestros caballos producían en las piedras dejaba a nuestro paso un reguero de fuego, y si alguien nos hubiera visto a esta hora de la noche, nos habría tomado a mi guía y a mí por dos espectros cabalgando en una pesadilla. De cuando en cuando, fuegos fatuos se cruzaban en el camino, y las cornejas piaban lastimeras en la espesura del bosque, donde a lo lejos brillaban los ojos fosforescentes de algún gato salvaje. La crin de los caballos se enmarañaba cada vez más, el sudor corría por sus flancos y resoplaban jadeantes. Cuando el escudero los veía desfallecer emitía un grito gutural sobrehumano, y la carrera se reanudaba con furia. Finalmente, se detuvo el torbellino. Una sombra negra salpicada de luces se alzó súbitamente ante nosotros; las pisadas de nuestras cabalgaduras se hicieron más ruidosas en el suelo de hierro, y entramos bajo una bóveda que abría sus fauces entre dos torres enormes. En el castillo reinaba una gran agitación; los criados, provistos de antorchas, atravesaban los patios, y las luces subían y bajaban de un piso a otro. Pude ver confusamente formas arquitectónicas inmensas, columnas, arcos, escalinatas y balaustradas, todo un lujo de construcción regia y fantástica. Un paje negro, en quien reconocí enseguida al que me había dado el mensaje de Clarimonda, vino a ayudarme a bajar del caballo, y un mayordomo vestido de terciopelo negro con una cadena de oro en el cuello y un bastón de marfil avanzó hacia mí. Dos lágrimas cayeron de sus ojos y rodaron por sus mejillas hasta su barba blanca.

—¡Demasiado tarde, padre! —dijo bajando la cabeza—, ¡demasiado tarde!, pero ya que no pudo salvar su alma, venga a velar su pobre cuerpo.

Me tomó del brazo y me condujo a la sala fúnebre; mi llanto era tan copioso como el suyo, pues acababa de comprender que la muerta no era otra sino Clarimonda, tanto y tan locamente amada. Había un reclinatorio junto al lecho; una llama azul, que revoloteaba en una pátera de bronce, iluminaba toda la habitación con una luz débil e incierta, y hacía pestañear en la sombra la arista de algún mueble o de una cornisa. Sobre la mesa, en una urna labrada, yacía una rosa blanca marchita, cuyos pétalos, salvo uno que se mantenía aún, habían caído junto al vaso, como lágrimas perfumadas; un roto antifaz negro, un abanico, disfraces de todo tipo se encontraban esparcidos por los sillones, y hacían pensar que la muerte se había presentado de improviso y sin anunciarse en esta suntuosa mansión. Me arrodillé, sin atreverme a dirigir la mirada al lecho, y empecé a recitar salmos con gran fervor, dando gracias a Dios por haber interpuesto la tumba entre el pensamiento de esa mujer y yo, para así poder incluir en mis oraciones su nombre santificado desde ahora. Pero, poco a poco, se fue debilitando este impulso, y caí en un estado de ensoñación. Esta estancia no tenía el aspecto de una cámara mortuoria. Contrariamente al aire fétido y cadavérico que estaba acostumbrado a respirar en los velatorios, un vaho lánguido de esencias orientales, no sé qué aroma de mujer, flotaba suavemente en la tibia atmósfera. Aquel pálido resplandor se asemejaba más a una media luz buscada para la voluptuosidad que al reflejo amarillo de la llama que tiembla junto a los cadáveres. Recordaba el extraño azar que me había devuelto a Clarimonda en el instante en que la perdía para siempre, y un suspiro nostálgico escapó de mi pecho. Me pareció oír suspirar a mi espalda y me volví sin querer. Era el eco. Gracias a este movimiento, mis ojos cayeron sobre el lecho de muerte que hasta entonces habían evitado. Las cortinas de damasco rojo estampadas, recogidas con entorchados de oro, dejaban ver a la muerta acostada con las manos juntas sobre el pecho. Estaba cubierta por un velo de lino de un blanco resplandeciente que resaltaba aún más gracias al púrpura del cortinaje, de una finura tal que no ocultaba lo más mínimo la encantadora forma de su cuerpo y dejaba ver sus bellas líneas ondulantes como el cuello de un cisne que ni siquiera la muerte había podido entumecer. Se hubiera creído una estatua de alabastro realizada por un hábil escultor para la tumba de una reina, o una doncella dormida sobre la que hubiera nevado.

No podía contenerme; el aire de esta alcoba me embriagaba, el olor febril de rosa medio marchita me subía al cerebro, me puse a recorrer la habitación deteniéndome ante cada columna del lecho para observar el grácil cuerpo difunto bajo la transparencia del sudario. Extraños pensamientos me atravesaban el alma. Me imaginaba que no estaba realmente muerta y que no era más que una ficción ideada para atraerme a su castillo y así confesarme su amor. Por un momento creí ver que movía su pie en la blancura de los velos y se alteraban los pliegues de su sudario. Luego me decía a mí mismo: "¿Acaso es Clarimonda? ¿Qué pruebas tengo? El paje negro puede haber pasado al servicio de otra mujer. Debo estar loco para desconsolarme y turbarme de este modo". Pero mi corazón contestaba: "Es ella, claro que es ella". Me acerqué al lecho y miré aún más atentamente al objeto de mi incertidumbre. Debo confesaros que tal perfección de formas, aunque purificadas y santificadas por la sombra de la muerte, me turbaban voluptuosamente, y su reposado aspecto se parecía tanto a un sueño que uno podría haberse engañado. Olvidé que había venido para realizar un oficio fúnebre y me imaginaba entrando como un joven esposo en la alcoba de la novia que oculta su rostro por pudor y no quiere dejarse ver. Afligido de dolor, loco de alegría, estremecido de temor y placer, me incliné sobre ella y cogí el borde del velo; lo levanté lentamente, conteniendo la respiración para no despertarla.

Mis venas palpitaban con tal fuerza que las sentía silbar en mis sienes, y mi frente estaba sudorosa como si hubiese levantado una lápida de mármol. Era en efecto la misma Clarimonda que había visto en la iglesia el día de mi ordenación; tenía el mismo encanto, y la muerte parecía en ella una coquetería más. La palidez de sus mejillas, el rosa tenue de sus labios, sus largas pestañas dibujando una sombra en esta blancura le otorgaban una expresión de castidad melancólica y de sufrimiento pensativo de una inefable seducción. Sus largos cabellos sueltos, entre los que aún había enredadas florecillas azules, almohadillaban su cabeza y ocultaban con sus bucles la desnudez de sus hombros; sus bellas manos, más puras y diáfanas que las hostias, estaban cruzadas en actitud de piadoso reposo y de tácita oración, y esto compensaba la seducción que hubiera podido provocar, incluso en la muerte, la exquisita redondez y el suave marfil de sus brazos desnudos que aún conservaban los brazaletes de perlas. Permanecí largo tiempo absorto en una muda contemplación, y cuanto más la miraba menos

podía creer que la vida hubiera abandonado para siempre aquel hermoso cuerpo.

No sé si fue una ilusión o el reflejo de la lámpara, pero hubiera creído que la sangre corría de nuevo bajo esta palidez mate; sin embargo, ella permanecía inmóvil. Toqué ligeramente su brazo; estaba frío, pero no más frío que su mano el día en que rozó la mía en el eco de la iglesia. Incliné de nuevo mi rostro sobre el suyo, derramando en sus mejillas el tibio rocío de mis lágrimas. ¡Oh, qué amargo sentimiento de desesperación y de impotencia! ¡Qué agonía de vigilia! Hubiera querido poder juntar mi vida para dársela y soplar sobre su helado despojo la llama que me devoraba. La noche avanzaba, y al sentir acercarse el momento de la separación eterna no pude negarme la triste y sublime dulzura de besar los labios muertos de quien había sido dueña de todo mi amor. ¡Oh prodigio!, una suave respiración se unió a la mía, y la boca de Clarimonda respondió a la presión de mi boca: sus ojos se abrieron y recuperaron un poco de brillo, suspiró y, descruzando los brazos, rodeó mi cuello en un arrebato indescriptible.

—¡Ah, eres tú, Romualdo! —dijo con una voz lánguida y suave como las últimas vibraciones de un arpa—; ¿qué haces? Te esperé tanto tiempo que he muerto; pero ahora estamos prometidos, podré verte e ir a tu casa. ¡Adiós, Romualdo, adiós! Te amo, es todo cuanto quería decirte, te debo la vida que me has devuelto en un minuto con tu beso. Hasta pronto.

Su cabeza cayó hacia atrás, pero sus brazos aún me rodeaban, como reteniéndome. Un golpe furioso de viento derribó la ventana y entró en la habitación; el último pétalo de la rosa blanca palpitó como un ala durante unos instantes en el extremo del tallo para arrancarse luego y volar a través de la ventana abierta, llevándose el alma de Clarimonda. La lámpara se apagó y caí desvanecido en el seno de la hermosa muerta.

Cuando desperté estaba acostado en mi cama, en la habitación de la casa parroquial, y el viejo perro del anciano cura lamía mi mano que colgaba fuera de la manta. Bárbara se movía por la habitación con un temblor senil, abriendo y cerrando cajones, removiendo los brebajes de los vasos. Al verme abrir los ojos, la anciana gritó de alegría, el perro ladró y movió el rabo, pero me encontraba tan débil que no pude articular palabra ni hacer el más mínimo movimiento. Supe después que estuve así tres días, sin dar otro signo de vida que una respiración casi imperceptible. Estos días no cuentan en mi vida, no sé dónde estuvo mi espíritu durante este tiempo, no guardé recuerdo alguno. Bárbara me

contó que el mismo hombre de rostro cobrizo que había venido a buscarme por la noche me había traído a la mañana siguiente en una litera cerrada, y se había vuelto a marchar inmediatamente. En cuanto recuperé la memoria, examiné todos los detalles de aquella noche fatídica. Pensé que había sido el juego de una mágica ilusión; pero hechos reales y palpables tiraban por tierra esta suposición. No podía pensar que era un sueño, pues Bárbara había visto, como yo, al hombre de los caballos negros y describía con exactitud su vestimenta y compostura. Sin embargo, nadie conocía en los alrededores un castillo que se ajustara a la descripción de aquel en donde había encontrado a Clarimonda.

Una mañana apareció el padre Serapion. Bárbara le había hecho saber que estaba enfermo y acudió rápidamente. Si bien tanta diligencia demostraba afecto e interés por mi persona, no me complació como debía. El padre Serapion tenía en la mirada un aire penetrante e inquisidor que me incomodaba. Me sentía confuso y culpable ante él, pues había descubierto mi profunda turbación, y temía su clarividencia.

Mientras me preguntaba por mi salud con un tono melosamente hipócrita, clavaba en mí sus pupilas amarillas de león y hundía su mirada como una sonda en mi alma. Después se interesó por la forma en que llevaba la parroquia, si estaba a gusto, a qué dedicaba el tiempo que el ministerio me dejaba libre, si había trabado amistad con las gentes del lugar, cuáles eran mis lecturas favoritas y mil detalles parecidos. Yo le contestaba con la mayor brevedad, e incluso él mismo pasaba a otro tema sin esperar a que hubiera terminado. Esta charla no tenía, por supuesto, nada que ver con lo que él quería decirme. Así que, sin ningún preámbulo y como si se tratara de una noticia recordada de pronto y que temiera olvidar, me dijo con voz clara y vibrante que sonó en mi oído como las trompetas del juicio final:

—La cortesana Clarimonda ha muerto recientemente tras una orgía que duró ocho días y ocho noches. Fue algo infernalmente espléndido. Se repitió la abominación de los banquetes de Baltasar y Cleopatra. ¡En qué siglo vivimos, Dios mío! Los convidados fueron servidos por esclavos de piel oscura que hablaban una lengua desconocida; en mi opinión, auténticos demonios; la librea del de menor rango hubiera vestido de gala a un emperador. Sobre Clarimonda se han contado muchas historias extraordinarias en estos tiempos, y todos sus amantes tuvieron un final miserable o violento. Se ha dicho que era una mujer vampiro, pero yo creo que se trata del mismísimo Belcebú.

Calló, y me miró más fijamente aún para observar el efecto que me causaban sus palabras. No pude evitar estremecerme al oír nombrar a Clarimonda, y la noticia de su muerte, además del dolor que me causaba por su extraña coincidencia con la escena nocturna de que fui testigo, me produjo una turbación y un escalofrío que se manifestó en mi rostro a pesar de que hice lo posible por contenerme. Serapion me lanzó una mirada inquieta y severa; luego añadió:

—Hijo mío, debo advertirte, has dado un paso hacia el abismo, cuidado de no caer en él. Satanás tiene las garras largas, y las tumbas no siempre son de fiar. La losa de Clarimonda debió ser sellada tres veces, pues, por lo que se dice, no es la primera que ha muerto. Que Dios te guarde, Romualdo.

Serapion dijo estas palabras y se dirigió lentamente hacia la puerta. No volví a verlo, pues partió hacia S** inmediatamente después.

Me había recuperado por completo y volvía a mis tareas cotidianas. El recuerdo de Clarimonda y las palabras del anciano padre estaban presentes en mi memoria; sin embargo, ningún extraño suceso había ratificado hasta ahora las fúnebres predicciones de Serapion, y empecé a creer que mis temores y mi terror eran exagerados. Pero una noche tuve un sueño. Apenas me había quedado dormido cuando oí descorrer las cortinas de mi lecho y el ruido de las anillas en la barra sonó estrepitosamente; me incorporé de golpe sobre los codos y vi ante mí una sombra de mujer.

Enseguida reconocí a Clarimonda. Sostenía una lamparita como las que se depositan en las tumbas, cuyo resplandor daba a sus dedos afilados una transparencia rosa que se difuminaba insensiblemente hasta la blancura opaca y rosa de su brazo desnudo. Su única ropa era el sudario de lino que la cubría en su lecho de muerte, y sujetaba sus pliegues en el pecho, como avergonzándose de estar casi desnuda; pero su manita no bastaba, y como era tan blanca, el color del tejido se confundía con el de su carne a la pálida luz de la lámpara. Envuelta en una tela tan fina que traicionaba todas sus formas, parecía una estatua de mármol de una bañista antigua y no una mujer viva. Muerta o viva, estatua o mujer, sombra o cuerpo, su belleza siempre era la misma; tan solo el verde brillo de sus pupilas estaba un poco apagado, y su boca, antes bermeja, solo era de un rosa pálido y tierno semejante al de sus mejillas. Las florecillas azules que vi en sus cabellos se habían secado por completo y habían perdido todos sus pétalos; pero estaba encantadora, tanto que, a pesar de lo extraño de la aventura y del modo

inexplicable en que había entrado en mi habitación, no sentí temor ni por un instante.

Dejó la lámpara sobre la mesilla y se sentó a los pies de mi cama; después, inclinándose sobre mí, me dijo con esa voz argentina y aterciopelada que sólo le he oído a ella:

—Me he hecho esperar, querido Romualdo, y sin duda habrás pensado que te había olvidado. Pero vengo de muy lejos, de un lugar del que nadie ha vuelto aún; no hay ni luna ni sol en el país de donde procedo; sólo hay espacio y sombra, no hay camino ni senderos; no hay tierra para caminar, ni aire para volar y, sin embargo, heme aquí, pues el amor es más fuerte que la muerte y acabará por vencerla. ¡Ay!, he visto en mi viaje rostros lúgubres y cosas terribles. Mi alma ha tenido que luchar tanto para, una vez vuelta a este mundo, encontrar su cuerpo y poseerlo de nuevo… ¡Cuánta fuerza necesité para levantar la lápida que me cubría! Mira las palmas de mis manos lastimadas. ¡Bésalas para curarlas, amor mío! —me acercó a la boca sus manos; las besé mil veces, y ella me miraba hacer con una sonrisa de inefable placer.

Confieso para mi vergüenza que había olvidado por completo las advertencias del padre Serapion y el carácter sagrado que me revestía. Había sucumbido sin oponer resistencia, y al primer asalto. Ni siquiera intenté alejar de mí la tentación; la frescura de la piel de Clarimonda penetraba la mía y sentía estremecerse mi cuerpo de manera voluptuosa. ¡Mi pobre niña! A pesar de todo lo que vi, aún me cuesta creer que fuera un demonio: no lo parecía, desde luego, y jamás Satanás ocultó mejor sus garras y sus cuernos. Había recogido sus piernas sobre los talones y, acurrucada en la cama, adoptó un aire de coquetería indolente. Cada cierto tiempo acariciaba mis cabellos y con sus manos formaba rizos, como ensayando nuevos peinados. Yo me dejaba hacer con la más culpable complacencia y ella añadía a la escena un adorable parloteo. Es curioso el hecho de que yo no me sorprendiera ante tal aventura y, dada la facilidad que tienen nuestros ojos para considerar con normalidad los más extraños acontecimientos, la situación me pareció de lo más natural.

—Te amaba mucho antes de haberte visto, querido Romualdo, te buscaba por todas partes. Tú eras mi sueño y me fijé en ti en la iglesia, en el fatal momento; me dije: ¡es él!, y te lancé una mirada con todo el amor que había tenido, tenía y tendría por ti. Fue una mirada capaz de condenar a un cardenal, de poner de rodillas a mis pies a un rey ante su corte. Tú permaneciste impasible y preferiste a tu Dios. ¡Ah, cuán celosa estoy de tu Dios, al que has amado y amas aún más que a mí!

"¡Desdichada, desdichada de mí!, jamás tu corazón será para mí sola, para mí, a quien resucitaste con un beso, para mí, Clarimonda la muerta, que forzó por tu causa las puertas de la tumba y viene a consagrarte su vida recobrada para hacerte feliz."

Estas palabras iban acompañadas de caricias delirantes que aturdieron mis sentidos y mi razón hasta el punto de no temer proferir para contentarla una espantosa blasfemia y decirle que la amaba tanto como a Dios.

Sus pupilas se reavivaron y brillaron como crisopacios:

—¡Es cierto, es cierto!, ¡tanto como a Dios! —dijo rodeándome con sus brazos—. Si es así, vendrás conmigo, me seguirás donde yo quiera. Te quitarás ese horrible traje negro. Serás el más orgulloso y envidiable de los caballeros, serás mi amante. Ser el amante confeso de Clarimonda, que llegó a rechazar a un papa, es algo hermoso. ¡Ah, llevaremos una vida feliz, una dorada existencia! ¿Cuándo partimos, caballero?

—¡Mañana!, ¡mañana! —gritaba en mi delirio.

—Mañana, sea —contestó—. Tendré tiempo de cambiar de ropa, porque ésta es demasiado ligera y no sirve para ir de viaje. Además, tengo que avisar a la gente que me cree realmente muerta y me llora. Dinero, trajes, coches, todo estará dispuesto, vendré a buscarte a esta misma hora. Adiós, corazón —rozó mi frente con sus labios.

La lámpara se apagó, se corrieron las cortinas y no vi nada más; un sueño de plomo se apoderó de mí hasta la mañana siguiente. Desperté más tarde que de costumbre, y el recuerdo de tan extraña visión me tuvo todo el día en un estado de agitación; terminé por convencerme de que había sido fruto de mi acalorada imaginación. Pero, sin embargo, las sensaciones fueron tan vivas que costaba creer que no hubieran sido reales, y me fui a dormir no sin cierto temor por lo que iba a suceder, después de pedir a Dios que alejara de mí los malos pensamientos y protegiera la castidad de mi sueño.

Enseguida me dormí profundamente, y mi sueño continuó. Las cortinas se corrieron y vi a Clarimonda, no como la primera vez, pálida en su pálido sudario y con las violetas de la muerte en sus mejillas, sino alegre, decidida y dispuesta, con un magnífico traje de terciopelo verde adornado con cordones de oro y recogido a un lado para dejar ver una falda de satén. Sus rubios cabellos caían en tirabuzones de un amplio sombrero de fieltro negro cargado de plumas blancas colocadas caprichosamente, y llevaba en la mano una fusta rematada en oro. Me dio un toque suavemente diciendo:

—Y bien, dormilón, ¿así es como haces tus preparativos? Pensaba encontrarte de pie. Levántate, que no tenemos tiempo que perder —salté de la cama—. Anda, vístete y vámonos —me dijo señalándome un paquete que había traído—; los caballos se aburren y roen su freno en la puerta. Deberíamos estar ya a diez leguas de aquí.

Me vestí enseguida; ella me tendía la ropa, riéndose a carcajadas con mi torpeza y explicándome su uso cuando me equivocaba. Me arregló los cabellos y, cuando estaba listo, me ofreció un espejo de bolsillo de cristal de Venecia con filigranas de plata diciendo:

—¿Cómo te ves?, ¿me tomarás a tu servicio como mayordomo?

Yo no era el mismo y no me reconocí. Mi imagen era tan distinta como lo son un bloque de piedra y una escultura terminada. Mi antigua figura no parecía ser sino el torpe esbozo de lo que el espejo reflejaba. Era hermoso y me estremecí de vanidad por esta metamorfosis. Las elegantes ropas y el traje bordado me convertían en otra persona, y me asombraba el poder de unas varas de tela cortadas con buen gusto. El porte del traje penetraba mi piel, y al cabo de diez minutos había adquirido ya un cierto aire de vanidad.

Di unas vueltas por la habitación para manejarme con soltura. Clarimonda me miraba con maternal complacencia y parecía contenta con su obra.

—Ya está bien de chiquilladas, en marcha, querido Romualdo. Vamos lejos, y así no llegaremos nunca —me tomó de la mano y salimos. Las puertas se abrían a su paso apenas las tocaba, y pasamos junto al perro sin despertarlo.

En la puerta estaba Margheritone, el escudero que ya conocía; sujetaba la brida de tres caballos negros como los anteriores, uno para mí, otro para él y otro para Clarimonda. Debían ser caballos bereberes de España, nacidos de yeguas fecundadas por el Céfiro, pues corrían tanto como el viento, y la luna, que había salido con nosotros para iluminarnos, rodaba por el cielo como una rueda soltada de su carro; la veíamos a nuestra derecha, saltando de árbol en árbol y perdiendo el aliento por correr tras nosotros. Pronto aparecimos en una llanura donde, junto a un bosquecillo, nos esperaba un coche con cuatro vigorosos caballos; subimos y el cochero les hizo galopar de una forma insensata. Mi brazo rodeaba el talle de Clarimonda y estrechaba una de sus manos; ella apoyaba su cabeza en mi hombro y podía sentir el roce de su cuello semidesnudo en mi brazo. Jamás había sido tan feliz. Me había olvidado de todo y no recordaba mejor el hecho de haber sido cura que lo que sentí

en el vientre de mi madre, tal era la fascinación que el espíritu maligno ejercía en mí. A partir de esa noche, mi naturaleza se desdobló y hubo en mí dos hombres que no se conocían uno a otro. Tan pronto me creía un sacerdote que cada noche soñaba que era caballero, como un caballero que soñaba ser sacerdote. No podía distinguir el sueño de la vigilia y no sabía dónde empezaba la realidad ni dónde terminaba la ilusión. El joven vanidoso y libertino se burlaba del sacerdote, y el sacerdote detestaba la vida disoluta del joven noble. La vida bicéfala que llevaba podría describirse como dos espirales enmarañadas que no llegan a tocarse nunca. A pesar de lo extraño que parezca, no creo haber rozado en momento alguno la locura. Tuve siempre muy clara la percepción de mis dos existencias. Sólo había un hecho absurdo que no me podía explicar: era que el sentimiento de la misma identidad perteneciera a dos hombres tan diferentes. Era una anomalía que ignoraba, ya fuera mientras me creía cura del pueblo C**, ya como il signor Romualdo, amante titular de Clarimonda.

El caso es que me encontraba —o creía encontrarme— en Venecia; aún no he podido aclarar lo que había de ilusión y de real en tan extraña aventura. Vivíamos en un gran palacio de mármol en el Canaleio, con frescos y estatuas, y dos Ticianos de la mejor época en el dormitorio de Clarimonda: era un palacio digno de un rey. Cada uno de nosotros tenía su góndola y su barcarola con nuestro escudo, sala de música y nuestro poeta. Clarimonda entendía la vida a lo grande y había algo de Cleopatra en su forma de ser. Por mi parte, llevaba un tren de vida digno del hijo de un príncipe, y era tan conocido como si perteneciera a la familia de uno de los doce apóstoles o de los cuatro evangelistas de la Serenísima República. No hubiera cedido el paso ni al mismo dux, y creo que, desde Satán caído del cielo, nadie fue más insolente y orgulloso que yo. Iba al Ridotto y jugaba de manera infernal. Me mezclaba con la más alta sociedad del mundo, con hijos de familias arruinadas, con mujeres de teatro, con estafadores, parásitos y espadachines. A pesar de mi vida disipada, permanecía fiel a Clarimonda. La amaba locamente. Ella habría estimulado a la misma saciedad y habría hecho estable

la inconstancia. Tener a Clarimonda era tener cien amantes, era poseer a todas las mujeres por tan mudable, cambiante y diferente de ella misma que era: un verdadero camaleón. Me hacía cometer con ella la infidelidad que hubiera cometido con otras, adoptando el carácter, el porte y la belleza de la mujer que parecía gustarme. Me devolvía mi amor centuplicado, y en vano jóvenes patricios e incluso miembros del

Consejo de los Diez le hicieron las mejores proposiciones. Un Foscari llegó a proponerle matrimonio; rechazó a todos. Tenía oro suficiente; sólo quería amor, un amor joven, puro, despertado por ella y que sería el primero y el último. Hubiera sido completamente feliz de no ser por la pesadilla que volvía cada noche y en la que me creía cura de pueblo mortificándome y haciendo penitencia por los excesos cometidos durante el día. La seguridad que me daba la costumbre de estar a su lado apenas me hacía pensar en la extraña manera en que conocí a Clarimonda. Sin embargo, las palabras del padre Serapion me venían alguna vez a la memoria y no dejaban de inquietarme.

La salud de Clarimonda no era tan buena desde hacía algún tiempo. Su tez se iba apagando día a día. Los médicos que mandaron llamar no entendieron nada y no supieron qué hacer. Prescribieron algún medicamento sin importancia y no volvieron. Pero ella palidecía visiblemente y cada vez estaba más fría. Parecía tan blanca y tan muerta como aquella noche en el castillo desconocido. Me desesperaba ver cómo se marchitaba lentamente. Ella, conmovida por mi dolor, me sonreía dulcemente con la fatal sonrisa de los que saben que van a morir.

Una mañana, me encontraba desayunando en una mesita junto a su lecho, para no separarme de ella ni un minuto, y partiendo una fruta me hice casualmente un corte en un dedo bastante profundo. La sangre, color púrpura, corrió enseguida, y unas gotas salpicaron a Clarimonda. Sus ojos se iluminaron, su rostro adquirió una expresión de alegría feroz y salvaje que no le conocía. Saltó de la cama con una agilidad animal de mono o de gato y se abalanzó sobre mi herida que empezó a chupar con una voluptuosidad indescriptible. Tragaba la sangre a pequeños sorbitos, lentamente, con afectación, como un gourmet que saborea un vino de Jerez o de Siracusa. Entornaba los ojos, y sus verdes pupilas no eran redondas, sino que se habían alargado. Por momentos se detenía para besar mi mano y luego volvía a apretar sus labios contra los labios de la herida para sacar todavía más gotas rojas. Cuando vio que no salía más sangre, se incorporó con los ojos húmedos y brillantes, rosa como una aurora de mayo, satisfecha; su mano estaba tibia y húmeda, estaba más hermosa que nunca y completamente restablecida.

—¡No moriré! ¡No moriré! —decía, loca de alegría, colgándose de mi cuello—; podré amarte aún más tiempo. Mi vida está en la tuya y todo mi ser proviene de ti. Sólo unas gotas de tu rica y noble sangre, más preciada y eficaz que todos los elixires del mundo, me han devuelto a la vida.

Este hecho me preocupó durante algún tiempo, haciéndome dudar acerca de Clarimonda, y esa misma noche, cuando el sueño me transportó a mi parroquia, vi al padre Serapion más taciturno y preocupado que nunca:

—No contento con perder tu alma quieres perder también el cuerpo. ¡Infeliz, en qué trampa has caído!

El tono de sus palabras me afectó profundamente, pero esta impresión se disipó bien pronto, y otros cuidados acabaron por borrarlo de mi memoria. Una noche vi en mi espejo, en cuya posición ella no había reparado, cómo Clarimonda derramaba unos polvos en una copa de vino sazonado que acostumbraba a preparar después de la cena. Tomé la copa y fingí llevármela a los labios, dejándola luego sobre un mueble como para apurarla más tarde a placer y, aprovechando un instante en que estaba vuelta de espaldas, vacié su contenido bajo la mesa. Luego me retiré a mi habitación y me acosté, decidido a no dormirme y ver en qué acababa todo esto. No esperé mucho tiempo; Clarimonda entró en camisón y, una vez que se hubo despojado de sus velos, se recostó junto a mí. Cuando estuvo segura de que dormía, tomó mi brazo desnudo y sacó de entre su pelo un alfiler de oro, murmurando:

—Una gota, sólo una gotita roja, un rubí en la punta de mi aguja… Puesto que aún me amas no moriré… ¡Oh, pobre amor!, beberé tu hermosa sangre de un púrpura brillante. Duerme, mi bien, mi dios, mi niño, no te haré ningún daño, sólo tomaré de tu vida lo necesario para que no se apague la mía. Si no te amara tanto me decidiría a buscar otros amantes cuyas venas agotaría, pero desde que te conozco todo el mundo me produce horror. ¡Ah, qué brazo tan hermoso, tan perfecto, tan blanco! Jamás podré pinchar esta venita azul —lloraba mientras decía esto y sentía llover sus lágrimas en mi brazo, que tenía entre sus manos. Finalmente se decidió, me dio un pinchacito y empezó a chupar la sangre que salía. Apenas hubo bebido unas gotas, tuvo miedo de debilitarme y aplicó una cinta alrededor de mi brazo después de frotar la herida con un ungüento que la cicatrizó al instante.

Ya no cabía duda. El padre Serapion tenía razón. Pero, a pesar de esta certeza, no podía dejar de amar a Clarimonda y le hubiera dado toda la sangre necesaria para mantener su existencia ficticia. Por otra parte, no tenía qué temer, la mujer respondía del vampiro, y lo que había visto y oído me tranquilizaba. Mis venas estaban colmadas, de forma que tardarían en agotarse y no iba a ser egoísta con mi vida. Me habría abierto el brazo yo mismo diciéndole:

—Bebe, y que mi amor se filtre en tu cuerpo con mi sangre.

Evitaba hacer la más mínima alusión al narcótico y a la escena de la aguja, y vivíamos en una armonía perfecta. Pero mis escrúpulos de sacerdote me atormentaban más que nunca y ya no sabía qué penitencia podía inventar para someter y mortificar mi carne. Aunque todas mis visiones fueran involuntarias y sin mi participación, no me atrevía a tocar a Cristo con unas manos tan impuras y un espíritu mancillado por semejantes excesos reales o soñados. Para evitar caer en semejantes alucinaciones, intentaba no dormir, manteniendo abiertos mis párpados con los dedos, y permanecía de pie apoyado en los muros, luchando con todas mis fuerzas contra el sueño. Pero la arena del adormecimiento pesaba en mis ojos, y al ver que mi lucha era inútil, dejaba caer mis brazos y, exhausto y sin aliento, dejaba que la corriente me arrastrase hacia la pérfida orilla. Serapion me exhortaba de forma vehemente y me reprochaba con dureza mi debilidad y mi falta de fervor. Un día en que mi agitación era mayor que de ordinario me dijo:

—Sólo hay un remedio para que te desembaraces de esta obsesión, y aunque es una medida extrema la llevaremos a cabo: a grandes males, grandes remedios. Conozco el lugar donde fue enterrada Clarimonda; vamos a desenterrarla para que veas en qué lamentable estado se encuentra el objeto de tu amor. No permitirás que tu alma se pierda por un cadáver inmundo devorado por gusanos y a punto de convertirse en polvo; esto te hará entrar en razón.

Estaba tan cansado de llevar esta doble vida que acepté; deseaba saber de una vez por todas quién era víctima de una ilusión, si el cura o el gentilhombre, y quería acabar con uno o con otro o con los dos, pues mi vida no podía continuar así. El padre Serapion se armó con un pico, una palanca y una linterna, y a medianoche nos fuimos al cementerio de ** que él conocía perfectamente. Tras acercar la luz a las inscripciones de algunas tumbas, llegamos por fin ante una piedra medio escondida entre grandes hierbas y devorada por musgos y plantas parásitas, donde desciframos el principio de la siguiente inscripción:

Aquí yace Clarimonda
Que fue mientras vivió
La más bella del mundo.

—Aquí es —dijo Serapion y, dejando en el suelo su linterna, colocó la palanca en el intersticio de la piedra y comenzó a levantarla. La piedra cedió y se puso a trabajar con el pico. Yo le veía hacer, más oscuro y

silencioso que la noche misma; él, ocupado en tan fúnebre tarea, sudaba copiosamente, jadeaba, y su respiración entrecortada parecía el estertor de un agonizante. Era un espectáculo extraño y, cualquiera que nos hubiera visto desde fuera, nos habría tomado por profanadores y ladrones de sudarios antes que por sacerdotes de Dios. El celo de Serapion tenía algo de duro y salvaje que lo asemejaba más a un demonio que a un apóstol o a un ángel, y sus rasgos austeros, recortados por el reflejo de la linterna, nada tenían de tranquilizador.

Sentía en mis miembros un sudor glacial, y mis cabellos se erizaban dolorosamente en mi cabeza; en el fondo de mí mismo veía el acto de Serapion como un abominable sacrilegio, y hubiera deseado que del flanco de las sombrías nubes que transcurrían pesadamente sobre nosotros hubiera salido un triángulo de fuego que lo redujera a polvo. Los búhos posados en los cipreses, inquietos por el reflejo de la linterna, venían a golpear sus cristales con sus alas polvorientas, gimiendo lastimosamente; los zorros chillaban a lo lejos y mil ruidos siniestros brotaban del silencio. Finalmente, el pico de Serapion chocó con el ataúd, y los tablones retumbaron con un ruido sordo y sonoro, con ese terrible ruido que produce la nada cuando se la toca; derribó la tapa y vi a Clarimonda, pálida como el mármol, con las manos juntas; su blanco sudario formaba un solo pliegue de la cabeza a los pies. Una gotita roja brillaba como una rosa en la comisura de su boca descolorida. Al verla, Serapion se enfureció:

—¡Ah! ¡Estás aquí, demonio, cortesana impúdica, bebedora de sangre y de oro! —y roció de agua bendita el cuerpo y el ataúd, sobre el que dibujó una cruz con su hisopo. Tan pronto como el santo roció a la pobre Clarimonda, su hermoso cuerpo se convirtió en polvo y no fue más que una mezcla espantosa y deforme de ceniza y de huesos medio calcinados—. He aquí a tu amante, señor Romualdo —dijo el despiadado sacerdote mostrándome los tristes despojos—, ¿irás a pasearte al Lido y a Fusine con esta belleza?

Bajé la cabeza, sólo había ruinas en mi interior. Volví a mi parroquia, y el señor Romualdo, amante de Clarimonda, se separó del pobre cura a quien durante tanto tiempo había hecho tan extraña compañía. Sólo que la noche siguiente volví a ver a Clarimonda, quien me dijo, como la primera vez en el pórtico de la iglesia:

—¡Infeliz! ¡infeliz!, ¿qué has hecho?, ¿por qué has escuchado a ese cura imbécil?, ¿acaso no eras feliz?, ¿y qué te había hecho yo para que violaras mi tumba y pusieras al descubierto las miserias de mi nada? Se

ha roto para siempre toda posible comunicación entre nuestras almas y nuestros cuerpos. Adiós, me recordarás —se disipó en el aire como el humo y nunca más volví a verla.

¡Ay de mí! Tenía razón; la he recordado más de una vez y aún la recuerdo. La paz de mi alma fue pagada a buen precio; el amor de Dios no era suficiente para reemplazar al suyo. Y, he aquí, hermano, la historia de mi juventud. No mires jamás a una mujer, y camina siempre con los ojos fijos en tierra, pues, aunque seas casto y sosegado, un solo minuto basta para hacerte perder la eternidad.

LA ÚLTIMA CLASE por *ALPHONSE DAUDET*

Aquella mañana me había retrasado más de la cuenta en ir a la escuela, y me temía una buena reprimenda, porque, además, el señor Hamel nos había anunciado que preguntaría los participios, y yo no sabía ni una jota. No me faltaron ganas de hacer novillos y largarme a través de los campos.

¡Hacía un tiempo tan hermoso, tan claro! Se oía a los mirlos silbar en la linde del bosque, y en el prado Rippert, tras el aserradero, a los prusianos que hacían el ejercicio. Todo esto me atraía mucho más que la regla del participio; pero supe resistir la tentación y corrí apresuradamente hacia la escuela.

Al pasar por delante de la Alcaldía vi una porción de gente parada frente al tablón de anuncios. Por él nos venían desde hacía dos años todas las malas noticias, las batallas perdidas, las requisiciones, las órdenes de la Kommandatur, y, sin pararme, me preguntaba para mis adentros: "¿Qué es lo que todavía puede ocurrir?"

Entonces, al verme atravesar la plaza a la carrera, el herrero Watcher, que estaba con su aprendiz leyendo el bando, me gritó:

—No te molestes tanto, muchacho; todavía llegas a la escuela bastante a tiempo.

Me pareció que me hablaba con sorna, y entré sin aliento en el patio de la escuela.

De ordinario, al comenzar la clase, se levantaba un gran alboroto, que se oía hasta en la calle: los pupitres, que abríamos y cerrábamos; las lecciones, que repetíamos a voces todos a un tiempo, tapándonos los oídos para aprenderlas mejor, y la ancha palmeta del maestro, que golpeaba la mesa:

—¡Silencio! ¡Un poco de silencio!

Yo contaba con este jaleo para deslizarme en mi banco sin ser visto; pero precisamente aquel día todo estaba tranquilo como la mañana de un domingo. Por la ventana, abierta, veía a mis compañeros alineados en sus sitios, y al señor Hamel, que pasaba y repasaba, con su terrible palmeta bajo el brazo. No hubo más solución que abrir la puerta y entrar en medio de aquel inmenso silencio. ¡No les digo si estaría avergonzado, ni el pánico que tendría!

Pues bien: ¡no! El señor Hamel me miró sin cólera y me dijo dulcemente:

—Siéntate pronto, hijo mío; íbamos a comenzar sin ti.

Me monté sobre el banco, y en seguida me senté al pupitre. Fue entonces cuando, algo recobrado de mi pavor, eché de ver que el maestro se había puesto su hermosa levita verde, su chorrera rizada y el gorro bordado de seda negra, que sólo sacaba los días de inspección o de distribución de premios. Además, la clase entera tenía un no sabía qué extraordinario, solemne; pero lo que me sorprendió más fue ver en el fondo de la sala, en los bancos que solían quedar desiertos, unos cuantos viejos sentados, silenciosos como nosotros: el anciano Hauser, el antiguo alcalde, el cartero viejo y otros cuantos. Todos ellos parecían tristes, y Hauser había llevado un silabario, roído por los bordes, que sostenía en las rodillas abierto, con las gruesas gafas entre las páginas.

Mientras yo hacía estas extrañas observaciones, el señor Hamel se había subido a su tribuna, y con la misma voz grave y dulce con que me había recibido, nos dijo:

—¡Hijos míos!, es el último día que les doy clase. Ha llegado de Berlín la orden de que no se enseñe más que el alemán en las escuelas de Alsacia y Lorena… El maestro nuevo llega mañana. Hoy es nuestra última lección de francés; les suplico que pongan toda su atención.

Estas cuatro palabras me trastornaron por completo. ¡Miserables! Esto es lo que nos preparaban con el bando de la Alcaldía.

¡Mi última lección de francés! ¡Y yo que apenas sabía escribir! Entonces, ¡yo no lo aprendería nunca! ¡No pasaría de ahí! ¡Cómo me reprochaba a mí mismo el tiempo perdido, los novillos que había hecho para ir a nidos o a patinar sobre el Saar! Mis libros, que hacía poco me aburrían tanto y tanto me pesaban en la mano, mi gramática, mi Historia Sagrada, ahora me parecían viejos amigos, de quienes me costaría mucho trabajo separarme. Lo mismo que el señor Hamel. La idea de que iba a marcharse, de que ya no lo vería más, me hacía olvidar los castigos y los palmetazos.

¡Pobre hombre! Se había puesto su traje bueno de los domingos en honor a la última clase. Ahora ya comprendía también por qué estos viejos del pueblo habían venido a sentarse en lo último de la sala. Parecía que sentían no haber venido más a menudo; era también una manera de dar las gracias al maestro por sus cuarenta años de buenos servicios, de ofrecer sus respetos a la patria que se marchaba con él…

Estaba en este punto de mis reflexiones, cuando oí que el maestro me llamaba. Me había llegado el turno. ¡Qué no habría dado yo por poder decir de un tirón aquella terrible regla del participio, muy alto, muy claro,

sin una sola falta! Pero a las primeras palabras me embrollé, y allí me quedé, de pie, balanceándome en el banco, con el corazón en un puño y sin atreverme a levantar la cabeza. El señor Hamel me iba diciendo:

—No te riño, pobrecito; bastante castigado estás... Pero, mira, las cosas son así. Todos los días nos decimos ¡Bah!, tengo tiempo, ya estudiaré mañana, y luego, aquí tienes lo que pasa. ¡Ay! Esta ha sido la gran desgracia de nuestra Alsacia: dejar siempre su instrucción para mañana. Ahora esa gente tiene derecho a decirnos: Pero ¿cómo? ¿Pretenden ser franceses y no saben hablar su lengua? De todo ello, tú no tienes mucha culpa; todos nosotros tenemos muchas cosas que echarnos en cara. A sus padres no les ha importado gran cosa verlos instruidos; les parecía mejor mandarlos a trabajar la tierra o a las fábricas, para reunir unos cuantos céntimos más. Y yo mismo, ¿no tengo algo que reprocharme también? ¿No les hacía muchas veces regar mi jardín en vez de estudiar? Y cuando quería irme a pescar truchas, ¿me violentaba algo para mandarlos a paseo?

Y después, de una cosa en otra, el señor Hamel llegó a hablarnos de la lengua francesa, diciendo que era la lengua más hermosa del mundo, la más clara, la más sólida; que era preciso guardarla entre nosotros y no olvidarla nunca, porque cuando un pueblo cae en la esclavitud, si conserva bien la lengua propia, es como si tuviera la llave de la prisión. Después cogió una gramática y nos leyó la lección; yo estaba asombrado de ver cómo lo comprendía; todo lo que decía me pareció fácil, facilísimo. Acaso fuera que nunca había escuchado con tanta atención y que tampoco él había puesto tanta paciencia en sus explicaciones. Se diría que el pobre quería infundirnos todo su saber antes de marcharse, que nos lo quería meter de golpe en la cabeza.

Cuando hubo terminado la lección pasamos a la escritura. El maestro nos había preparado modelos nuevos, sobre los que había escrito con una hermosa letra redonda: Francia, Alsacia, Francia, Alsacia. Parecían banderitas que ondeaban por toda la clase, colgadas como de un mástil sobre nuestros pupitres. ¡Era de ver cómo nos aplicábamos todos! ¡Qué silencio! No se oía más que el rasguear de las plumas sobre el papel. Por la ventana entraron zumbando unos abejorros; nadie paró en ellos, ni siquiera los pequeñuelos, que no levantaban cabeza, trazando sus palotes con tanta afición como si fueran francés también.

Sobre el tejado de la escuela, las palomas se arrullaban dulcemente; al oírlas me preguntaba: "¿Las obligarán también a arrullarse en alemán?"

De vez en cuando levantaba los ojos de mi plana y veía al señor Hamel, inmóvil en su silla, mirando fijamente los objetos a su alrededor,

como si quisiera llevarse en la mirada toda su escuela. ¡Figúrense! Desde hacía cuarenta años estaba allí; en el mismo sitio, con el patio enfrente y la clase siempre parecida; sólo los bancos, los pupitres, se habían lustrado, bruñidos por el uso; los nogales del patio habían crecido, y la enredadera, plantada por su mano, festoneaba las ventanas y subía hasta las tejas. ¡Qué tortura debía ser para aquel pobre hombre dejar todas estas cosas y oír a su hermana, que trajinaba en el piso de encima haciendo las maletas!… Porque debían partir al día siguiente, ¡irse de su tierra para siempre!

Sin embargo, aún tuvo ánimos para darnos la clase de cabo a rabo. Después de la escritura dimos la lección de historia; más tarde, los más pequeños cantaron juntos el ba, be, bi, bo, bu. Allá en lo último de la sala, el viejo Hauser se había puesto los espejuelos, y, con la cartilla abierta, deletreaba a coro con ellos. Se veía que también él se aplicaba; su voz temblaba de emoción y era tan gracioso oírlo, que teníamos ganas de reír y llorar a la vez. ¡Ay! ¡Siempre me acordaré de esta última clase!

En esto, el reloj de la iglesia dio las doce; después, sonó el Ángelus. En el mismo momento, los sonidos de las trompetas de los prusianos, que volvían de la instrucción, estallaron bajo las ventanas. El señor Hamel se levantó de su asiento completamente demudado; nunca me había parecido tan grande.

—Hijos míos —dijo—; hijos míos… Yo…, yo…

Pero algo lo ahogaba, y no pudo terminar la frase.

Entonces se volvió hacia la pizarra, cogió la tiza y, calcando con todas sus fuerzas, escribió en trazos tan gruesos como pudo:

"¡VIVA FRANCIA!"

Y allí se quedó, la cabeza apoyada contra la pared. Y, sin hablar, nos hacía con la mano señas que querían decir:

—Se ha acabado… Salgan.

LA CONDESA DE TENDE *por Madame de La Fayette*

La señorita de Strozzi, hija del mariscal y pariente cercana de Catherine de Médicis, se desposó el primer año de la regencia de esta reina con el conde de Tende, de la casa de Saboya, rico, bien constituido, el cortesano que vivía con mayor esplendor, y más propio a hacerse estimar que amar. No obstante, su esposa lo amó en un primer momento con pasión; era muy joven; él no la consideró sino como a una niña, y muy pronto estuvo enamorado de otra. La condesa de Tende, viva y de temperamento italiano, se puso celosa; no tenía reposo ni se lo daba a su marido; él evitó su presencia y dejó de vivir con ella como un hombre vive con su mujer.

Pronto la belleza de la condesa se incrementó; mostró mucha inteligencia; el mundo la miró con admiración; se ocupó más de sí misma y se curó insensiblemente de los celos y de su pasión. Se hizo íntima amiga de la princesa de Neufchâtel, joven, bella y viuda del príncipe del mismo nombre que, al morir, le había dejado el título que la convertía en el partido más elevado y brillante de la corte.

El caballero de Navarre, descendiente de los antiguos soberanos de este reino, era por entonces también joven, bello, lleno de inteligencia y de elevación, aunque la Fortuna no le había dado más bien que el de su cuna. Puso los ojos en la princesa de Neufchâtel, de la que conocía la inteligencia, como en una persona capaz de un afecto violento e indicada para hacer la fortuna de un hombre como él. Con este fin, se relacionó con ella sin estar enamorado y atrajo su interés: se sintió orgulloso de lograrlo, pero se encontró aún muy alejado del éxito total al que aspiraba. Su propósito era ignorado por todo el mundo; sólo uno de sus amigos había recibido la confidencia y este amigo era también íntimo amigo del conde de Tende, por lo que hizo que el caballero de Navarre consintiera en confiar su secreto al conde, con la idea de que él le obligaría a servirle ante la princesa de Neufchâtel. El conde de Tende apreciaba ya al caballero de Navarre; le habló de él a su mujer, por quien empezaba a tener más consideración, y le rogó, en efecto, hacer la gestión que deseaban.

La princesa de Neufchâtel le había hecho ya la confidencia de su inclinación por el caballero de Navarre a la condesa y ésta la fortaleció. El caballero vino a ver a la condesa, adquirió trato y medidas con ella; pero, al verla, se enamoró de ella con violenta pasión. No se entregó, no

obstante, a esta pasión en un primer momento, pues vio los obstáculos que esos sentimientos divididos entre el amor y la ambición presentarían a su plan, y resistió. Pero, para resistir, era necesario que no viera con demasiada frecuencia a la condesa de Tende, y él la veía todos los días, al buscar a la princesa de Neufchâtel; por lo que se enamoró perdidamente de la condesa. No pudo ocultar por completo su pasión y la condesa se dio cuenta de la misma; su amor propio se sintió halagado, y empezó a sentir un violento amor por él.

Un día, cuando la dama le hablaba de la gran fortuna de casarse con la princesa de Neufchâtel, él le dijo mirándola con una expresión en la que su pasión era declarada por completo: «¿Y vos creéis, señora, que no hay ninguna otra fortuna que yo preferiría antes que la de desposarme con esta princesa?» La condesa de Tende se sintió impresionada por las miradas y las frases del caballero; lo miró con los mismos ojos con los que él la miraba, y se produjo entre ellos una turbación y un silencio más elocuente que las palabras. A partir de aquel momento, la condesa se sumió en una agitación que la privó de descanso: sintió el remordimiento de robarle a su amiga el corazón de un hombre con el que ella iba a casarse únicamente por amor, que iba a desposarse con él con la desaprobación de todo el mundo, y a costa de su rango.

Esta traición le produjo horror; la vergüenza y las desgracias que puede causar la galantería se presentaron ante su espíritu; vio el abismo en el que podía precipitarse y decidió evitarlo.

Pero mantuvo mal sus decisiones. La princesa estaba casi decidida a casarse con el caballero de Navarre, aunque no estaba satisfecha de la pasión que él le demostraba y, comparando la que ella sentía por él, y el cuidado que él ponía en engañarla, comprendía la tibieza de los sentimientos del joven, de lo que se quejó a la condesa de Tende. La condesa la tranquilizó; pero los lamentos de la señora de Neufchâtel acabaron por turbarla y hacerle ver la dimensión de su traición, que costaría probablemente la fortuna de su enamorado. La condesa advirtió a éste de la desconfianza de la princesa; él demostró indiferencia por todo salvo por el hecho de ser amado por ella: sin embargo, por orden de la condesa él se contuvo y tranquilizó tan bien a la princesa de Neufchâtel, que ésta le hizo ver a la condesa que estaba plenamente satisfecha del caballero de Navarre.

Los celos se adueñaron entonces de la condesa pues temió que su enamorado quisiera de verdad a la princesa; comprendió todas las razones que él tenía para amar a aquélla; su matrimonio, que ella había propiciado, le produjo horror, pero no quiso, no obstante, que él lo rompiera por lo que se encontraba en una cruel incertidumbre. Manifestó

al caballero todos los remordimientos que sentía respecto a la princesa de Neufchâtel, pero decidió ocultarle sus celos y creyó, en efecto, habérselos ocultado.

La pasión de la princesa superó por fin todas las indecisiones. Ella decidió casarse pero resolvió hacerlo en secreto y no anunciarlo sino una vez realizado.

La condesa estaba a punto de expirar de dolor. El día elegido para el matrimonio había una ceremonia pública; su marido asistió; ella envió a la ceremonia a todas sus doncellas; mandó decir que no deseaba ver a nadie y se encerró en su gabinete, tendida sobre un lecho de descanso, abandonándose a todo lo que los remordimientos, el amor y los celos pueden hacer sentir de más cruel.

Cuando se encontraba en tal estado, oyó abrir una puerta excusada en su gabinete, y vio aparecer al caballero de Navarre, engalanado y con una gracia superior a la que le había visto jamás.

—Caballero, ¿dónde vais? —exclamó— ¿Qué buscáis? ¿Habéis perdido la razón? ¿Qué ha sido de vuestra boda? ¿Pensáis en mi reputación?

—Quedaos tranquila por vuestra reputación, señora —le contestó—; nadie puede saberlo; no importa mi matrimonio, no importa mi fortuna, sólo importa vuestro corazón, señora, y ser amado por vos: renuncio a todo lo demás. Vos me habéis dejado ver que no me odiáis, pero habéis querido ocultarme que soy lo suficientemente feliz como para que mi matrimonio os cause dolor; vengo a deciros, señora, que renuncio a él; que ese matrimonio sería un suplicio para mí, y que sólo quiero vivir para vos. En el momento en que os hablo me están esperando, todo está listo; pero voy a anularlo todo si, al anularlo, hago algo que os sea agradable y os demuestre mi amor.

La condesa se dejó caer sobre el lecho de descanso en el que se había incorporado a medias, y mirando al caballero con ojos llenos de amor y lágrimas:

—¿Queréis que muera? —le dijo— ¿Creéis que un corazón puede contener todo lo que vos me hacéis sentir? ¡abandonar por mí la fortuna que os aguarda! No puedo soportar ni siquiera pensarlo: id con la señora princesa de Neufchâtel, id hacia la grandeza que os está destinada, tendréis mi corazón al mismo tiempo. Haré con mis remordimientos, con mis incertidumbres, con mis celos, puesto que tengo que confesároslos, lo que mi débil razón me aconseje; pero no volveré a veros jamás si no os marcháis al instante a firmar vuestro matrimonio; marchaos, no demoréis ni un momento; y por amor hacia mí, por amor hacia vos

mismo, renunciad a una pasión tan poco razonable como la que me demostráis, que nos conducirá probablemente a horribles desgracias.

El caballero se sintió dominado por la alegría en un primer momento al verse tan auténticamente amado por la condesa, pero el horror de entregarse a otra vino a plantarse ante sus ojos; lloró, se afligió, le prometió todo lo que ella quiso, a condición de que pudiera volver a verla en aquel mismo lugar. Antes de que se marchara, ella quiso saber cómo había entrado. Él le dijo que había confiado en un escudero de ella, que antes había sido de él, que le había hecho entrar por el patio de los establos adonde daba la escalera que conducía a este gabinete, y que daba también a la habitación del escudero.

Mientras tanto, la hora de la boda se acercaba, y el caballero, presionado por la condesa, se vio finalmente obligado a marcharse. Pero fue, como si fuera al suplicio, hacia la mayor y más agradable fortuna a la que un caballero sin bienes hubiera sido elevado jamás. La condesa pasó la noche, como puede imaginarse, agitada por sus inquietudes; llamó por la mañana a sus doncellas y, poco después de que se abriera su habitación, vio a su escudero acercarse a la cama y dejar encima una carta sin que nadie se diera cuenta. La vista de aquella carta la turbó porque reconoció que era del caballero de Navarre; porque era tan poco verosímil que durante aquella noche, que debía ser su noche de bodas, hubiera tenido tiempo para escribirle, que temió que él hubiera puesto o que se hubiera presentado algún obstáculo al matrimonio: abrió la carta con gran emoción y encontró en ella más o menos estas palabras:

No pienso sino en vos, señora; no estoy ocupado sino por vos; y, en los primeros momentos de posesión legítima del mayor partido de Francia, apenas empieza a amanecer, abandono la habitación en la que he pasado la noche, para deciros que me he arrepentido ya mil veces de haberos obedecido, y de no haber renunciado a todo para no vivir sino por vos.

Esta carta, y el momento en que había sido escrita, impresionaron sensiblemente a la condesa. Más tarde acudió a cenar a casa de la princesa de Neufchâtel, que se lo había pedido. El matrimonio se había hecho público, y encontró a un gran número de personas en la habitación de la dama, pero tan pronto como la princesa la vio, dejó a todo el mundo y le rogó que pasara con ella a su gabinete. Apenas se habían sentado, cuando el rostro de la princesa su cubrió de lágrimas. La condesa pensó que era el efecto de la publicación del matrimonio, y que ella la encontraba más difícil de soportar de lo que había imaginado, pero muy pronto comprendió que se equivocaba.

—¡Ah!, señora, —dijo la princesa—. ¿Qué he hecho? Me he casado con un hombre por amor; he hecho un matrimonio desigual, desaprobado por todos, que me humilla, ¡y resulta que el hombre que yo he preferido a todo, ama a otra mujer!

La condesa creyó que iba a desmayarse al escuchar aquellas palabras; pensó que la princesa no podía haber adivinado la pasión de su marido sin haber descubierto la causa de la misma, y no pudo contestar. La princesa de Navarre (se le llamó así después de su matrimonio) no prestó atención a su estado, y continuó:

—El señor príncipe de Navarre —le dijo—, muy lejos de tener la impaciencia que debía concederle la conclusión de nuestro matrimonio, se hizo esperar por la noche; llegó sin alegría, con el espíritu ocupado y contrariado; salió de mi habitación al amanecer, con no sé qué pretexto. Al volver venía de escribir, lo vi en sus manos. ¿A quién podía escribir sino a una amante? ¿Por qué se hizo esperar? ¿Qué ocupaba su espíritu?

En aquel momento vinieron a interrumpir la conversación, porque había llegado la princesa de Condé; la princesa de Navarre salió a recibirla y la condesa permaneció fuera de sí. Por la noche le escribió al príncipe de Navarre para avisarle de las sospechas de su esposa, y para obligarle a contenerse. Su pasión no se aminoró por los peligros ni los obstáculos; la condesa no hallaba descanso y el sueño no acudía a mitigar sus angustias.

Una mañana, después de que ella hubiera llamado a sus doncellas, su escudero se le acercó y le dijo en voz baja que el príncipe de Navarre estaba en su gabinete y rogaba poder decirle algo que era absolutamente necesario que supiera. Uno cede fácilmente a lo que le es grato; la condesa sabía que su esposo había salido; dijo que quería dormir y pidió a sus doncellas que cerraran las puertas y no regresaran sin que ella las llamase.

El príncipe de Navarre entró desde el gabinete y se arrodilló junto a su lecho.

—¿Qué tenéis que decirme? —le preguntó.

—Que os amo, señora; que os adoro, que no podría vivir con la señora de Navarre; el deseo de veros se ha apoderado de mí esta mañana con tal violencia, que no he podido resistirlo. He venido al azar de todo lo que pudiera suceder, y sin esperar siquiera hablar con vos.

La condesa lo reprendió en un primer momento por comprometerla con tanta ligereza; pero luego, su pasión los condujo a una conversación tan prolongada que el conde de Tende volvió de la ciudad. Se dirigió hacia el apartamento de su esposa; le dijeron que no estaba despierta, pero era tarde, por lo que no dejó de entrar en su habitación y encontró

al príncipe de Navarre de rodillas junto al lecho, como se había colocado al llegar. Jamás hubo una sorpresa semejante a la del conde de Tende, ni turbación que igualara a la de su esposa. Sólo el príncipe de Navarre conservó la presencia de ánimo, y sin alterarse ni levantarse del suelo:

—¡Venid, venid! —dijo al conde de Tende— ¡Ayudadme a obtener una gracia que solicito de rodillas y que me es negada!

El tono y la expresión del príncipe de Navarre detuvieron la sorpresa del conde.

—No sé, —le contestó con el mismo tono que el príncipe había empleado— si una gracia que solicitáis de rodillas a mi esposa cuando dicen que ella está durmiendo, cuando os encuentro a solas con ella y sin carroza ante mi puerta, es de las que me gustaría que ella os concediera.

El príncipe de Navarre, tranquilizado y sin el apuro del primer momento, se levantó, se sentó con total libertad, y la condesa, temblorosa y fuera de sí, ocultó su azoramiento en la penumbra que reinaba en el lugar en que se hallaban. El príncipe de Navarre tomó la palabra:

—Vais a censurarme, pero tenéis, no obstante, que ayudarme: amo y soy amado por la persona más digna de amor de la corte; ayer, me escapé de casa de la princesa de Navarre y de toda mi gente para acudir a una cita en la que esta persona me esperaba. Mi esposa, que ha adivinado que estoy preocupado por otra que no es ella, y que está atenta a mi conducta, supo por mi gente que yo los había dejado, y se halla en un estado de celos y desesperación sin parangón. Le he dicho que había pasado las horas que tanta inquietud le causan en casa de la mariscala de Saint—André que está enferma y no recibe a casi nadie; le dije que la señora condesa de Tende era la única persona que se encontraba allí, y que podía preguntarle si no me había visto toda la tarde. He decidido venir a confiar en la señora condesa. Había ido a casa de la Châtre que sólo está a tres pasos de aquí, salí de allí sin que mi gente me viera; me dijeron que la señora estaba despierta, no encontré a nadie en su antesala y he entrado audazmente. La señora condesa se niega a mentir en mi favor; dice que no quiere traicionar a su amiga, y me echa las más sensatas reprimendas; yo mismo me las he echado inútilmente. Hay que librar a la señora princesa de Navarre del estado de inquietud y de celos en el que se encuentra, y ahorrarme a mí el mortal engorro de sus reproches.

La condesa de Tende no se sorprendió menos de la presencia de ánimo del príncipe que lo había estado a la llegada de su esposo, pero se serenó y al conde no le quedó ni la menor sombra de duda. Se unió a su esposa para hacerle ver al príncipe el abismo de problemas en el que iba a arrojarse, y todo lo que le debía a la princesa. La condesa prometió decirle a aquélla todo cuanto deseaba su esposo.

Cuando éste iba a marcharse, el conde lo detuvo:

—Como recompensa al servicio que vamos a haceros a costa de la verdad, decidnos al menos quién es esa amante; tiene que ser poco digna de amaros y conservar con vos una relación, viéndoos comprometido con una persona tan bella como la princesa de Navarre, viendo que os habéis casado con ella, y viendo todo cuanto vos le debéis. Debe ser una persona sin inteligencia, ni ánimo, ni delicadeza; y, de verdad, no merece que perturbéis una felicidad tan grande como la vuestra, y que os mostréis tan ingrato y culpable.

El príncipe no supo qué responder y fingió tener prisa. El conde de Tende en persona le ayudó a salir con el fin de que nadie lo viera.

La condesa se quedó nerviosa por el riesgo que había corrido, por las reflexiones que las palabras de su marido le obligaban a hacer, y por vislumbrar los problemas a los que su pasión la exponía; pero no tuvo la fuerza de desprenderse de ella. Continuó su relación con el príncipe; lo veía a veces con la ayuda de La Lande, su escudero. Se sentía, y era efectivamente, una de las personas más desgraciadas del mundo: la princesa de Navarre le hacía a diario confidencias respecto a unos celos de los que ella era la causa; estos celos le producían remordimientos, pero cuando la princesa de Navarre estaba satisfecha de su esposo, era ella la que se sentía celosa.

Un nuevo tormento vino a asociarse a los que ya padecía: el conde de Tende se enamoró de ella como si no hubiera sido su esposa; no se separaba de ella y quería retomar todos sus derechos hasta entonces despreciados. La condesa se opuso con una fuerza y una acritud que llegaban hasta el desprecio; prevenida por el príncipe de Navarre, se sentía ofendida por cualquier otro amor que no fuera el de él. El conde sintió su proceder en toda su dureza y, herido en lo más profundo, le aseguró que no volvería a importunarla en la vida, y, efectivamente, la dejó con mucha rudeza.

Una campaña militar se aproximaba; el príncipe de Navarre tenía que incorporarse al ejército; la condesa de Tende empezó a sentir los dolores de su ausencia y el temor por los peligros a los que se expondría, por lo que decidió evitar el constreñimiento de tener que ocultar su aflicción, y se marchó a pasar el verano en una propiedad que tenía a treinta leguas de París. Puso en práctica su proyecto, y su despedida fue tan dolorosa, que debieron sacar de ella, tanto el uno como la otra, un mal augurio. El conde de Tende permaneció junto al rey al que estaba ligado por su cargo.

La corte debía aproximarse al ejército; la finca de la señora de Tende no se encontraba muy lejos. Su marido le advirtió que haría un viaje de

sólo una noche para comprobar las obras que había comenzado. No quería que ella pudiera pensar que iba a verla; sentía por ella ya todo el despecho que producen las pasiones.

La señora de Tende había encontrado en los primeros tiempos al príncipe de Navarre tan lleno de respeto, y ella misma se había sentido poseedora de tanta virtud, que no había desconfiado ni de él, ni de ella; pero el tiempo y las ocasiones habían triunfado sobre su virtud y respeto y, poco tiempo después de estar en su finca, comprobó que estaba embarazada. No hay más que reflexionar en la reputación que había adquirido y conservado, y en la situación en la que se encontraba con su marido, para comprender su desesperación. En numerosas ocasiones estuvo tentada de acabar con su vida; sin embargo, concibió una ligera esperanza respecto al viaje de su marido y decidió esperar el éxito. En medio de este anonadamiento, recibió aún el dolor de saber que La Lande, que había dejado en París para que se encargara de las cartas de su amante y de las suyas, había muerto en pocos días, y se encontraba desprovista de toda ayuda, en el momento en que más la necesitaba.

Mientras tanto, el ejército había emprendido un asedio. Su pasión por el príncipe de Navarre le producía constantes temores, incluso en medio de los mortales horrores que la dominaban. Sus temores no estuvieron sino demasiado bien fundados: recibió cartas del ejército; por ellas supo el final del asedio, pero también que el príncipe de Navarre había muerto el último día del mismo. Perdió el conocimiento y la razón; muchas veces se vio privada de uno y de otra; este exceso de dolor le parecía en algunos momentos una especie de consuelo; ya no temía nada por su reposo, por su reputación o por su vida; sólo la muerte le parecía deseable; la esperaba de su dolor o estaba resuelta a causársela. Un resto de vergüenza le obligó a decir que sentía dolores excesivos, para tener un pretexto para sus gritos y sus lágrimas.

Mil adversidades le hicieron volver sobre sí misma y comprendió que las había merecido; la naturaleza y el cristianismo la desviaron de convertirse en homicida de sí misma, y suspendieron la ejecución de lo que ya había decidido.

Hacía mucho rato que se encontraba sumida en esos violentos dolores cuando el conde de Tende llegó. Ella creía conocer todos los sentimientos que su triste estado podía inspirarle; pero la llegada de su marido le produjo una turbación y una confusión que le resultaron nuevas. Al llegar, el conde supo que su esposa estaba enferma, y, como siempre había conservado apariencias de honestidad a los ojos del público y de la servidumbre, se dirigió en primer lugar a su habitación;

la encontró como una persona enajenada y sin poder reprimir sus lágrimas, que atribuía a los dolores que la atormentaban.

El conde, conmovido por el estado en que la veía, se enterneció y, creyendo distraerla de sus dolores, le habló de la muerte del príncipe de Navarre y de la aflicción de su esposa.

La de la señora de Tende no pudo soportar aquella conversación; sus lágrimas se acrecentaron de tal manera que el conde quedó muy sorprendido y casi advertido: salió de la habitación confuso e inquieto; le pareció que su esposa no se hallaba en el estado que producen los dolores del cuerpo; el aumento de lágrimas cuando le había hablado de la muerte del príncipe de Navarre le había impresionado; y, de repente, la aventura de encontrar a aquél de rodillas junto al lecho de su esposa se le vino a la memoria; recordó la actitud que la condesa había adoptado para con él cuando quiso volver con ella y creyó comprender la verdad; pero le quedaba no obstante la duda que el amor propio nos deja siempre respecto a las cosas que cuesta demasiado creer.

Su desesperación fue extrema y todas sus ideas violentas; pero como era mesurado, reprimió sus primeros impulsos y decidió marcharse al día siguiente al amanecer, sin ver a su esposa, confiando en que el tiempo le daría mayor certeza y ocasión de tomar decisiones.

Por muy sumida en el dolor que se encontrara la señora de Tende, no había dejado de percatarse del poco dominio de sí misma que había demostrado, y de la expresión con la que su marido había salido de su habitación; sospechó una parte de la verdad y, no teniendo ya sino horror por la vida, decidió perder ésta de una manera que no la privara de la esperanza en la vida eterna.

Después de haber sopesado lo que iba a hacer, con agitación mortal, tocada de sus tristezas y del arrepentimiento de su falta, se decidió por fin a escribirle a su esposo estas líneas:

Esta carta va a costarme la vida, pero merezco la muerte y la deseo. Estoy embarazada; el que es la causa de mi tristeza ya no está en este mundo, lo mismo que el único hombre que conocía nuestra relación; el público no la sospechó jamás. Había resuelto ponerle fin a mi vida con mis propias manos, pero se la ofrezco a Dios y a vos, como expiación de mi crimen. No he querido deshonrarme a los ojos del mundo porque mi reputación también os afecta; conservadla por amor hacía vos mismo. Voy a mostrar el estado en que me encuentro; ocultad la vergüenza del mismo y hacedme perecer, cuando queráis y como queráis.

El día comenzaba cuando terminó esta carta, la más difícil de escribir que jamás haya sido escrita; la cerró y se acercó a la ventana; y como vio al conde en el patio a punto de subir a su carroza, envió a una de sus

doncellas a llevársela y a decirle que no contenía nada urgente, que la leyera cuando gustase.

El conde se sorprendió por aquella carta; tuvo una especie de presentimiento, no de todo lo que en ella iba a encontrar, pero sí de algo que tuviera relación con lo que había sospechado la víspera. Se subió solo a la carroza, inquieto y sin atreverse a abrir la carta, pese a la impaciencia que tenía por leerla; la leyó por fin, y conoció toda su vergüenza ¡qué no pensaría después de haberla leído! Si hubiera habido testigos, el violento estado en que estaba lo habría hecho creer privado de razón, o a punto de perder la vida. Los celos y las sospechas bien fundadas preparan de ordinario a los maridos para conocer su desgracia, incluso siempre les quedan algunas dudas, pero pocas veces tienen la certidumbre que proporciona la confesión, que está por encima de nuestra inteligencia.

El conde de Tende había encontrado siempre a su esposa digna de ser amada aunque él no la hubiera amado de forma continuada; siempre le había parecido la mujer más estimable que hubiera visto jamás, por lo que en aquellos momentos no sentía menos sorpresa que furor, y pese a una y al otro, sentía aún, en contra de su voluntad, un dolor en el que había algo de ternura.

Se detuvo en una casa que encontró en su camino, en la que pasó unos días agitado y afligido, como puede imaginarse; primero pensó todo lo que es natural pensar en semejante situación; pensaba en hacer morir a su esposa, pero la muerte del príncipe de Navarre y la de La Lande, que reconoció fácilmente como el confidente, suavizaron un poco su furor; pensó que el matrimonio del príncipe de Navarre podía haber engañado a todo el mundo, puesto que él mismo lo había sido.

Después de una evidencia tan grande como la que se había presentado ante sus ojos, la total ignorancia del público respecto a su desgracia le supuso un alivio; pero las circunstancias que le hacían ver hasta qué punto y de qué manera había sido engañado, le traspasaban el corazón y sólo respiraba venganza. Pensó, no obstante, que si hacía morir a su esposa y se percataban de que estaba embarazada, se sospecharía fácilmente la verdad. Como era el hombre más orgulloso del mundo, adoptó la decisión que más convenía a su gloria y resolvió no dejar ver nada al público. Con esta idea, envió un gentilhombre con esta nota para la condesa:

El deseo de impedir el escándalo de mi vergüenza puede más en estos momentos que mi deseo de venganza; ya veré más tarde qué decido respecto a vuestro indigno destino; conducíos como si hubierais sido siempre lo que debíais ser.

La condesa recibió la nota con alegría; la consideró como su pena de muerte; y cuando vio que su marido consentía que dejara ver su embarazo, comprendió que la vergüenza es la más violenta de todas las pasiones: encontró una especie de tranquilidad al sentirse segura de morir y al ver su reputación preservada; ya no pensó sino en prepararse para morir, y como era una persona en la que todos los sentimientos eran vivos, abrazó la virtud y la penitencia con el mismo ardor con que se había entregado a su pasión. Su alma se encontraba, por otra parte, desengañada y sumida en la aflicción; no podía detener los ojos en ninguna cosa de esta vida sin que le resultara más ruda que la muerte misma, de tal forma que no veía remedio a su dolor sino por el final de su desgraciada existencia.

Pasó algún tiempo en este estado, pareciendo más muerta que viva; finalmente, hacia el sexto mes de embarazo, su cuerpo sucumbió, una fiebre continuada la atrapó y dio a luz por la violencia de su mal; tuvo el consuelo de ver a su hijo vivo, de estar segura de que no podía sobrevivir, y de que no le daría a su marido un heredero ilegítimo: ella misma expiró unos días después recibiendo la muerte con una alegría que nadie ha sentido jamás; encargó a su confesor que trasmitiera a su esposo la noticia de su muerte, le pidiera perdón en su nombre y le suplicara que olvidara su recuerdo, que sólo podía resultarle odioso.

El conde de Tende recibió la noticia sin inhumanidad, e incluso con algunos sentimientos de piedad, pero con alegría, no obstante. Aunque aún era bastante joven, no quiso volver a casarse y vivió hasta una edad muy avanzada

EL RUISEÑOR Y LA ROSA *por ÓSCAR WILDE*

Dijo que bailaría conmigo si le llevaba una rosa roja —se lamentaba el joven estudiante—, pero no hay una sola rosa roja en todo mi jardín.

Desde su nido de la encina, oyóle el ruiseñor. Miró por entre las hojas, asombrado.

—¡No hay ni una rosa roja en todo mi jardín! —gritaba el estudiante.

Y sus bellos ojos se llenaron de llanto.

—¡Ah, de qué cosa más insignificante depende la felicidad! He leído cuanto han escrito los sabios; poseo todos los secretos de la filosofía y encuentro mi vida destrozada por carecer de una rosa roja.

—He aquí, por fin, el verdadero enamorado —dijo el ruiseñor—. Le he cantado todas las noches, aun sin conocerlo; todas las noches les cuento su historia a las estrellas, y ahora lo veo. Su cabellera es oscura como la flor del jacinto y sus labios, rojos como la rosa que desea; pero la pasión lo ha puesto pálido como el marfil y el dolor ha sellado su frente.

—El príncipe da un baile mañana por la noche —murmuraba el joven estudiante—, y mi amada asistirá a la fiesta. Si le llevo una rosa roja, bailará conmigo hasta el amanecer. Si le llevo una rosa roja, la tendré en mis brazos, reclinará su cabeza sobre mi hombro y su mano estrechará la mía. Pero no hay rosas rojas en mi jardín. Por lo tanto, tendré que estar solo y no me hará ningún caso. No se fijará en mí para nada y se destrozará mi corazón.

—He aquí el verdadero enamorado —dijo el ruiseñor—. Sufre todo lo que yo canto: todo lo que es alegría para mí es pena para él. Realmente el amor es algo maravilloso: es más bello que las esmeraldas y más raro que los finos ópalos. Perlas y rubíes no pueden pagarlo porque no se halla expuesto en el mercado. No puede uno comprarlo al vendedor ni ponerlo en una balanza para adquirirlo a peso de oro.

—Los músicos estarán en su estrado —decía el joven estudiante—. Tocarán sus instrumentos de cuerda y mi adorada bailará a los sones del arpa y del violín. Bailará tan vaporosamente que su pie no tocará el suelo, y los cortesanos con sus alegres atavíos la rodearán solícitos; pero conmigo no bailará, porque no tengo rosas rojas que darle.

Y, dejándose caer en el césped, se cubría la cara con las manos y lloraba.

—¿Por qué llora? —preguntó la lagartija verde, correteando cerca de él, con la cola levantada.

—Sí, ¿por qué? —decía una mariposa que revoloteaba persiguiendo un rayo de sol.

—Eso digo yo, ¿por qué? —murmuró una margarita a su vecina, con una vocecilla tenue.

—Llora por una rosa roja.

—¿Por una rosa roja? ¡Qué tontería!

Y la lagartija, que era algo cínica, se echó a reír con todas sus ganas.

Pero el ruiseñor, que comprendía el secreto de la pena del estudiante, permaneció silencioso en la encina, reflexionando sobre el misterio del amor.

De pronto desplegó sus alas oscuras y emprendió el vuelo.

Pasó por el bosque como una sombra, y como una sombra atravesó el jardín.

En el centro del prado se levantaba un hermoso rosal, y al verle, voló hacia él y se posó sobre una ramita.

—Dame una rosa roja —le gritó—, y te cantaré mis canciones más dulces.

Pero el rosal meneó la cabeza.

—Mis rosas son blancas —contestó—, blancas como la espuma del mar, más blancas que la nieve de la montaña. Ve en busca del hermano mío que crece alrededor del viejo reloj de sol y quizá él te dé lo que quieres.

Entonces el ruiseñor voló al rosal que crecía en torno del viejo reloj de sol.

—Dame una rosa roja —le gritó—, y te cantaré mis canciones más dulces.

Pero el rosal meneó la cabeza.

—Mis rosas son amarillas —respondió—, tan amarillas como los cabellos de las sirenas que se sientan sobre un tronco de árbol, más amarillas que el narciso que florece en los prados antes de que llegue el segador con la hoz. Ve en busca de mi hermano, el que crece debajo de la ventana del estudiante, y quizá él te dé lo que quieres.

Entonces el ruiseñor voló al rosal que crecía debajo de la ventana del estudiante.

—Dame una rosa roja —le gritó—, y te cantaré mis canciones más dulces.

Pero el arbusto meneó la cabeza.

—Mis rosas son rojas —respondió—, tan rojas como las patas de las palomas, más rojas que los grandes abanicos de coral que el océano mece

en sus abismos; pero el invierno ha helado mis venas, la escarcha ha marchitado mis botones, el huracán ha partido mis ramas, y no tendré más rosas este año.

—No necesito más que una rosa roja —gritó el ruiseñor—, una sola rosa roja. ¿No hay ningún medio para que yo la consiga?

—Hay un medio —respondió el rosal—, pero es tan terrible que no me atrevo a decírtelo.

—Dímelo —contestó el ruiseñor—. No soy miedoso.

—Si necesitas una rosa roja —dijo el rosal—, tienes que hacerla con notas de música al claro de luna y teñirla con sangre de tu propio corazón. Cantarás para mí con el pecho apoyado en mis espinas. Cantarás para mí durante toda la noche y las espinas te atravesarán el corazón: la sangre de tu vida correrá por mis venas y se convertirá en sangre mía.

—La muerte es un buen precio por una rosa roja —replicó el ruiseñor—, y todo el mundo ama la vida. Es grato posarse en el bosque verdeante y mirar al sol en su carro de oro y a la luna en su carro de perlas. Suave es el aroma de los nobles espinos. Dulces son las campanillas que se esconden en el valle y los brezos que cubren la colina. Sin embargo, el amor es mejor que la vida. ¿Y qué es el corazón de un pájaro comparado con el de un hombre?

Entonces desplegó sus alas oscuras y emprendió el vuelo. Pasó por el jardín como una sombra y como una sombra cruzó el bosque.

El joven estudiante permanecía tendido sobre el césped allí donde el ruiseñor lo dejó, y las lágrimas no se habían secado aún en sus bellos ojos.

—Sé feliz —le gritó el ruiseñor—, sé feliz; tendrás tu rosa roja. La crearé con notas de música al claro de luna y la teñiré con la sangre de mi propio corazón. Lo único que te pido, en cambio, es que seas un verdadero enamorado, porque el amor es más sabio que la filosofía, aunque esta sea sabia; más fuerte que el poder, por fuerte que este lo sea. Sus alas son color de fuego y su cuerpo color de llama; sus labios son dulces como la miel y su hálito es como el incienso.

El estudiante levantó los ojos del césped y prestó atención; pero no pudo comprender lo que le decía el ruiseñor, pues sólo sabía las cosas que están escritas en los libros.

Pero la encina lo comprendió y se puso triste, porque amaba mucho al ruiseñor que había construido su nido en sus ramas.

—Cántame la última canción —murmuró—. ¡Me quedaré tan triste cuando te vayas!

Entonces el ruiseñor cantó para la encina, y su voz era como el agua que ríe en una fuente argentina.

Al terminar la canción, el estudiante se levantó, sacando al mismo tiempo su cuaderno de notas y su lápiz.

"El ruiseñor —se decía paseándose por la alameda—, el ruiseñor posee una belleza innegable, ¿pero siente? Me temo que no. Después de todo, es como muchos artistas: puro estilo, exento de sinceridad. No se sacrifica por los demás. No piensa más que en la música y en el arte; como todo el mundo sabe, es egoísta. Ciertamente, no puede negarse que su garganta tiene notas bellísimas. ¡Qué lástima que todo eso no tenga sentido alguno, que no persiga ningún fin práctico!"

Y, volviendo a su habitación, se acostó sobre su jergoncillo y se puso a pensar en su adorada.

Al poco rato se quedó dormido.

Y cuando la luna brillaba en los cielos, el ruiseñor voló al rosal y colocó su pecho contra las espinas.

Y toda la noche cantó con el pecho apoyado sobre las espinas, y la fría luna de cristal se detuvo y estuvo escuchando toda la noche.

Cantó durante toda la noche, y las espinas penetraron cada vez más en su pecho, y la sangre de su vida fluía de su pecho.

Al principio cantó el nacimiento del amor en el corazón de un joven y de una muchacha, y sobre la rama más alta del rosal floreció una rosa maravillosa, pétalo tras pétalo, canción tras canción.

Primero era pálida como la bruma que flota sobre el río, pálida como los pies de la mañana y argentada como las alas de la aurora.

La rosa que florecía sobre la rama más alta del rosal parecía la sombra de una rosa en un espejo de plata, la sombra de la rosa en un lago.

Pero el rosal gritó al ruiseñor que se apretase más contra las espinas.

—Apriétate más, ruiseñorcito —le decía—, o llegará el día antes de que la rosa esté terminada.

Entonces el ruiseñor se apretó más contra las espinas y su canto fluyó más sonoro, porque cantaba el nacimiento de la pasión en el alma de un hombre y de una virgen.

Y un delicado rubor apareció sobre los pétalos de la rosa, lo mismo que enrojece la cara de un enamorado que besa los labios de su prometida.

Pero las espinas no habían llegado aún al corazón del ruiseñor; por eso el corazón de la rosa seguía blanco, porque solo la sangre de un ruiseñor puede colorear el corazón de una rosa.

Y el rosal gritó al ruiseñor que se apretase más contra las espinas.

—Apriétate más, ruiseñorcito —le decía—, o llegará el día antes de que la rosa esté terminada.

Entonces el ruiseñor se apretó aún más contra las espinas, y las espinas tocaron su corazón y él sintió en su interior un cruel tormento de dolor.

Cuanto más acerbo era su dolor, más impetuoso salía su canto, porque cantaba el amor sublimado por la muerte, el amor que no termina en la tumba.

Y la rosa maravillosa enrojeció como las rosas de Bengala. Purpúreo era el color de los pétalos y purpúreo, como un rubí, era su corazón.

Pero la voz del ruiseñor desfalleció. Sus breves alas empezaron a batir y una nube se extendió sobre sus ojos.

Su canto se fue debilitando cada vez más. Sintió que algo se le ahogaba en la garganta.

Entonces su canto tuvo un último destello. La blanca luna le oyó y, olvidándose de la aurora, se detuvo en el cielo.

La rosa roja le oyó; tembló toda ella de arrobamiento y abrió sus pétalos al aire frío del alba.

El eco le condujo hacia su caverna purpúrea de las colinas, despertando de sus sueños a los rebaños dormidos.

El canto flotó entre los cañaverales del río, que llevaron su mensaje al mar.

—Mira, mira —gritó el rosal—, ya está terminada la rosa.

Pero el ruiseñor no respondió; yacía muerto sobre las altas hierbas, con el corazón traspasado de espinas.

A mediodía el estudiante abrió su ventana y miró hacia afuera.

—¡Qué extraña buena suerte! —exclamó—. ¡He aquí una rosa roja! No he visto rosa semejante en toda mi vida. Es tan bella que estoy seguro de que debe tener en latín un nombre muy enrevesado.

E inclinándose, la cogió.

Inmediatamente se puso el sombrero y corrió a casa del profesor, llevando en su mano la rosa.

La hija del profesor estaba sentada a la puerta. Devanaba seda azul sobre un carrete, con un perrito echado a sus pies.

—Dijiste que bailarías conmigo si te traía una rosa roja —le dijo el estudiante—. He aquí la rosa más roja del mundo. Esta noche la prenderás cerca de tu corazón, y cuando bailemos juntos, ella te dirá cuánto te quiero.

Pero la joven frunció las cejas.

—Temo que esta rosa no armonice bien con mi vestido —respondió—. Además, el sobrino del chambelán me ha enviado varias joyas de verdad, y ya se sabe que las joyas cuestan más que las flores.

—¡Oh, qué ingrata eres! —dijo el estudiante lleno de cólera.

Y tiró la rosa al arroyo.

Un pesado carro la aplastó.

—¡Ingrato! —dijo la joven—. Te diré que te portas como un grosero; y después de todo, ¿qué eres? Un simple estudiante. ¡Bah! No creo que puedas tener nunca hebillas de plata en los zapatos como las del sobrino del chambelán.

Y, levantándose de su silla, se metió en su casa.

"¡Qué tontería es el amor! —se decía el estudiante a su regreso—. No es ni la mitad de útil que la lógica, porque no puede probar nada; habla siempre de cosas que no sucederán y hace creer a la gente cosas que no son ciertas. Realmente, no es nada práctico, y como en nuestra época todo estriba en ser práctico, voy a volver a la filosofía y al estudio de la metafísica."

Y dicho esto, el estudiante, una vez en su habitación, abrió un gran libro polvoriento y se puso a leer.

EL BESO *por GUSTAVO ADOLFO BÉCQUER*

I

Cuando una parte del ejército francés se apoderó a principios de este siglo de la histórica Toledo, sus jefes, que no ignoraban el peligro a que se exponían en las poblaciones españolas diseminándose en alojamientos separados, comenzaron por habilitar para cuarteles los más grandes y mejores edificios de la ciudad.

Después de ocupado el suntuoso alcázar de Carlos V, echose mano de la casa de Consejos; y cuando ésta no pudo contener más gente comenzaron a invadir el asilo de las comunidades religiosas, acabando a la postre por transformar en cuadras hasta las iglesias consagradas al culto. En esta conformidad se encontraban las cosas en la población donde tuvo lugar el suceso que voy a referir, cuando una noche, ya a hora bastante avanzada, envueltos en sus oscuros capotes de guerra y ensordeciendo las estrechas y solitarias calles que conducen desde la Puerta del Sol a Zocodover, con el choque de sus armas y el ruidoso golpear de los cascos de sus corceles, que sacaban chispas de los pedernales, entraron en la ciudad hasta unos cien dragones de aquellos altos, arrogantes y fornidos, de que todavía nos hablan con admiración nuestras abuelas.

Mandaba la fuerza un oficial bastante joven, el cual iba como a distancia de unos treinta pasos de su gente hablando a media voz con otro, también militar a lo que podía colegirse por su traje. éste, que caminaba a pie delante de su interlocutor, llevando en la mano un farolillo, parecía seguirle de guía por entre aquel laberinto de calles oscuras, enmarañadas y revueltas.

—Con verdad —decía el jinete a su acompañante—, que si el alojamiento que se nos prepara es tal y como me lo pintas, casi, casi sería preferible arrancharnos en el campo o en medio de una plaza.

—¿Y qué queréis, mi capitán —contestole el guía, que efectivamente era un sargento aposentador—; en el alcázar no cabe ya un grano de trigo, cuanto más un hombre; de San Juan de los Reyes no digamos, porque hay celda de fraile en la que duermen quince húsares. El convento adonde voy a conduciros no era mal local, pero hará cosa de tres o cuatro días nos cayó aquí como de las nubes una de las columnas volantes que recorren la provincia, y gracias que hemos podido conseguir que se amontonen por los claustros y dejen libre la iglesia.

—En fin —exclamó entonces el oficial después de un corto silencio y como resignándose con el extraño alojamiento que la casualidad le deparaba—, más vale incómodo que ninguno. De todas maneras, si llueve, que no será difícil según se agrupan las nubes, estamos a cubierto, y algo es algo.

Interrumpida la conversación en este punto, los jinetes precedidos del guía, siguieron en silencio el camino adelante hasta llegar a una plazuela, en cuyo fondo se destacaba la negra silueta del convento con su torre morisca, su campanario de espadaña, su cúpula ojival y sus tejados de crestas desiguales y oscuras.

—He aquí vuestro alojamiento —exclamó el aposentador al divisarle y dirigiéndose al capitán, que, después que hubo mandado hacer alto a la tropa, echó pie a tierra, tomó el farolillo de manos del guía y se dirigió hacia el punto que éste le señalaba.

Como quiera que la iglesia del convento estaba completamente desmantelada, los soldados que ocupaban el resto del edificio habían creído que las puertas le eran ya poco menos que inútiles, y un tablero hoy, otro mañana, habían ido arrancándolas pedazo a pedazo para hacer hogueras con que calentarse por las noches.

Nuestro joven oficial no tuvo, pues, que torcer llaves ni descorrer cerrojos para penetrar en el interior del templo.

A la luz del farolillo, cuya dudosa claridad se perdía entre las espesas sombras de las naves y dibujaba con gigantescas proporciones sobre el muro la fantástica sombra del sargento aposentador que iba precediéndole, recorrió la iglesia de arriba abajo y escudriñó una por una todas sus desiertas capillas, hasta que una vez hecho cargo del local, mandó echar pie a tierra a su gente, y, hombres y caballos revueltos, fue acomodándola como mejor pudo.

Según dejamos dicho, la iglesia estaba completamente desmantelada, en el altar mayor pendían aún de las altas cornisas los rotos girones del velo con que lo habían cubierto los religiosos al abandonar aquel recinto; diseminados por las naves veíanse algunos retablos adosados al muro, sin imágenes en las hornacinas; en el coro se dibujaban con un ribete de luz los extraños perfiles de la oscura sillería de alerce; en el pavimento, destrozado en varios puntos, distinguíanse aún anchas losas sepulcrales llenas de timbres; escudos y largas inscripciones góticas; y allá a lo lejos, en el fondo de las silenciosas capillas y a la largo del crucero, se destacaban confusamente entre la oscuridad, semejantes a blancos e inmóviles fantasmas, las estatuas de piedra que, unas tendidas, otras de hinojos sobre el mármol de sus tumbas, parecían ser los únicos habitantes del ruinoso edificio.

A cualquiera otro menos molido que el oficial de dragones; el cual traía una jornada de catorce leguas en el cuerpo, o menos acostumbrado a ver estos sacrilegios como la cosa más natural del mundo, hubiéranle bastado dos adarmes de imaginación para no pegar los ojos en toda la noche en aquel oscuro e imponente recinto, donde las blasfemias de los soldados que se quejaban en alta voz del improvisado cuartel, el metálico golpe de sus espuelas que resonaban sobre las anchas losas sepulcrales del pavimento, el ruido de los caballos que piafaban impacientes, cabeceando y haciendo sonar las cadenas con que estaban sujetos a los pilares, formaban un rumor extraño y temeroso que se dilataba por todo el ámbito de la iglesia y se reproducía cada vez más confuso, repetido de eco en eco en sus altas bóvedas.

Pero nuestro héroe, aunque joven, estaba ya tan familiarizado con estas peripecias de la vida de campaña, que apenas hubo acomodado a su gente, mandó colocar un saco de forraje al pie de la grada del presbiterio, y arrebujándose como mejor pudo en su capote y echando la cabeza en el escalón, a los cinco minutos roncaba con más tranquilidad que el mismo rey José en su palacio de Madrid.

Los soldados, haciéndose almohadas de las monturas, imitaron su ejemplo, y poca a poco fue apagándose el murmullo de sus voces.

A la media hora sólo se oían los ahogados gemidos del aire que entraba por las rotas vidrieras de las ojivas del templo, el atolondrado revolotear de las aves nocturnas que tenían sus nidos en el dosel de piedra de las esculturas de los muros, y el alternado rumor de los pasos del vigilante que se paseaba, envuelto en los anchos pliegues de su capote a lo largo del pórtico.

II

En la época a que se remonta la relación de esta historia, tan verídica como extraordinaria, lo mismo que al presente, para los que no sabían apreciar los tesoros del arte que encierran sus muros, la ciudad de Toledo no era más que un poblachón destartalado, antiguo, ruinoso e insufrible.

Los oficiales del ejército francés, que, a juzgar por los actos de vandalismo con que dejaron en ella triste y perdurable memoria de su ocupación, de todo tenían menos de artistas o arqueólogos, no hay para que decir que se fastidiaban soberanamente en la vetusta ciudad de los Césares.

En esta situación de ánimo, la más insignificante novedad que viniese a romper la monótona quietud de aquellos días eternos e iguales, era acogida con avidez entre los ociosos: así es que la promoción al grado inmediato de uno de sus camaradas; la noticia del movimiento

estratégico de una columna volante, la salida de un correo de gabinete o la llegada de una fuerza cualquiera a la ciudad, convertíanse en tema fecundo de conversación y objeto de toda clase de comentarios, hasta tanto que otro incidente venía a sustituirlo, sirviendo de base a nuevas quejas, críticas y suposiciones.

Como era de esperar, entre los oficiales que; según tenían de costumbre, acudieron al día siguiente a tomar el sol y a charlar un rato en el Zocodover, no se hizo platillo de otra cosa que la llegada de los dragones, cuyo jefe dejamos en el anterior capítulo durmiendo a pierna suelta y descansando de las fatigas de su viaje. Cerca de una hora hacía que la conversación giraba alrededor de este asunto, y ya comenzaba a interpretarse de diversos modos la ausencia del recién venido, a quien uno de los presentes, antiguo compañero suyo de colegio, había citado para el Zocodover, cuando en una de las bocacalles de la plaza apareció al fin nuestro bizarro capitán despojado de su ancho capotón de guerra, luciendo un gran casco de metal con penacho de plumas blancas, una casaca azul turquí con vueltas rojas y un magnífico mandoble con vaina de acero, que resonaba arrastrándose al compás de sus marciales pasos y del golpe seco y agudo de sus espuelas de oro.

Apenas le vio su camarada, salió a su encuentro para saludarle, y con él se adelantaron casi todos los que a la sazón se encontraban en el corrillo, en quienes habían despertado la curiosidad y la gana de conocerle los pormenores que ya habían oído referir acerca de su carácter original y extraño.

Después de los estrechos abrazos de costumbre y de las exclamaciones, plácemes y preguntas de rigor en estas entrevistas; después de hablar largo y tendido sobre las novedades que andaban por Madrid, la varia fortuna de la guerra y los amigotes muertos o ausentes rodando de uno en otro asunto la conversación, vino a parar al tema obligado, esto es, las penalidades del servicio, la falta de distracciones de la ciudad y el inconveniente de los alojamientos.

Al llegar a este punto, uno de los de la reunión que, por lo visto, tenía noticias del mal talante con que el joven oficial se había resignado a acomodar su gente en la abandonada iglesia, le dijo con aire de zumba:

—Y a propósito de alojamiento, ¿qué tal se ha pasado la noche en el que ocupáis?

—Ha habido de todo —contestó el interpelado—; pues si bien es verdad que no he dormido gran cosa, el origen de mi vigilia merece la pena de la velada. El insomnio junto a una mujer bonita no es seguramente el peor de los males.

—¡Una mujer! —repitió su interlocutor como admirándose de la buena fortuna del recién venido; eso es lo que se llama llegar y besar el santo.

—Será tal vez algún antiguo amor de la corte que le sigue a Toledo para hacerle más soportable el ostracismo —añadió otro de los del grupo.

—¡Oh!, no —dijo entonces el capitán—; nada menos que eso. Juro, a fe de quien soy, que no la conocía y que nunca creí hallar tan bella patrona en tan incómodo alojamiento. Es todo lo que se llama una verdadera aventura.

—¡Contadla!, ¡contadla! —exclamaron en coro los oficiales que rodeaban al capitán; y como éste se dispusiera a hacerlo así, todos prestaron la mayor atención a sus palabras mientras él comenzó la historia en estos términos:

—Dormía esta noche pasada como duerme un hombre que trae en el cuerpo trece leguas de camino, cuando he aquí que en lo mejor del sueño me hizo despertar sobresaltado e incorporarme sobre el codo un estruendo, horrible, un estruendo tal, que me ensordeció un instante para dejarme después los oídos zumbando cerca de un minuto, como si un moscardón me cantase a la oreja.

Como os habréis figurado, la causa de mi susto era el primer golpe que oía de esa endiablada campana gorda, especie de sochantre de bronce, que los canónigos de Toledo han colgado en su catedral con el laudable propósito de matar a disgustos a los necesitados de reposo.

Renegando entre dientes de la campana y del campanero que la toca, disponíame, una vez apagado aquel insólito y temeroso rumor, a coger nuevamente el hilo del interrumpido sueño, cuando vino a herir mi imaginación y a ofrecerse ante mis ojos una cosa extraordinaria. A la dudosa luz de la luna que entraba en el templo por el estrecho ajimez del muro de la capilla mayor, vi a una mujer arrodillada junto al altar.

Los oficiales se miraron entre sí con expresión entre asombrada e incrédula; el capitán sin atender al efecto que su narración producía, continuó de este modo:

—No podéis figuraros nada semejante, aquella nocturna y fantástica visión que se dibujaba confusamente en la penumbra de la capilla, como esas vírgenes pintadas en los vidrios de colores que habréis visto alguna vez destacarse a lo lejos, blancas y luminosas, sobre el oscuro fondo de las catedrales.

Su rostro ovalado, en donde se veía impreso el sello de una leve y espiritual demacración, sus armoniosas facciones llenas de una suave y melancólica dulzura, su intensa palidez, las purísimas líneas de su contorno esbelto, su ademán reposado y noble, su traje blanco flotante,

me traían a la memoria esas mujeres que yo soñaba cuando casi era un niño. ¡Castas y celestes imágenes, quimérico objeto del vago amor de la adolescencia!

Yo me creía juguete de una alucinación, y sin quitarle un punto los ojos, ni aun osaba respirar, temiendo que un soplo desvaneciese el encanto. Ella permanecía inmóvil.

Antojábaseme, al verla tan diáfana y luminosa que no era una criatura terrenal, sino un espíritu que, revistiendo por un instante la forma humana, había descendido en el rayo de la luna, dejando en el aire y en pos de sí la azulada estela que desde el alto ajimez bajaba verticalmente hasta el pie del opuesto muro, rompiendo la oscura sombra de aquel recinto lóbrego y misterioso.

—Pero...—exclamó interrumpiéndole su camarada de colegio, que comenzando por echar a broma la historia, había concluido interesándose con su relato —¿cómo estaba allí aquella mujer? ¿No le dijiste nada? ¿No te explicó su presencia en aquel sitio?

—No me determiné a hablarle, porque estaba seguro de que no había de contestarme, ni verme, ni oírme.

—¿Era sorda?

—¿Era ciega?

—¿Era muda? —exclamaron a un tiempo tres o cuatro de los que escuchaban la relación.

—Lo era todo a la vez —exclamó al fin el capitán después de un momento de pausa—, porque era... de mármol.

Al oír el estupendo desenlace de tan extraña aventura, cuantos había en el corro prorrumpieron en una ruidosa carcajada, mientras uno de ellos dijo al narrador de la peregrina historia, que era el único que permanecía callado y en una grave actitud:

—¡Acabáramos de una vez! Lo que es de ese género, tengo yo más de un millar, un verdadero serrallo, en San Juan de los Reyes; serrallo que desde ahora pongo a vuestra disposición, ya que, a lo que parece, tanto os da de una mujer de carne como de piedra.

—¡Oh!, no... —continuó el capitán, sin alterarse en lo más mínimo por las carcajadas de sus compañeros—: estoy seguro de que no pueden ser como la mía. La mía es una verdadera dama castellana que por un milagro de la escultura parece que no la han enterrado en su sepulcro, sino que aún permanece en cuerpo y alma de hinojos sobre la losa que lo cubre, inmóvil, con las manos juntas en ademán suplicante, sumergida en un éxtasis de místico amor.

—De tal modo te explicas, que acabarás por probarnos la verosimilitud de la fábula de Galatea.

—Por mi parte, puedo deciros que siempre la creí una locura; mas desde anoche comienzo a comprender la pasión del escultor griego.

—Dadas las especiales condiciones de tu nueva dama, creo que no tendrás inconveniente en presentarnos a ella. De mí sé decir que ya no vivo hasta ver esa maravilla. Pero... ¿qué diantres te pasa?... diríase que esquivas la presentación. ¡Ja!, ¡ja!, ¡ja! Bonito fuera que ya te tuviéramos hasta celoso.

—Celoso —se apresuró a decir el capitán—, celoso... de los hombres, no...; mas ved, sin embargo, hasta dónde llega mi extravagancia. Junto a la imagen de esa mujer, también de mármol, grave y al parecer con vida como ella, hay un guerrero... su marido sin duda... Pues bien...: lo voy a decir todo, aunque os moféis de mi necesidad... Si no hubiera temido que me tratasen de loco, creo que ya lo habría hecho cien veces pedazos.

Una nueva y aún más ruidosa carcajada de los oficiales saludó esta original revelación del estrambótico enamorado de la dama de piedra.

—Nada, nada; es preciso que la veamos —decían los unos.

—Sí, sí; es preciso saber si el objeto corresponde a tan alta pasión —añadían los otros.

—¿Cuándo nos reunimos a echar un trago en la iglesia en que os alojáis? —exclamaron los demás.

—Cuando mejor os parezca: esta misma noche si queréis —respondió el joven capitán, recobrando su habitual sonrisa, disipada un instante por aquel relámpago de celos—. A propósito. Con los bagajes he traído hasta un par de docenas de botellas de Champagne, verdadero Champagne, restos de un regalo hecho a nuestro general de brigada, que, como sabéis, es algo pariente.

—¡Bravo!, ¡bravo! —exclamaron los oficiales a una voz, prorrumpiendo en alegres exclamaciones.

—¡Se beberá vino del país!

—¡Y cantaremos una canción de Ronsard!

—Y hablaremos de mujeres, a propósito de la dama del anfitrión.

—Conque... ¡hasta la noche!

¡Hasta la noche!

III

Ya hacía largo rato que los pacíficos habitantes de Toledo habían cerrado con llave y cerrojo las pesadas puertas de sus antiguos caserones; la campana gorda de la catedral anunciaba la hora de la queda, y en lo alto del alcázar, convertido en cuartel, se oía el último toque de silencio de los clarines, cuando diez o doce oficiales que poco a poco habían ido

reuniéndose en el Zocodover tomaron el camino que conduce desde aquel punto al convento en que se alojaba el capitán, animados más con la esperanza de apurar las prometidas botellas, que con el deseo de conocer la maravillosa escultura.

La noche había cerrado sombría y amenazadora; el cielo estaba cubierto de nubes de color de plomo; el aire, que zumbaba encarcelado en las estrechas y retorcidas calles, agitaba la moribunda luz del farolillo de los retablos o hacía girar con un chirrido agudo las veletas de hierro de las torres.

Apenas los oficiales dieron vista a la plaza en que se hallaba situado el alojamiento de su nuevo amigo, éste, que les aguardaba impaciente, salió a encontrarles; y después de cambiar algunas palabras a media voz, todos penetraron juntos en la iglesia, en cuyo lóbrego recinto la escasa claridad de una linterna luchaba trabajosamente con las oscuras y espesísimas sombras.

—¡Por quién soy! —exclamó uno de los convidados tendiendo a su alrededor la vista—, que el local es de los menos a propósito del mundo para una fiesta.

—Efectivamente —dijo otro—; nos traes a conocer a una dama, y apenas si con mucha dificultad se ven los dedos de la mano.

—Y, sobre todo, hace un frío, que no parece sino que estamos en la Siberia —añadió un tercero arrebujándose en el capote.

—Calma, señores, calma —interrumpió el anfitrión—; calma, que a todo se proveerá. ¡Eh, muchacho! —prosiguió dirigiéndose a uno de sus asistentes—: busca por ahí un poco de leña, y enciéndenos una buena fogata en la capilla mayor.

El asistente, obedeciendo las órdenes de su capitán, comenzó a descargar golpes en la sillería del coro, y después que hubo reunido una gran cantidad de leña que fue apilando al pie de las gradas del presbiterio, tornó la linterna y se dispuso a hacer un auto de fe con aquellos fragmentos tallados de riquísimas labores, entre los que se veían, por aquí, parte de una columnilla salomónica; por allá, la imagen de un santo abad, el torso de una mujer o la disforme cabeza de un grifo asomado entre hojarascas.

A los pocos minutos, una gran claridad que de improviso se derramó por todo el ámbito de la iglesia anunció a los oficiales que había llegado la hora de comenzar el festín.

El capitán, que hacía los honores de su alojamiento con la misma ceremonia que hubiera hecho los de su casa, exclamó dirigiéndose a los convidados:

Si gustáis, pasaremos al buffet.

Sus camaradas, afectando la mayor gravedad, respondieron a la invitación con un cómico saludo, y se encaminaron a la capilla mayor precedidos del héroe de la fiesta, que al llegar a la escalinata se detuvo un instante, y extendiendo la mano en dirección al sitio que ocupaba la tumba, les dijo con la finura más exquisita.

—Tengo el placer de presentaros a la dama de mis pensamientos. Creo que convendréis conmigo en que no he exagerado su belleza.

Los oficiales volvieron los ojos al punto que les señalaba su amigo, y una exclamación de asombro se escapó involuntariamente de todos los labios.

En el fondo de un arco sepulcral revestido de mármoles negros, arrodillada delante de un reclinatorio, con las manos juntas y la cara vuelta hacia el altar, vieron, en efecto, la imagen de una mujer tan bella, que jamás salió otra igual de manos de un escultor, ni el deseo pudo pintarla en la fantasía más soberanamente hermosa.

—En verdad que es un ángel —exclamó uno de ellos.

—¡Lástima que sea de mármol! —añadió otro.

—No hay duda que, aunque no sea más que la ilusión de hallarse junto a una mujer de este calibre, es lo suficiente para no pegar los ojos en toda la noche.

—¿Y no sabéis quién es ella? —preguntaron algunos de los que contemplaban la estatua al capitán, que sonreía satisfecho de su triunfo.

—Recordando un poco del latín que en mi niñez supe, he conseguido a duras penas, descifrar la inscripción de la tumba —contestó el interpelado—; y, a lo que he podido colegir, pertenece a un título de Castilla; famoso guerrero que hizo la campaña con el Gran Capitán. Su nombre lo he olvidado; mas su esposa, que es la que veis, se llama Doña Elvira de Castañeda, y por mi fe que, si la copia se parece al original, debió ser la mujer más notable de su siglo.

Después de estas breves explicaciones, los convidados, que no perdían de vista el principal objeto de la reunión, procedieron a destapar algunas de las botellas y, sentándose alrededor de la lumbre, empezó a andar el vino a la ronda.

A medida que las libaciones se hacían más numerosas y frecuentes, y el vapor del espumoso Champagne comenzaba a trastornar las cabezas, crecían la animación, el ruido y la algazara de los jóvenes, de los cuales éstos arrojaban a los monjes de granito adosados a los pilares los cascos de las botellas vacías, y aquellos cantaban a toda voz canciones báquicas y escandalosas, mientras los de más allá prorrumpían en carcajadas, batían las palmas en señal de aplauso o disputaban entre sí con blasfemias y juramentos.

El capitán bebía en silencio como un desesperado y sin apartar los ojos de la estatua de doña Elvira.

Iluminada por el rojizo resplandor de la hoguera, y a través del confuso velo que la embriaguez había puesto delante de su vista, parecíale que la marmórea imagen se transformaba a veces en una mujer real, parecíale que entreabría los labios como murmurando una oración; que se alzaba su pecho como oprimido y sollozante; que cruzaba las manos con más fuerza que sus mejillas se coloreaban, en fin, como si se ruborizase ante aquel sacrílego y repugnante espectáculo.

Los oficiales, que advirtieron la taciturna tristeza de su camarada, le sacaron del éxtasis en que se encontraba sumergido y, presentándole una copa, exclamaron en coro:

—¡Vamos, brindad vos, que sois el único que no lo ha hecho en toda la noche!

El joven tomó la copa y, poniéndose de pie y alzándola en alto, dijo encarándose con la estatua del guerrero arrodillado junto a doña Elvira:

—¡Brindo por el emperador, y brindo por la fortuna de sus armas, merced a las cuales hemos podido venir hasta el fondo de Castilla a cortejarle su mujer en su misma tumba a un vencedor de Ceriñola!

Los militares acogieron el brindis con una salva de aplausos, y el capitán, balanceándose, dio algunos pasos hacia el sepulcro.

—No... —prosiguió dirigiéndose siempre a la estatua del guerrero, y con esa sonrisa estúpida propia de la embriaguez—, no creas que te tengo rencor alguno porque veo en ti un rival...; al contrario, te admiro como un marido paciente, ejemplo de longanimidad y mansedumbre, y a mi vez quiero también ser generoso. Tú serías bebedor a fuer de soldado..., no se ha de decir que te he dejado morir de sed, viéndonos vaciar veinte botellas...: ¡toma!

Y esto diciendo llevose la copa a los labios, y después de humedecérselos con el licor que contenía, le arrojó el resto a la cara prorrumpiendo en una carcajada estrepitosa al ver cómo caía el vino sobre la tumba goteando de las barbas de piedra del inmóvil guerrero.

—¡Capitán! —exclamó en aquel punto uno de sus camaradas en tono de zumba— cuidado con lo que hacéis... Mirad que esas bromas con la gente de piedra suelen costar caras... Acordaos de lo que aconteció a los húsares del 5.º en el monasterio de Poblet... Los guerreros del claustro dicen que pusieron mano una noche a sus espadas de granito, y dieron que hacer a los que se entretenían en pintarles bigotes con carbón.

Los jóvenes acogieron con grandes carcajadas esta ocurrencia; pero el capitán, sin hacer caso de sus risas, continuó siempre fijo en la misma idea:

—¿Creéis que yo le hubiera dado el vino a no saber que se tragaba al menos el que le cayese en la boca?... ¡Oh!... ¡no!.... yo no creo, como vosotros, que esas estatuas son un pedazo de mármol tan inerte hoy como el día en que lo arrancaron de la cantera. Indudablemente el artista, que es casi un dios, da a su obra un soplo de vida que no logra hacer que ande y se mueva, pero que le infunde una vida incomprensible y extraña; vida que yo no me explico bien, pero que la siento, sobre todo cuando bebo un poco.

—¡Magnífico! —exclamaron sus camaradas—, bebe y prosigue.

El oficial bebió, y, fijando los ojos en la imagen de doña Elvira, prosiguió con una exaltación creciente:

—¡Miradla!... ¡miradla!... ¿No veis esos cambiantes rojos de sus carnes mórbidas y transparentes?... ¿No parece que por debajo de esa ligera epidermis azulada y suave de alabastro circula un fluido de luz color de rosa?... ¿Queréis más vida?... ¿Queréis más realidad?...

—¡Oh!, sí, seguramente —dijo uno de los que le escuchaban—; quisiéramos que fuese de carne y hueso.

—¡Carne y hueso!... ¡Miseria, podredumbre!... —exclamó el capitán—. Yo he sentido en una orgía arder mis labios y mi cabeza; yo he sentido este fuego que corre por las venas hirviente como la lava de un volcán, cuyos vapores caliginosos turban y trastornan el cerebro y hacen ver visiones extrañas. Entonces el beso de esas mujeres materiales me quemaba como un hierro candente, y las apartaba de mí con disgusto, con horror, hasta con asco; porque entonces, como ahora, necesitaba un soplo de brisa del mar para mi frente calurosa, beber hielo y besar nieve... nieve teñida de suave luz, nieve coloreada por un dorado rayo de sol.... una mujer blanca, hermosa y fría, como esa mujer de piedra que parece incitarme con su fantástica hermosura, que parece que oscila al compás de la llama, y me provoca entreabriendo sus labios y ofreciéndome un tesoro de amor... ¡Oh!... sí... un beso... sólo un beso tuyo podrá calmar el ardor que me consume.

—¡Capitán! —exclamaron algunos de los oficiales al verle dirigirse hacia la estatua como fuera de sí, extraviada la vista y con pasos inseguros—, ¿qué locura vais a hacer? ¡Basta de broma y dejad en paz a los muertos!

El joven ni oyó siquiera las palabras de sus amigos y tambaleando y como pudo llegó a la tumba y aproximose a la estatua; pero al tenderle los brazos resonó un grito de horror en el templo. Arrojando sangre por ojos, boca y nariz, había caído desplomado y con la cara deshecha al pie del sepulcro.

Los oficiales, mudos y espantados, ni se atrevían a dar un paso para prestarle socorro.

En el momento en que su camarada intentó acercar sus labios ardientes a los de doña Elvira, habían visto al inmóvil guerrero levantar la mano y derribarle con una espantosa bofetada de su guantelete de piedra.

EL RAYO DE LUNA *por GUSTAVO ADOLFO BÉCQUER*

Yo no sé si esto es una historia que parece cuento o un cuento que parece historia; lo que puedo decir es que en su fondo hay una verdad, una verdad muy triste, de la que acaso yo seré uno de los últimos en aprovecharme, dadas mis condiciones de imaginación.

Otro, con esta idea, tal vez hubiera hecho un tomo de filosofía lacrimosa; yo he escrito esta leyenda que, a los que nada vean en su fondo, al menos podrá entretenerles un rato.

Era noble, había nacido entre el estruendo de las armas, y el insólito clamor de una trompa de guerra no le hubiera hecho levantar la cabeza un instante ni apartar sus ojos un punto del oscuro pergamino en que leía la última cantiga de un trovador.

Los que quisieran encontrarle, no lo debían buscar en el anchuroso patio de su castillo, donde los palafreneros domaban los potros, los pajes enseñaban a volar a los halcones, y los soldados se entretenían los días de reposo en afilar el hierro de su lanza contra una piedra.

—¿Dónde está Manrique, dónde está vuestro señor? —preguntaba algunas veces su madre.

—No sabemos —respondían sus servidores:— acaso estará en el claustro del monasterio de la Peña, sentado al borde de una tumba, prestando oído a ver si sorprende alguna palabra de la conversación de los muertos; o en el puente, mirando correr unas tras otras las olas del río por debajo de sus arcos; o acurrucado en la quiebra de una roca y entretenido en contar las estrellas del cielo, en seguir una nube con la vista o contemplar los fuegos fatuos que cruzan como exhalaciones sobre el haz de las lagunas. En cualquiera parte estará menos en donde esté todo el mundo.

En efecto, Manrique amaba la soledad, y la amaba de tal modo, que algunas veces hubiera deseado no tener sombra, porque su sombra no le siguiese a todas partes.

Amaba la soledad, porque en su seno, dando rienda suelta a la imaginación, forjaba un mundo fantástico, habitado por extrañas creaciones, hijas de sus delirios y sus ensueños de poeta, tanto, que nunca

le habían satisfecho las formas en que pudiera encerrar sus pensamientos, y nunca los había encerrado al escribirlos.

Creía que entre las rojas ascuas del hogar habitaban espíritus de fuego de mil colores, que corrían como insectos de oro a lo largo de los troncos encendidos, o danzaban en una luminosa ronda de chispas en la cúspide de las llamas, y se pasaba las horas muertas sentado en un escabel junto a la alta chimenea gótica, inmóvil y con los ojos fijos en la lumbre.

Creía que en el fondo de las ondas del río, entre los musgos de la fuente y sobre los vapores del lago, vivían unas mujeres misteriosas, hadas, sílfides u ondinas, que exhalaban lamentos y suspiros, o cantaban y se reían en el monótono rumor del agua, rumor que oía en silencio intentando traducirlo.

En las nubes, en el aire, en el fondo de los bosques, en las grietas de las peñas, imaginaba percibir formas o escuchar sonidos misteriosos, formas de seres sobrenaturales, palabras ininteligibles que no podía comprender.

¡Amar! Había nacido para soñar el amor, no para sentirlo. Amaba a todas las mujeres un instante: a ésta porque era rubia, a aquélla porque tenía los labios rojos, a la otra porque se cimbreaba al andar como un junco.

Algunas veces llegaba su delirio hasta el punto de quedarse una noche entera mirando a la luna, que flotaba en el cielo entre un vapor de plata, o a las estrellas que temblaban a lo lejos como los cambiantes de las piedras preciosas. En aquellas largas noches de poético insomnio, exclamaba:

—Si es verdad, como el prior de la Peña me ha dicho, que es posible que esos puntos de luz sean mundos; si es verdad que en ese globo de nácar que rueda sobre las nubes habitan gentes, ¡qué mujeres tan hermosas serán las mujeres de esas regiones luminosas, y yo no podré verlas, y yo no podré amarlas!… ¿Cómo será su hermosura?… ¿Cómo será su amor?…

Manrique no estaba aún lo bastante loco para que le siguiesen los muchachos, pero sí lo suficiente para hablar y gesticular a solas, que es por donde se empieza.

Sobre el Duero, que pasaba lamiendo las carcomidas y oscuras piedras de las murallas de Soria, hay un puente que conduce de la ciudad al antiguo convento de los Templarios, cuyas posesiones se extendían a lo largo de la opuesta margen del río.

En la época a que nos referimos, los caballeros de la Orden habían ya abandonado sus históricas fortalezas; pero aún quedaban en pie los restos de los anchos torreones de sus muros, aún se veían, como en parte se ven hoy, cubiertos de hiedra y campanillas blancas, los macizos arcos de su claustro, las prolongadas galerías ojivales de sus patios de armas, en las que suspiraba el viento con un gemido, agitando las altas hierbas.

En los huertos y en los jardines, cuyos senderos no hollaban hacía muchos años las plantas de los religiosos, la vegetación, abandonada a sí misma, desplegaba todas sus galas, sin temor de que la mano del hombre la mutilase, creyendo embellecerla. Las plantas trepadoras subían encaramándose por los añosos troncos de los árboles; las sombrías calles de álamos, cuyas copas se tocaban y se confundían entre sí, se habían cubierto de césped; los cardos silvestres y las ortigas brotaban en medio de los enarenados caminos, y en dos trozos de fábrica, próximos a desplomarse, el jaramago, flotando al viento como el penacho de una cimera, y las campanillas blancas y azules, balanceándose como en un columpio sobre sus largos y flexibles tallos, pregonaban la victoria de la destrucción y la ruina.

Era de noche; una noche de verano, templada, llena de perfumes y de rumores apacibles, y con una luna blanca y serena, en mitad de un cielo azul, luminoso y transparente.

Manrique, presa su imaginación de un vértigo de poesía, después de atravesar el puente, desde donde contempló un momento la negra silueta de la ciudad, que se destacaba sobre el fondo de algunas nubes blanquecinas y ligeras arrolladas en el horizonte, se internó en las desiertas ruinas de los Templarios.

La media noche tocaba a su punto. La luna, que se había ido remontando lentamente, estaba ya en lo más alto del cielo, cuando al entrar en una oscura alameda que conducía desde el derruido claustro a la margen del Duero, Manrique exhaló un grito leve y ahogado, mezcla extraña de sorpresa, de temor y de júbilo.

En el fondo de la sombría alameda había visto agitarse una cosa blanca, que flotó un momento y desapareció en la oscuridad. La orla del traje de una mujer, de una mujer que había cruzado el sendero y se ocultaba entre el follaje, en el mismo instante en que el loco soñador de quimeras o imposibles penetraba en los jardines.

—¡Una mujer desconocida!… ¡En este sitio!…, ¡a estas horas! Esa, esa es la mujer que yo busco —exclamó Manrique; y se lanzó en su seguimiento, rápido como una saeta.

Llegó al punto en que había visto perderse entre la espesura de las ramas a la mujer misteriosa. Había desaparecido. ¿Por dónde? Allá lejos, muy lejos, creyó divisar por entre los cruzados troncos de los árboles como una claridad o una forma blanca que se movía.

—¡Es ella, es ella, que lleva alas en los pies y huye como una sombra! —dijo, y se precipitó en su busca, separando con las manos las redes de hiedra que se extendían como un tapiz de unos en otros álamos. Llegó rompiendo por entre la maleza y las plantas parásitas hasta una especie de rellano que iluminaba la claridad del cielo… ¡Nadie!

—¡Ah!, por aquí, por aquí va —exclamó entonces—. Oigo sus pisadas sobre las hojas secas, y el crujido de su traje que arrastra por el suelo y roza en los arbustos; —y corría y corría como un loco de aquí para allá, y no la veía. —Pero siguen sonando sus pisadas —murmuró otra vez;— creo que ha hablado; no hay duda, ha hablado… El viento que suspira entre las ramas; las hojas, que parece que rezan en voz baja, me han impedido oír lo que ha dicho; pero no hay duda, va por ahí, ha hablado… ha hablado… ¿En qué idioma? No sé, pero es una lengua extranjera… Y tornó a correr en su seguimiento, unas veces creyendo verla, otras pensando oírla; ya notando que las ramas, por entre las cuales había desaparecido, se movían; ya imaginando distinguir en la arena la huella de sus propios pies; luego, firmemente persuadido de que un perfume especial que aspiraba a intervalos era un aroma perteneciente a aquella mujer que se burlaba de él, complaciéndose en huirle por entre aquellas intrincadas malezas. ¡Afán inútil!

Vagó algunas horas de un lado a otro fuera de sí, ya parándose para escuchar, ya deslizándose con las mayores precauciones sobre la hierba, ya en una carrera frenética y desesperada.

Avanzando, avanzando por entre los inmensos jardines que bordaban la margen del río, llegó al fin al pie de las rocas sobre que se eleva la ermita de San Saturio.

—Tal vez, desde esta altura podré orientarme para seguir mis pesquisas a través de ese confuso laberinto —exclamó trepando de peña en peña con la ayuda de su daga.

Llegó a la cima, desde la que se descubre la ciudad en lontananza y una gran parte del Duero que se retuerce a sus pies, arrastrando una corriente impetuosa y oscura por entre las corvas márgenes que lo encarcelan.

Manrique, una vez en lo alto de las rocas, tendió la vista a su alrededor; pero al tenderla y fijarla al cabo en un punto, no pudo contener una blasfemia.

La luz de la luna rielaba chispeando en la estela que dejaba en pos de sí una barca que se dirigía a todo remo a la orilla opuesta.

En aquella barca había creído distinguir una forma blanca y esbelta, una mujer sin duda, la mujer que había visto en los Templarios, la mujer de sus sueños, la realización de sus más locas esperanzas. Se descolgó de las peñas con la agilidad de un gamo, arrojó al suelo la gorra, cuya redonda y larga pluma podía embarazarle para correr, y desnudándose del ancho capotillo de terciopelo, partió como una exhalación hacia el puente.

Pensaba atravesarlo y llegar a la ciudad antes que la barca tocase en la otra orilla. ¡Locura! Cuando Manrique llegó jadeante y cubierto de sudor a la entrada, ya los que habían atravesado el Duero por la parte de San Saturio, entraban en Soria por una de las puertas del muro, que en aquel tiempo llegaba hasta la margen del río, en cuyas aguas se retrataban sus pardas almenas.

Aunque desvanecida su esperanza de alcanzar a los que habían entrado por el postigo de San Saturio, no por eso nuestro héroe perdió la de saber la casa que en la ciudad podía albergarlos. Fija en su mente esta idea, penetró en la población, y dirigiéndose hacia el barrio de San Juan, comenzó a vagar por sus calles a la ventura.

Las calles de Soria eran entonces, y lo son todavía, estrechas, oscuras y tortuosas. Un silencio profundo reinaba en ellas, silencio que sólo interrumpían, ora el lejano ladrido de un perro; ora el rumor de una puerta al cerrarse, ora el relincho de un corcel que piafando hacía sonar la cadena que le sujetaba al pesebre en las subterráneas caballerizas.

Manrique, con el oído atento a estos rumores de la noche, que unas veces le parecían los pasos de alguna persona que había doblado ya la última esquina de un callejón desierto, otras, voces confusas de gentes que hablaban a sus espaldas y que a cada momento esperaba ver a su lado, anduvo algunas horas, corriendo al azar de un sitio a otro.

Por último, se detuvo al pie de un caserón de piedra, oscuro y antiquísimo, y al detenerse brillaron sus ojos con una indescriptible expresión de alegría. En una de las altas ventanas ojivales de aquel que pudiéramos llamar palacio, se veía un rayo de luz templada y suave que, pasando a través de unas ligeras colgaduras de seda color de rosa, se reflejaba en el negruzco y grieteado paredón de la casa de enfrente.

—No cabe duda; aquí vive mi desconocida —murmuró el joven en voz baja sin apartar un punto sus ojos de la ventana gótica;— aquí vive. Ella entró por el postigo de San Saturio… por el postigo de San Saturio se viene a este barrio… en este barrio hay una casa, donde pasada la medianoche aún hay gente en vela… ¿En vela? ¿Quién sino ella, que vuelve de sus nocturnas excursiones, puede estarlo a estas horas?… No hay más; ésta es su casa.

En esta firme persuasión, y revolviendo en su cabeza las más locas y fantásticas imaginaciones, esperó el alba frente a la ventana gótica, de la que en toda la noche no faltó la luz ni él separó la vista un momento.

Cuando llegó el día, las macizas puertas del arco que daba entrada al caserón, y sobre cuya clave se veían esculpidos los blasones de su dueño, giraron pesadamente sobre los goznes, con un chirrido prolongado y agudo. Un escudero reapareció en el dintel con un manojo de llaves en la mano, restregándose los ojos y enseñando al bostezar una caja de dientes capaces de dar envidia a un cocodrilo.

Verle Manrique y lanzarse a la puerta, todo fue obra de un instante.

—¿Quién habita en esta casa? ¿Cómo se llama ella? ¿De dónde es? ¿A qué ha venido a Soria? ¿Tiene esposo? Responde, responde, animal —ésta fue la salutación que, sacudiéndole el brazo violentamente, dirigió al pobre escudero, el cual, después de mirarle un buen espacio de tiempo con ojos espantados y estúpidos, le contestó con voz entrecortada por la sorpresa:

—En esta casa vive el muy honrado señor D. Alonso de Valdecuellos, montero mayor de nuestro señor el rey, que herido en la guerra contra moros, se encuentra en esta ciudad reponiéndose de sus fatigas.

—Pero ¿y su hija? —interrumpió el joven impaciente;— ¿y su hija, o su hermana; o su esposa, o lo que sea?

—No tiene ninguna mujer consigo.

—¡No tiene ninguna!… Pues ¿quién duerme allí en aquel aposento, donde toda la noche he visto arder una luz?

—¿Allí? Allí duerme mi señor D. Alonso, que, como se halla enfermo, mantiene encendida su lámpara hasta que amanece.

Un rayo cayendo de improviso a sus pies no le hubiera causado más asombro que el que le causaron estas palabras.

—Yo la he de encontrar, la he de encontrar; y si la encuentro, estoy casi seguro de que he de conocerla… ¿En qué?… Eso es lo que no podré decir… pero he de conocerla. El eco de sus pisadas o una sola palabra

suya que vuelva a oír, un extremo de su traje, un solo extremo que vuelva a ver, me bastarán para conseguirlo. Noche y día estoy mirando flotar delante de mis ojos aquellos pliegues de una tela diáfana y blanquísima; noche y día me están sonando aquí dentro, dentro de la cabeza, el crujido de su traje, el confuso rumor de sus ininteligibles palabras... ¿Qué dijo?... ¿qué dijo? ¡Ah!, si yo pudiera saber lo que dijo, acaso... pero aún sin saberlo la encontraré... la encontraré; me lo da el corazón, y mi corazón no me engaña nunca. Verdad es que ya he recorrido inútilmente todas las calles de Soria; que he pasado noches y noches al sereno, hecho poste de una esquina; que he gastado más de veinte doblas en oro en hacer charlar a dueñas y escuderos; que he dado agua bendita en San Nicolás a una vieja, arrebujada con tal arte en su manto de anascote, que se me figuró una deidad; y al salir de la Colegiata una noche de maitines, he seguido como un tonto la litera del arcediano, creyendo que el extremo de sus holapandas era el del traje de mi desconocida; pero no importa... yo la he de encontrar, y la gloria de poseerla excederá seguramente al trabajo de buscarla.

¿Cómo serán sus ojos?... Deben de ser azules, azules y húmedos como el cielo de la noche; me gustan tanto los ojos de ese color; son tan expresivos, tan melancólicos, tan... Sí... no hay duda; azules deben de ser, azules son, seguramente; y sus cabellos negros, muy negros y largos para que floten... Me parece que los vi flotar aquella noche, al par que su traje, y eran negros... no me engaño, no; eran negros.

¡Y qué bien sientan unos ojos azules, muy rasgados y adormidos, y una cabellera suelta, flotante y oscura, a una mujer alta... porque... ella es alta, alta y esbelta como esos ángeles de las portadas de nuestras basílicas, cuyos ovalados rostros envuelven en un misterioso crepúsculo las sombras de sus doseles de granito! ¡Su voz!... su voz la he oído... su voz es suave como el rumor del viento en las hojas de los álamos, y su andar acompasado y majestuoso como las cadencias de una música.

Y esa mujer, que es hermosa como el más hermoso de mis sueños de adolescente, que piensa como yo pienso, que gusta como yo gusto, que odia lo que yo odio, que es un espíritu humano de mi espíritu, que es el complemento de mi ser, ¿no se ha de sentir conmovida al encontrarme? ¿No me ha de amar como yo la amaré, como la amo ya, con todas las fuerzas de mi vida, con todas las facultades de mi alma?

Vamos, vamos al sitio donde la vi la primera y única vez que le he visto... ¿Quién sabe si, caprichosa como yo, amiga de la soledad y el

misterio, como todas las almas soñadoras, se complace en vagar por entre las ruinas, en el silencio de la noche?

Dos meses habían transcurrido desde que el escudero de D. Alonso de Valdecuellos desengañó al iluso Manrique; dos meses durante los cuales en cada hora había formado un castillo en el aire, que la realidad desvanecía con un soplo; dos meses, durante los cuales había buscado en vano a aquella mujer desconocida, cuyo absurdo amor iba creciendo en su alma, merced a sus aún más absurdas imaginaciones, cuando después de atravesar absorto en estas ideas el puente que conduce a los Templarios, el enamorado joven se perdió entre las intrincadas sendas de sus jardines.

La noche estaba serena y hermosa, la luna brillaba en toda su plenitud en lo más alto del cielo, y el viento suspiraba con un rumor dulcísimo entre las hojas de los árboles.

Manrique llegó al claustro, tendió la vista por su recinto y miró a través de las macizas columnas de sus arcadas... Estaba desierto.

Salió de él, encaminó sus pasos hacia la oscura alameda que conduce al Duero, y aún no había penetrado en ella, cuando de sus labios se escapó un grito de júbilo.

Había visto flotar un instante y desaparecer el extremo del traje blanco, del traje blanco de la mujer de sus sueños, de la mujer que ya amaba como un loco.

Corre, corre en su busca, llega al sitio en que la ha visto desaparecer; pero al llegar se detiene, fija los espantados ojos en el suelo, permanece un rato inmóvil; un ligero temblor nervioso agita sus miembros, un temblor que va creciendo, que va creciendo y ofrece los síntomas de una verdadera convulsión, y prorrumpe al fin una carcajada, una carcajada sonora, estridente, horrible.

Aquella cosa blanca, ligera, flotante, había vuelto a brillar ante sus ojos, pero había brillado a sus pies un instante, no más que un instante.

Era un rayo de luna, un rayo de luna que penetraba a intervalos por entre la verde bóveda de los árboles cuando el viento movía sus ramas.

Habían pasado algunos años. Manrique, sentado en un sitial junto a la alta chimenea gótica de su castillo, inmóvil casi y con una mirada vaga e inquieta como la de un idiota, apenas prestaba atención ni a las caricias de su madre, ni a los consuelos de sus servidores.

—Tú eres joven, tú eres hermoso —le decía aquélla;— ¿por qué te consumes en la soledad? ¿Por qué no buscas una mujer a quien ames, y que amándote pueda hacerte feliz?

—¡El amor!… El amor es un rayo de luna —murmuraba el joven.

—¿Por qué no despertáis de ese letargo? —le decía uno de sus escuderos;— os vestís de hierro de pies a cabeza, mandáis desplegar al aire vuestro pendón de ricohombre, y marchamos a la guerra: en la guerra se encuentra la gloria.

—¡La gloria!… La gloria es un rayo de luna.

—¿Queréis que os diga una cantiga, la última que ha compuesto mosén Arnaldo, el trovador provenzal?

—¡No! ¡No! —exclamó el joven incorporándose colérico en su sitial—; no quiero nada… es decir, sí quiero… quiero que me dejéis solo… Cantigas… mujeres… glorias… felicidad… mentiras todo, fantasmas vanos que formamos en nuestra imaginación y vestimos a nuestro antojo, y los amamos y corremos tras ellos, ¿para qué?, ¿para qué?, para encontrar un rayo de luna.

Manrique estaba loco: por lo menos, todo el mundo lo creía así. A mí, por el contrario, se me figuraba que lo que había hecho era recuperar el juicio.

EL INDULTO *por EMILIA PARDO BAZÁN*

De cuantas mujeres enjabonaban ropa en el lavadero público de Marineda, ateridas por el frío cruel de una mañana de marzo, Antonia la asistenta era la más encorvada, la más abatida, la que torcía con menos brío, la que refregaba con mayor desaliento. A veces, interrumpiendo su labor, pasábase el dorso de la mano por los enrojecidos párpados, y las gotas de agua y las burbujas de jabón parecían lágrimas sobre su tez marchita.

Las compañeras de trabajo de Antonia la miraban compasivamente, y de tiempo en tiempo, entre la algarabía de las conversaciones y disputas, se cruzaba un breve diálogo, a media voz, entretejido con exclamaciones de asombro, indignación y lástima. Todo el lavadero sabía al dedillo los males de la asistenta, y hallaba en ellos asunto para interminables comentarios. Nadie ignoraba que la infeliz, casada con un mozo carnicero, residía, años antes, en compañía de su madre y de su marido, en un barrio extramuros, y que la familia vivía con desahogo, gracias al asiduo trabajo de Antonia y a los cuartejos ahorrados por la vieja en su antiguo oficio de revendedora, baratillera y prestamista.

Nadie había olvidado tampoco la lúgubre tarde en que la vieja fue asesinada, encontrándose hecha astillas la tapa del arcón donde guardaba sus caudales y ciertos pendientes y brincos de oro. Nadie, tampoco, el horror que infundió en el público la nueva de que el ladrón y asesino no era sino el marido de Antonia, según esta misma declaraba, añadiendo que desde tiempo atrás roía al criminal la codicia del dinero de su suegra, con el cual deseaba establecer una tablajería suya propia. Sin embargo, el acusado hizo por probar la coartada, valiéndose del testimonio de dos o tres amigotes de taberna, y de tal modo envolvió el asunto, que, en vez de ir al palo, salió con veinte años de cadena. No fue tan indulgente la opinión como la ley: además de la declaración de la esposa, había un indicio vehementísimo: la cuchillada que mató a la vieja, cuchillada certera y limpia, asestada de arriba abajo, como las que los matachines dan a los cerdos, con un cuchillo ancho y afiladísimo, de cortar carne.

Para el pueblo no cabía duda en que el culpable debió subir al cadalso. Y el destino de Antonia comenzó a infundir sagrado terror cuando fue esparciéndose el rumor de que su marido «se la había jurado»

para el día en que saliese del presidio, por acusarle. La desdichada quedaba encinta, y el asesino la dejó avisada de que, a su vuelta, se contase entre los difuntos.

Cuando nació el hijo de Antonia, ésta no pudo criarlo, tal era su debilidad y demacración y la frecuencia de las congojas que desde el crimen la aquejaban. Y como no le permitía el estado de su bolsillo pagar ama, las mujeres del barrio que tenían niños de pecho dieron de mamar por turno a la criatura, que creció enclenque, resintiéndose de todas las angustias de su madre. Un tanto repuesta ya, Antonia se aplicó con ardor al trabajo, y aunque siempre tenían sus mejillas esa azulada palidez que se observa en los enfermos del corazón, recobró su silenciosa actividad, su aire apacible.

¡Veinte años de cadena! En veinte años —pensaba ella para sus adentros—, él se puede morir o me puedo morir yo, y de aquí allá, falta mucho todavía.

La hipótesis de la muerte natural no la asustaba, pero la espantaba imaginar solamente que volvía su marido. En vano las cariñosas vecinas la consolaban indicándole la esperanza remota de que el inicuo parricida se arrepintiese, se enmendase, o, como decían ellas, «se volviese de mejor idea». Meneaba Antonia la cabeza entonces, murmurando sombríamente:

—¿Eso él? ¿De mejor idea? Como no baje Dios del cielo en persona y le saque aquel corazón perro y le ponga otro…

Y, al hablar del criminal, un escalofrío corría por el cuerpo de Antonia.

En fin: veinte años tienen muchos días, y el tiempo aplaca la pena más cruel. Algunas veces, figurábasele a Antonia que todo lo ocurrido era un sueño, o que la ancha boca del presidio, que se había tragado al culpable, no le devolvería jamás; o que aquella ley que al cabo supo castigar el primer crimen sabría prevenir el segundo. ¡La ley! Esa entidad moral, de la cual se formaba Antonia un concepto misterioso y confuso, era sin duda fuerza terrible, pero protectora; mano de hierro que la sostendría al borde del abismo. Así es que a sus ilimitados temores se unía una confianza indefinible, fundada sobre todo en el tiempo transcurrido y en el que aún faltaba para cumplirse la condena.

¡Singular enlace el de los acontecimientos!

No creería de seguro el rey, cuando vestido de capitán general y con el pecho cargado de condecoraciones daba la mano ante el ara a una princesa, que aquel acto solemne costaba amarguras sin cuenta a una

pobre asistenta, en lejana capital de provincia. Así que Antonia supo que había recaído indulto en su esposo, no pronunció palabra, y la vieron las vecinas sentada en el umbral de la puerta, con las manos cruzadas, la cabeza caída sobre el pecho, mientras el niño, alzando su cara triste de criatura enfermiza, gimoteaba:

—Mi madre… ¡Caliénteme la sopa, por Dios, que tengo hambre!

El coro benévolo y cacareador de las vecinas rodeó a Antonia. Algunas se dedicaron a arreglar la comida del niño; otras animaban a la madre del mejor modo que sabían. ¡Era bien tonta en afligirse así! ¡Ave María Purísima! ¡No parece sino que aquel hombrón no tenía más que llegar y matarla! Había Gobierno, gracias a Dios, y Audiencia y serenos; se podía acudir a los celadores, al alcalde…

—¡Qué alcalde! —decía ella con hosca mirada y apagado acento.

—O al gobernador, o al regente, o al jefe de municipales. Había que ir a un abogado, saber lo que dispone la ley…

Una buena moza, casada con un guardia civil, ofreció enviar a su marido para que le «metiese un miedo» al picarón; otra, resuelta y morena, se brindó a quedarse todas las noches a dormir en casa de la asistenta. En suma, tales y tantas fueron las muestras de interés de la vecindad, que Antonia se resolvió a intentar algo, y sin levantar la sesión, acordóse consultar a un jurisperito, a ver qué recetaba.

Cuando Antonia volvió de la consulta, más pálida que de costumbre, de cada tenducho y de cada cuarto bajo salían mujeres en pelo a preguntarle noticias, y se oían exclamaciones de horror. ¡La ley, en vez de protegerla, obligaba a la hija de la víctima a vivir bajo el mismo techo, maritalmente con el asesino!

—¡Qué leyes, divino Señor de los cielos! ¡Así los bribones que las hacen las aguantaran! —clamaba indignado el coro—. ¿Y no habrá algún remedio, mujer, no habrá algún remedio?

—Dice que nos podemos separar… después de una cosa que le llaman divorcio.

—¿Y qué es divorcio, mujer?

—Un pleito muy largo.

Todas dejaron caer los brazos con desaliento: los pleitos no se acaban nunca, y peor aún si se acaban, porque los pierde siempre el inocente y el pobre.

—Y para eso —añadió la asistenta— tenía yo que probar antes que mi marido me daba mal trato.

—¡Aquí de Dios! ¿Pues aquel tigre no le había matado a la madre? ¿Eso no era mal trato? ¿Eh? ¿Y no sabían hasta los gatos que la tenía amenazada con matarla también?

—Pero como nadie lo oyó… Dice el abogado que se quieren pruebas claras…

Se armó una especie de motín. Había mujeres determinadas a hacer, decían ellas, una exposición al mismísimo rey, pidiendo contraindulto. Y, por turno, dormían en casa de la asistenta, para que la pobre mujer pudiese conciliar el sueño. Afortunadamente, el tercer día llegó la noticia de que el indulto era temporal, y al presidiario aún le quedaban algunos años de arrastrar el grillete. La noche que lo supo Antonia fue la primera en que no se enderezó en la cama, con los ojos desmesuradamente abiertos, pidiendo socorro.

Después de este susto, pasó más de un año y la tranquilidad renació para la asistenta, consagrada a sus humildes quehaceres. Un día, el criado de la casa donde estaba asistiendo creyó hacer un favor a aquella mujer pálida, que tenía su marido en presidio, participándole como la reina iba a parir, y habría indulto, de fijo.

Fregaba la asistenta los pisos, y al oír tales anuncios soltó el estropajo, y descogiendo las sayas que traía arrolladas a la cintura, salió con paso de autómata, muda y fría como una estatua. A los recados que le enviaban de las casas respondía que estaba enferma, aunque en realidad sólo experimentaba un anonadamiento general, un no levantársele los brazos a labor alguna. El día del regio parto contó los cañonazos de la salva, cuyo estampido le resonaba dentro del cerebro, y como hubo quien le advirtió que el vástago real era hembra, comenzó a esperar que un varón habría ocasionado más indultos. Además, ¿Por qué le había de coger el indulto a su marido? Ya le habían indultado una vez, y su crimen era horrendo; ¡matar a la indefensa vieja que no le hacía daño alguno, todo por unas cuantas tristes monedas de oro! La terrible escena volvía a presentarse ante sus ojos: ¿merecía indulto la fiera que asestó aquella tremenda cuchillada? Antonia recordaba que la herida tenía los labios blancos, y parecíale ver la sangre cuajada al pie del catre.

Se encerró en su casa, y pasaba las horas sentada en una silleta junto al fogón. ¡Bah! Si habían de matarla, mejor era dejarse morir!

Solo la voz plañidera del niño la sacaba de su ensimismamiento.

—Mi madre, tengo hambre. Mi madre, ¿qué hay en la puerta? ¿Quién viene?

Por último, una hermosa mañana de sol se encogió de hombros, y tomando un lío de ropa sucia, echó a andar camino del lavadero. A las preguntas afectuosas respondía con lentos monosílabos, y sus ojos se posaban con vago extravío en la espuma del jabón que le saltaba al rostro.

¿Quién trajo al lavadero la inesperada nueva, cuando ya Antonia recogía su ropa lavada y torcida e iba a retirarse? ¿Inventóla alguien con fin caritativo, o fue uno de esos rumores misteriosos, de ignoto origen, que en vísperas de acontecimientos grandes para los pueblos, o los individuos, palpitan y susurran en el aire? Lo cierto es que la pobre Antonia, al oírlo, se llevó instintivamente la mano al corazón, y se dejó caer hacia atrás sobre las húmedas piedras del lavadero.

—Pero ¿de veras murió? —preguntaban las madrugadoras a las recién llegadas.

—Si, mujer…

—Yo lo oí en el mercado…

—Yo, en la tienda…

—¿A ti quién te lo dijo?

—A mí, mi marido.

—¿Y a tu marido?

—El asistente del capitán.

—¿Y al asistente?

—Su amo…

Aquí ya la autoridad pareció suficiente y nadie quiso averiguar más, sino dar por firme y valedera la noticia. ¡Muerto el criminal, en víspera de indulto, antes de cumplir el plazo de su castigo! Antonia la asistenta alzó la cabeza y por primera vez se tiñeron sus mejillas de un sano color y se abrió la fuente de sus lágrimas. Lloraba de gozo, y nadie de los que la miraban se escandalizó. Ella era la indultada; su alegría, justa. Las lágrimas se agolpaban a sus lagrimales, dilatándole el corazón, porque desde el crimen se había «quedado cortada», es decir, sin llanto. Ahora respiraba anchamente, libre de su pesadilla. Andaba tanto la mano de la Providencia en lo ocurrido que a la asistenta no le cruzó por la imaginación que podía ser falsa la nueva.

Aquella noche, Antonia se retiró a su cama más tarde que de costumbre, porque fue a buscar a su hijo a la escuela de párvulos, y le compró rosquillas de «jinete», con otras golosinas que el chico deseaba hacía tiempo, y ambos recorrieron las calles, parándose ante los

escaparates, sin ganas de comer, sin pensar más que en beber el aire, en sentir la vida y en volver a tomar posesión de ella.

Tal era el enajenamiento de Antonia, que ni reparó en que la puerta de su cuarto bajo no estaba sino entornada. Sin soltar de la mano al niño entró en la reducida estancia que le servía de sala, cocina y comedor, y retrocedió atónita viendo encendido el candil. Un bulto negro se levantó de la mesa, y el grito que subía a los labios de la asistenta se ahogó en la garganta.

Era él. Antonia, inmóvil, clavada al suelo, no le veía ya, aunque la siniestra imagen se reflejaba en sus dilatadas pupilas. Su cuerpo yerto sufría una parálisis momentánea; sus manos frías soltaron al niño, que, aterrado, se le cogió a las faldas. El marido habló.

—¡Mal contabas conmigo ahora! —murmuró con acento ronco, pero tranquilo.

Y al sonido de aquella voz donde Antonia creía oír vibrar aún las maldiciones y las amenazas de muerte, la pobre mujer, como desencantada, despertó, exhaló un ¡ay! agudísimo, y cogiendo a su hijo en brazos, echó a correr hacia la puerta.

El hombre se interpuso.

—¡Eh…, chst! ¿Adónde vamos, patrona? —silabeó con su ironía de presidiario—. ¿A alborotar el barrio a estas horas? ¡Quieto aquí todo el mundo!

Las últimas palabras fueron dichas sin que las acompañase ningún ademán agresivo, pero con un tono que heló la sangre de Antonia. Sin embargo, su primer estupor se convertía en fiebre, la fiebre lúcida del instinto de conservación. Una idea rápida cruzó por su mente: ampararse del niño. ¡Su padre no le conocía; pero, al fin, era su padre! Levantóle en alto y le acercó a la luz.

—¿Ese es el chiquillo? —murmuró el presidiario, y descolgando el candil llególo al rostro del chico.

Éste guiñaba los ojos, deslumbrado, y ponía las manos delante de la cara, como para defenderse de aquel padre desconocido, cuyo nombre oía pronunciar con terror y reprobación universal. Apretábase a su madre, y ésta, nerviosamente, le apretaba también, con el rostro más blanco que la cera.

—¡Qué chiquillo tan feo! —gruñó el padre, colgando de nuevo el candil—. Parece que lo chuparon las brujas.

Antonia sin soltar al niño, se arrimó a la pared, pues desfallecía. La habitación le daba vueltas alrededor, y veía lucecitas azules en el aire.

—A ver: ¿No hay nada de comer aquí? —pronunció el marido.

Antonia sentó al niño en un rincón, en el suelo, y mientras la criatura lloraba de miedo, conteniendo los sollozos, la madre comenzó a dar vueltas por el cuarto, y cubrió la mesa con manos temblorosas. Sacó pan, una botella de vino, retiró del hogar una cazuela de bacalao, y se esmeraba sirviendo diligentemente, para aplacar al enemigo con su celo. Sentóse el presidiario y empezó a comer con voracidad, menudeando los tragos de vino. Ella permanecía de pie, mirando, fascinada, aquel rostro curtido, afeitado y seco que relucía con este barniz especial del presidio. Él llenó el vaso una vez más y la convidó.

—No tengo voluntad… —balbució Antonia: y el vino, al reflejo del candil, se le figuraba un coágulo de sangre.

Él lo despachó encogiéndose de hombros, y se puso en el plato más bacalao, que engulló ávidamente, ayudándose con los dedos y mascando grandes cortezas de pan. Su mujer le miraba hartarse, y una esperanza sutil se introducía en su espíritu. Así que comiese, se marcharía sin matarla. Ella, después, cerraría a cal y canto la puerta, y si quería matarla entonces, el vecindario estaba despierto y oiría sus gritos. ¡Solo que, probablemente, le sería imposible a ella gritar! Y carraspeó para afianzar la voz. El marido, apenas se vio saciado de comida, sacó del cinto un cigarro, lo picó con la uña y encendió sosegadamente el pitillo en el candil.

—¡Chst!… ¿Adónde vamos? —gritó viendo que su mujer hacía un movimiento disimulado hacia la puerta—. Tengamos la fiesta en paz.

—A acostar al pequeño —contestó ella sin saber lo que decía. Y refugióse en la habitación contigua llevando a su hijo en brazos. De seguro que el asesino no entraría allí. ¿Cómo había de tener valor para tanto? Era la habitación en que había cometido el crimen, el cuarto de su madre. Pared por medio dormía antes el matrimonio; pero la miseria que siguió a la muerte de la vieja obligó a Antonia a vender la cama matrimonial y usar la de la difunta. Creyéndose en salvo, empezaba a desnudar al niño, que ahora se atrevía a sollozar más fuerte, apoyado en su seno; pero se abrió la puerta y entró el presidiario.

Antonia le vio echar una mirada oblicua en torno suyo, descalzarse con suma tranquilidad, quitarse la faja, y, por último, acostarse en el lecho de la víctima. La asistenta creía soñar. Si su marido abriese una navaja, la asustaría menos quizá que mostrando tan horrible sosiego. Él se estiraba y revolvía en las sábanas, apurando la colilla y suspirando de gusto, como hombre cansado que encuentra una cama blanda y limpia.

—¿Y tú? —exclamó dirigiéndose a Antonia—. ¿Qué haces ahí quieta como un poste? ¿No te acuestas?

—Yo… no tengo sueño —tartamudeó ella, dando diente con diente.

—¿Qué falta hace tener sueño? ¡Si irás a pasar la noche de centinela!

—Ahí… ahí…, no… cabemos… Duerme tú… Yo aquí, de cualquier modo…

Él soltó dos o tres palabras gordas.

—¿Me tienes miedo o asco, o qué rayo es esto? A ver cómo te acuestas, o si no…

Incorporóse el marido, y extendiendo las manos, mostró querer saltar de la cama al suelo. Mas ya Antonia, con la docilidad fatalista de la esclava, empezaba a desnudarse. Sus dedos apresurados rompían las cintas, arrancaban violentamente los corchetes, desgarraban las enaguas. En un rincón del cuarto se oían los ahogados sollozos del niño…

Y el niño fue quien, gritando desesperadamente llamó al amanecer a las vecinas que encontraron a Antonia en la cama, extendida, como muerta. El médico vino aprisa, y declaró que vivía, y la sangró, y no logró sacarle gota de sangre. Falleció a las veinticuatro horas, de muerte natural, pues no tenía lesión alguna. El niño aseguraba que el hombre que había pasado allí la noche la llamó muchas veces al levantarse, y viendo que no respondía echó a correr como un loco.

LA BORGOÑONA *por EMILIA PARDO BAZÁN*

El día que encontré esta leyenda en una crónica franciscana, cuyas hojas amarillentas soltaban sobre mis dedos curiosos el polvillo finísimo que revela los trabajos de la polilla, quedéme un rato meditabunda, discurriendo si la historia, que era edificante para nuestros sencillos tatarabuelos, parecía escandalosa a la edad presente. Porque hartas veces observo que hemos crecido, si no en maldad, al menos en malicia, y que nunca un autor necesitó tanta cautela como ahora para evitar que subrayasen sus frases e interpreten sus intenciones y tomen por donde queman sus relatos inocentes. Así todos andamos recelosos y, valga esta propia metáfora, barba sobre el hombro, de miedo de escribir algo pernicioso y de incurrir en grandísima herejía.

Pero acontece que si llega a agradarnos o a producirnos honda impresión un asunto, no nos sale ya fácilmente de la cabeza, y diríase que bulle y se revuelve allí cula el feto en las maternas entrañas, solicitando romper su cárcel oscura y ver la luz. Así yo, desde que leí la historia milagrosa que —escrúpulos a un lado— voy a contar, no sin algunas variantes, viví en compañía de la heroína, y sus aventuras se me aparecieron como serie de viñetas de misal, rodeadas de orlas de oro y colores caprichosamente iluminadas, o a modo de vidriera de catedral gótica, con sus personajes vestidos de azul turquí, púrpura y amaranto. ¡Oh, quién tuviese el candor, la hermosa serenidad del viejo cronista para empezar diciendo: «¡En el nombre del Padre…!»

– I –

Eran muchos, muchos años o, por mejor decir, muchos siglos hace; el tiempo en que Francisco de Asís, después de haber recorrido varias tierras de Europa, exhortando a la pobreza y a la penitencia, enviaba sus discípulos por todas partes a continuar la predicación del Evangelio.

Los pueblecitos y lugarejos de Italia y Francia estaban acostumbrados ya a ver llegar misioneros peregrinos, de sayal corto y descalzos pies, que se iban derechos a la plaza pública y, encaramándose sobre una piedra o sobre un montón de escombros, pronunciaban pláticas fogosas, condenando los vicios, increpando a los oyentes por su tibieza en amar a Dios. Bajábanse después del improvisado púlpito y los

aldeanos se disputaban el honor de ofrecerles hospitalidad, lumbre y cena.

No obstante, en las inmediaciones de Dijón existía una granja aislada, a cuya puerta no había llamado nunca el peregrino ni el misionero. Desviada de toda comunicación, sólo acudían allí tratantes dijonenses a comprar el excelente vino de la cosecha; pues el dueño de la granja era un cosechero ricote y tenía atestadas de toneles sus bodegas, y de grano su troj. Colono de opulenta abadía, arrendara al abad por poco dinero y muchos años pingües tierras, y según de público se contaba, ya en sus arcas había algo más que viento. Él lo negaba; era avaro, mezquino, escatimaba la comida y el salario a sus jornaleros, jamás dio una blanca de limosna y su mayor despilfarro consistía en traer a veces de Dijón una cofia nueva de encaje o una medalla de oro a su hija única.

Omite la crónica el nombre de la doncella, que bien pudo llamarse Berta, Alicia, Margarita o cosa por el estilo, pero a nosotros ha llegado con el sobrenombre de la Borgoñona. De cierto sabemos que la hija del cosechero era moza y linda como unas flores, y a más tan sensible, tierna y generosa como duro de pelar y tacaño su padre. Los mozos de las cercanías bien quisieran dar un tiento a la niña y de paso a la hucha del viejo, donde guardaba, sin duda, pingüe dote en relucientes monedas de oro; mas nunca requiebros de gañanes tiñeron de rosa las mejillas de la doncella, ni apresuraron los latidos de su seno. Indiferente los escuchaba, acaso burlándose de sus extremos y finezas amorosas.

Un día de invierno, al caer la tarde, hallábase la Borgoñona sentada en un poyo ante la puerta de la granja, hilando su rueca. El huso giraba rápidamente entre sus dedos, el copo se abría y un tenue hilo, que semejaba de oro, partía de la rueca ligera al huso danzarín. Sin interrumpir su maquinal tarea, la Borgoñona pensaba involuntariamente en cosas tristes. ¡Qué solitaria era aquella granja, Madre de Dios! ¡Qué aire tenía de miseria y de vetustez! ¡Nunca se oían en ella risas ni canciones; siempre se trabajaba callandito, plantando, cavando, podando, vendimiando, pisando el vino, metiéndolo en los toneles, sin verlo jamás correr, espumante y rojo, de los tanques a los vasos, en la alegría de las veladas!

«¿A qué tanto afanarse? —reflexionaba la niña—. Mi padre taciturno, vendiendo su vino, contando sus dineros a las altas horas de la noche; yo, hilando, lavando, fregando las cacerolas, amasando el pan que he de comer al día siguiente… ¡Ah!, ¡naciese yo hija de un pobre artesano de Dijón, de un vasallo del obispo, y sería más dichosa!»

Distraída con tales pensamientos, la Borgoñona no vio a un hombre que por el estrecho sendero abierto entre las viñas caminaba despacio hacia la granja. Muy cerca estaba ya, cuando el ruido de su báculo sobre las piedrezuelas del camino movió a la doncella a alzar la cabeza con curiosidad que se trocó en sorpresa así que hubo contemplado al forastero, el cual frisaría a lo sumo en los veinticinco años, si bien la demacración del rostro y el aire humilde y contrito le disimulaban la mocedad. Un sayal gris, que era todo él un puro remiendo, le resguardaba mal del frío; una cuerda grosera ceñía su cintura; traía la cabeza descubierta, desnudos los pies y muy maltratados de los guijarros y apoyábase en un palo de espino. Al punto comprendió la Borgoñona que no era un mendigo, sino penitente, el hombre que así se presentaba, y con palabras dulces y ademanes llenos de reverencia, le tomó de la mano y le hizo entrar en la cocina y sentarse junto al fuego. Veloz como una saeta corrió al establo, y ordeñó la mejor vaca para traer al peregrino una taza de leche caliente. Partió del enorme mollete de pan un buen trozo, que migó en la taza, y arrodillándose casi, mostrando mucho amor y liberalidad, sirvió a su huésped.

Él agradeció en breves frases la caridad que le hacían, y mientras despachaba el frugal alimento comenzó a explicar, con suave pronunciación italiana, cosas que suspendieron y embelesaron a la Borgoñona. Habló de Italia, donde el cielo es tan azul, el aire tan tibio y, en especial, de la región de Umbria, amenísima en sus valles, y en sus montes severa. Después nombró a Asís, y refirió los prodigios que obraba el hermano Francisco, el serafín humano, el cual seguían, atraídos por sus predicaciones, pueblos enteros. Citó a una joven muy bella y de sangre noble, Clara, cuya santidad portentosa era respetada no sólo por los hombres, sino hasta por los lobos de la sierra. Añadió que el hermano Francisco había compuesto, para alabar a Dios y desahogar sus afectos de amor celestial, tiernos cánticos; y como la Borgoñona solicitase oírlos, el forastero cantó algunos; y aunque no entendía la letra, el tono y el modo de cantar del desconocido hicieron arrasarse en lágrimas los ojos de la niña. El forastero tenía los suyos bajos, rehuyendo ver el rostro femenino, que adivinaba fresco, gracioso y juvenil. Ella, en cambio, devoraba con la mirada aquellas facciones nobles y expresivas, que la mortificación y el ayuno habían empalidecido.

Cerrada ya la noche, fueron entrando en la cocina los mozos y mozas de labranza, encendiéronse candiles y antorchas de resina, aumentóse el fuego con haces de secos sarmientos de vid y preparáronse a aprovechar

la velada, ellas hilando, ellos cortando y afilando estacas destinadas a sostener las cepas de viña. Todos miraban curiosamente al forastero, que en la misma actitud humilde permanecía junto el fuego, silencioso y sin adelantar las palmas de sus amoratadas manos hacia el grato calorcillo de la llama. Un rumor contenido se dejó oír cuando entró el amo de casa: todos querían saber qué diría el avaro de la presencia del huésped.

Pero la Borgoñona, saliendo a recibir a su padre con afabilidad suma, le contó cómo ella había ofrecido hospitalidad a aquel santo, a fin de que no pasase la noche al frío en algún viñedo. No mostró el viejo gran disgusto, y contentóse con encogerse de hombros, yendo a sentarse a su sitio acostumbrado en el banco, cerca del hogar. La velada empezó pacífica.

De pronto, el forastero, saliendo de su letargo, levantó la cabeza, y como si notase por primera vez que estaba próximo a una hoguera alegre y chispeante, comenzó a decir a media voz algunas palabras sobre la hermosura del fuego y la gratitud que el hombre debe a Dios por tan gran beneficio. La Borgoñona tocó al codo a su vecina, ésta transmitió la seña y en un instante callaron las conversaciones de la cocina para oír al penitente. Éste, arrastrado por su propia elocuencia, iba elevando la voz hasta pronunciar con entusiasmo su discurso.

De la consideración del fuego pasó a los demás bienes que nos otorga la bondad divina, y que estamos obligados a repartir con el prójimo por medio de limosna. Sí, obligados, pues de toda riqueza somos usufructuarios no más. ¿De qué sirve, por ejemplo, el tesoro encerrado en el arca del avaro? ¿De qué el trigo abundante en los graneros del hombre duro de corazón? ¿Creen ellos acaso que el Señor les dio tan cuantiosos bienes para que los guarden bajo llave y no alivien las necesidades del prójimo? ¡Ah! ¡El día del tremendo juicio, su oro será contrapeso horrible que los arrastre al infierno! ¡En vano tratarán entonces de soltar lo que en vida custodiaron tanto: allí, sobre sus lomos, estará el tesoro de perdición, y con ellos se hundirá en el abismo!

A medida que arengaba el penitente, los ojos del auditorio se fijaban en el cosechero, el cual, retorciéndose en el banco, no sabía qué postura tomar ni qué gesto poner. El penitente, incorporándose, hablaba ya casi a gritos, con voz vibrante y sonora. De repente, mudando de registro, encareció los placeres de la limosna, la dulzura inefable del espíritu que premia el sacrificio de bienes perecederos dados por el amor de Dios. Sus frases persuasivas fluían como miel, sus ojos estaban húmedos y revulsos. Las mujeres del auditorio, profunda y dulcemente conmovidas,

soltaron la rienda al llanto, y mientras ellas acudían a los delantales para secar sus lágrimas, otras rodeaban al peregrino y se empujaban para besar el borde de su túnica. La Borgoñona, con las manos cruzadas, parecía como en éxtasis.

El cosechero, que había dejado escapar visibles muestras de impaciencia, no pudo sufrir semejante escena, y murmurando entre dientes empujó a unos y otros fuera de la cocina, dando por concluida la velada. Cuando dejó de oírse el ruido de los gruesos zapatos de los labradores que partían, pidió lacónicamente la cena. Según costumbre del país, la Borgoñona sirvió a su padre y al forastero. Éste, callado y humilde como al principio, apenas honró el rústico banquete y rogó le permitiesen retirarse. La Borgoñona le condujo a una sala baja donde había extendida paja fresca, y en seguida, volviéndose a la cocina, intentó cenar.

Los bocados se le atravesaban en la garganta; su estómago rehusaba el alimento, y viendo a su padre sombrío y ceñudo, resolvióse a preguntar qué opinaba acerca de los discursos del peregrino y lo que había dicho respecto a la caridad.

—Paréceme, padre —añadió—, que si no nos engaña el gentil predicador, nuestro fin será irnos al infierno en derechura, pues en nuestra casa hay oro, pan y vino en abundancia y nunca damos limosna.

Al pronunciar estas palabras, sonreíase dulcemente para congraciar al viejo. Pero él, montando en cólera terrible, golpeó fuertemente la mesa con su vaso de estaño, maldijo a la hija que había traído a casa aquel mendigo desharrapado y loco, que acaso fuese un bandido disfrazado, y amenazó ir sin demora a cogerle de un brazo y echarle de la granja; con lo cual, la doncella se retiró a su cuarto trémula y confusa.

En toda la noche apenas logró pegar los ojos. Veía al viajero, oía de nuevo su persuasiva y cálida voz y notaba las variaciones de su rostro, trasfigurado por la unción y fervor de la plática. El lecho de la Borgoñona tenía ascuas y espinas; su conciencia estaba tan despierta como si hubiese cometido un crimen; durmióse un instante y vio en sueños a su padre arrastrado por negros demonios que le aporreaban con sacos llenos de monedas. Apenas un rayo de luz pálida anunció el amanecer, la Borgoñona saltó de la cama y, a medio vestir y en cabello, corrió a la estancia del peregrino.

Éste tenía la puerta abierta y rezaba de rodillas con los brazos en cruz. Hallábase tan arrebatado en la oración, que le pareció a la niña que más de un palmo se levantaba del suelo. Al ruido de los pasos de la

Borgoñona, el forastero se puso en pie de un salto y mostró el rostro bañado en lágrimas, y al mismo tiempo resplandeciente de un júbilo celestial; pero cuando se fijó en la Borgoñona, al punto mudó de semblante. Fue como si le cerrasen con llave las facciones. Bajó los ojos y, cruzándose de brazos, preguntó a la niña qué deseaba. Ella, con movimiento rapidísimo, se echó a sus pies, y abrazando sus rodillas toda turbada, rompió a decirle que en aquella casa había riquezas estériles, tesoros malditos, que causarían la perdición de su dueño; que allí jamás se había dado al pobre ni un puñado de espigas, antes era su sudor el que rellenaba las arcas; que ella se encontraba arrepentida y resuelta, para asegurar su salvación y la de su padre, a irse por el mundo descalza, pidiendo limosna y haciendo penitencia, para lo cual pedía al forastero su bendición y que la llevase en su compañía y le enseñase a predicar y a seguir la regla del beato Francisco, la humanidad y pobreza absoluta.

Permanecía el misionero mudo, inmóvil. No obstante, las palabras de la Borgoñona debían de producirle extraño efecto, porque ésta sentía que las rodillas del penitente se entrechocaban temblorosas, y se veía su faz demudada y sus manos crispadas, cual si se clavase en el pecho las uñas. La doncella, creyendo persuadir mejor, tendía las palmas, escondía la cara en el sayal empapándolo en sus lágrimas ardientes. Poco a poco, el pendiente aflojó los brazos y por fin los abrió, inclinándose hacia la niña. Pero de pronto, con una sacudida violenta, se desprendió de ella y casi la echó a rodar por el suelo. La cabeza de la Borgoñona dio contra las losas del pavimento y el penitente haciendo la señal de la cruz y exclamando «¡Hermano Francisco, valme!», saltó por la ventana y se perdió de vista en un segundo. Cuando la Borgoñona se incorporó llevándose la mano a la frente lastimada, sólo quedaba del misionero la señal de su cuerpo en la paja donde había dormido.

– II –

Todo el día se lo pasó la Borgoñona cosiendo una túnica de burel grosero, de la misma tela con que solían vestirse los villanos y jornaleros vendimiadores. Al anochecer salió a la granja y cortó un bastón de espino; bajó a la cocina y tomó de un rimero de cuerdas una muy gruesa de cáñamo, y subiendo otra vez a su habitación, empezó a desnudarse despacio, dejando sobre la cama, colocadas en orden, las diversas prendas de su traje.

En el siglo XIII, pocas personas usaban camisas de lino. Era un lujo reservado a los monarcas. La Borgoñona tenía pegado a las carnes un

justillo de lienzo grueso y un faldellín de tela más burda aún. Quitóse el justillo y soltó sobre sus blancas y mórbidas espaldas la madeja de su pelo rubio que de día aprisionaba la cofia. Esgrimió la tijera, que solía llevar pendiente de la cintura, y desmochó sin piedad aquel bosque de rizos, que iban cayendo suavemente a su alrededor, como las flores en torno del arbusto sacudido por el aire. Se sentó la cabeza, y hallándola ya casi mocha igualó los mechones que aún sobresalían; luego se descalzó; aflojó la cintura del faldellín, se puso el sayal sosteniendo el faldellín con los dientes por no quedarse del todo desnuda; soltó al fin la última prenda femenina, se ciñó la cuerda con tres nudos como la traía el pendiente, y empuñó el bastón. Pero acudió una idea a su mente, y recogiendo las matas de pelo esparcidas aquí y allí, las ató con la mejor cinta que tenía y las colgó al pie de una tosca Nuestra Señora, de plomo, que protegía la cabecera de su lecho. Aguardó a que la noche cerrase, y de puntillas, se lanzó a oscuras al corredor; bajó a tientas la escalera carcomida, se dirigió a la sala baja donde había hospedado al penitente, abrió la ventana y salió por ella al campo. Tal arte se dio a correr, que cuando amaneció estaba a tres leguas de la granja, camino de Dijón, cerca de unos hatos de pastores.

Rendida se metió en un establo, del cual vio salir el ganado antes, y acostándose en la cama de las ovejas, tibia aún, durmió hasta el mediodía. Al despertarse resolvió evitar a Dijón, donde algún parroquiano de su padre podría conocerla.

En efecto, desde aquel día procuró buscar las aldeas apartadas, los caseríos, solitarios, en los cuales pedía de limosna un haz de paja y un mendrugo de pan. Mientras caminaba, rezaba mentalmente, y si se detenía, arrodillábase y oraba con los brazos en cruz, como el peregrino. El recuerdo de éste no se apartaba un punto de su memoria y copiaba por instinto sus menores acciones, añadiendo otras que le sugería su natural despejo.

Guardaba siempre la mitad del pan que le ofrecían, y al día siguiente lo entregaba a otro pobre que encontrase en el camino. Si le daban dinero, iba corriendo a distribuirlo entre los necesitados, pues recordaba que, según el penitente, nunca el beato Francisco de Asís consintió tener en su poder moneda acuñada.

Al paso que seguía esta vida la Borgoñona, se desarrollaba en ella un don de elocuencia extraordinaria. Poníase a hablar de Dios, de los ángeles, del cielo, de la caridad, del amor divino, y decía cosas que ella misma se admiraba de saber y que las gentes reunidas en derredor suyo

escuchaban embelesadas y enternecidas. Dondequiera que llegaba la rodeaban las mujeres, los niños se cogían a su túnica y los hombres la llevaban en triunfo.

Es de notar que todos la tenían por un jovencito muy lindo, y a nadie se le ocurrió que fuese una doncella quien tan valerosamente arrostraba la intemperie y demás peligros de andar por despoblado. Su pelo corto, su cutis oscurecido ya por el sol, sus pies endurecidos por la descalcez le daban trazas de muchacho, y el sayal grueso ocultaba la morbidez de sus formas.

Gracias al disfraz, pudo pasar entre bandas de soldados mercenarios y aun de salteadores, sin más riesgo que el de sufrir algunos zurriagazos con las correas del tahalí, género de broma que no perdonaban los soldados. Muchos se compadecieron de aquel rapaz humilde y le dieron dinero y vino; otros se burlaron; pero nadie atentó a su libertad ni a su vida.

En la selva de Fontainebleau sucedióle a la Borgoñona la terrible aventura de abrigarse bajo un árbol de donde colgaban humanos frutos: los pies péndulos de un ahorcado la rozaron la frente. Entonces, con valor sobrehumano, abrió una fosa, sin más instrumentos que su bastón de pino y sus uñas. Descolgó el cadáver horrendo, que tenía la lengua fuera y los ojos saliéndose de las órbitas, y estaba ya picado de grajos y cuervos, y mal como supo, reuniendo sus fuerzas, lo enterró. Aquella noche vio en sueños al penitente, que la bendecía.

Pero tantas fatigas, tan larga abstinencia, tan duras mortificaciones, una vida tan áspera y desacostumbrada, abrieron brecha en la Borgoñona y su salud empezaba a flaquear, cuando llegó a una gran villa, que preguntando a los aldeanos verduleros, supo era París.

Entró, pues, en París pensando si quizá moriría allí el peregrino, si lo encontraría casualmente y podría rogarle que le proporcionase un asilo como el que Clara ofrecía a sus hijas, un convento donde acabar su penitencia y morir en paz. Con estos propósitos se internó en un laberinto de calles sucias, torcidas, estrechas, sombrías: el París de entonces.

Embargaba a la Borgoñona singular recelo. En aquella ciudad vasta y populosa, donde veía tanto mercader, tanto arquero, tantos judíos en sus tenduchos, tantos clérigos graves que pasaban a su lado sin volver la cabeza, no se atrevía a pedir hospitalidad, ni un pedazo de pan con que aplacar el hambre. Los edificios altos, las casas apiñadas, las plazuelas concurridas, todo le infundía temor.

Vagó como alma en pena las horas del día, entrando en las iglesias para rezar, apretándose la cuerda para no percibir el hambre, y a la puesta del sol, cuando resonó el toque de cubrefuego, que acá decimos de la queda, cubriósele a ella verdaderamente el corazón, y con mucha angustia rompió a llorar bajito, echando de menos por primera vez su granja, donde el pan no faltaba nunca y donde, al oscurecer, tenía seguro su abrigado lecho. Al punto mismo en que estas ideas acudían a su atribulado espíritu, vio que se acercaba una vejezuela gibosa, de picuda nariz y ojuelos malignos, y le preguntaba afablemente: ¿Cómo tan lindo mozo a tales horas solito por la calle, y si era que por ventura no tenía posada?

—Madre —contestó la Borgoñona— si tú me la dieses, harías una gran caridad, pues cierto que no sé dónde he de dormir hoy, y a más no probé bocado hace veinticuatro horas.

Deshízose la vieja en lástimas y ofrecimientos, y echando a andar delante guió por callejuelas tristes, pobres y sospechosas, hasta llegar a una casuca, cuya puerta abrió con roñosa llave.

Estaba la casa a oscuras; pero la vieja encendió un candil y alumbró por las escaleras hasta un cuarto alto.

Ardía un buen fuego en la chimenea. La Borgoñona vio una cama suntuosa, sitiales ricos y una mesa preparada con sus relucientes platos de estaño, sus jarras de plata para el agua y el vino, su dorado pan, sus bollos de especias y un pastel de aves y caza que ya tenía medio alzada la cubierta tostadita.

Todo olía a lujo, a refinamiento, y aunque el caso era sorprendente, atendido el pergeño de la vieja y la pobreza del edificio, como la Borgoñona sentía tanta hambre y de tal modo se le hacía agua la boca ante el espectáculo de los manjares, no se entretuvo en manifestar extrañeza.

Iba buenamente a sentarse y a trinchar el pastel, pero la vieja lo impidió. Convenía aguardar al dueño de la habitación, un hidalgo estudiante muy galán, que ya no tardaría, y era de tan afable condición, que a buen seguro que no pondría el menor reparo en partir su cena con el forastero.

En efecto, bien pronto, se oyeron resueltos pasos, y entró en la estancia un caballero, mozo, envuelto en oscura capa y con pluma de garza en el airoso birrete.

Al verle, quedóse estupefacta la Borgoñona, y no era para menos, pues aquel gallardo caballero tenía la mismísima cara y talle del

penitente. Conoció sus grandes ojos negros, sus nobles facciones. Sólo la expresión era distinta. En ésta dominaba un júbilo tumultuoso, una especie de energía sensual. Quitóse el birrete, descubriendo rizados y largos cabellos; soltó la capa, y contestó con una carcajada a las disculpas de la vieja, que explicaba cómo aquel pobrecito penitente partiría con él, por una noche, la cena y el cuarto. Sentóse a la mesa muy risueño, y declaró que, aunque el camarada no parecía muchacho de buen humor, él haría por que la cena fuese divertida. Dijo esto con la propia voz sonora del penitente, tan conocida de la Borgoñona.

Retiróse la vieja y la Borgoñona tomó asiento confusa y atónita, mirando a su comensal y sin dar crédito al testimonio de los sentidos. Mientras mataba el hambre con el apetitoso pastel, sus ojos no se apartaban del mancebo, que comía y bebía por cuatro y, con mil chanzas, llenaba el vaso y el plato de la Borgoñona, que proseguía comparando al misionero con el estudiante.

Sí, eran los mismos ojos, sólo que antes no brillaba en ellos un fuego vivido y generoso, ni cabía ver el negro de las pupilas, porque estaban siempre bajos. Sí, era la misma boca, pero marchita, contraída por la penitencia, sin estos labios rojos y frescos, sin estos dientes blancos que descubría la sonrisa, sin este bigote fino que acentuaba la expresión provocativa y caballeresca del rostro. Sí, era la misma frente blanca y serena, pero sin los oscuros mechones de pelo que en torno jugueteaban. Era el mismo aire, pero con otras posturas menos gallardas y libres.

Y así, poco a poco, tratando de cerciorarse de si el penitente y el hidalgo componían un solo individuo, la doncella iba deteniéndose con sobrada complacencia en detallar las gracias y buenas partes del mancebo, y ya le parecía que si era el penitente, había ganado mucho en gentileza y donosura.

El caballero, festivamente, escanciaba vino y más vino, y la Borgoñona, distraída, lo bebía. El vino era color de topacio, fragante, aromatizado con especias, suave al paladar, pero después se sentía correr por las venas como líquida llama.

A cada trago de licor, la Borgoñona juzgaba a su compañero de mesa más discreto y bizarro. Cuando la mano de éste, al ofrecerle el vaso, por casualidad, rozaba la suya, un delicioso temblor, un escalofrío dulcísimo, le subía desde las yemas de los dedos hasta la nuca, difundiéndose por el cerebro y el corazón. Su razón vacilaba, la habitación daba vueltas, la luz de cada uno de los cirios que alumbraban el festín se convertía en

miles de luces. Y he aquí que el caballero, después de beber el último trago, se levantó, y juró que a fe de hidalgo estudiante, era hora de acostarse y digerir, con un sueño reparador, la cena.

Semejantes palabras despejaron un poco las embotadas potencias de la Borgoñona. Acordóse de que en la habitación no había más que un solo lecho, y alzándose de la mesa alegó humildemente, en voz baja, que sus votos obligaban a tener por cama el suelo, y que así dormiría, no siendo razón que se molestase el señor hidalgo. Pero éste con generoso empeño, protestó que no lo sufriría, y tendiendo en el suelo su capa, afirmó que dormiría sobre ella si el mozo penitente no le otorgaba un rincón del lecho, donde ambos cabían muy holgados.

La doncella se negó con espanto a admitir la proposición, y el estudiante con vigor juvenil, cogióla en brazos y la depositó sobre la cama. Ella, sintiendo otra vez desmayar su voluntad, cerró los ojos, y con singular contentamiento se dejó llevar así, apoyando la cabeza en el hombro del caballero y percibiendo el roce de sus negros y perfumados bucles.

Abrió el estudiante la cama, metió dentro a la Borgoñona, arregló la sobrecama bordada de seda y, con la misma dulzura con que se habla a los niños, preguntó si no le sería lícito al menos tenderse a los pies, que siempre estarían más blandos que el santo suelo. No encontró la Borgoñona objeción fundada que oponer, y el hidalgo se envolvió en su capa y se tumbó, poniendo por cabezal un almohadón, y al poco tiempo se le oyó respirar tranquilamente, como si durmiese.

La Borgoñona, en cambio, se revolvía inquieta. En vano quería recordar las oraciones acostumbradas a aquella hora. No podía levantar el espíritu; su corazón se derretía, se abrasaba; el penitente y el estudiante formaban para ella una sola persona, pero adorable, perfecto, por quien se dejaría hacer pedazos sin exhalar un ¡ay! La blandura del lecho incitando a su cuerpo a la molicie, reforzaba las sugestiones de su imaginación; en el silencio nocturno, le ocurrían las resoluciones más extremosas y delirantes: llamar al hidalgo, declararle que era una doncella perdida de amores por él, que la tomase por mujer o esclava, pues quería vivir y morir a su lado.

Pero ¿y aquellas matas de pelo colgadas al pie de la efigie de Nuestra Señora, acaso no eran prenda de un voto solemne? Con estas zozobras, las frentes se le abrían, las venas saltaban, zumbaban los oídos y la

respiración sosegada del estudiante se la figuraba a la joven honda como el ruido de gigantesca fragua. ¡Oh tentación, tentación!

Sentóse en el lecho, y a la luz del fuego, que aún ardía, miró al estudiante dormido, pareciéndole que en su vida había contemplado cosa mejor, más sabrosa. Y así, embebida en el gusto de mirar, fuese acercando hasta casi beberle el aliento.

De pronto el durmiente se incorporó bien despierto, abriendo los brazos y sonriendo con sonrisa extraña. La doncella dio un gran grito, y acordándose del penitente, exclamó:

—¡Hermano Francisco, valme!

Al mismo tiempo saltó del lecho y huyó de la habitación como loca.

Cuatro a cuatro bajó las escaleras; halló la puerta franca y encontróse en la calle; siguió corriendo, y no paró hasta una gran plaza, donde se elevaba un edificio de pobre y humilde arquitectura; allí se detuvo sin saber lo que le pasaba.

Trató de coordinar sus pensamientos; los sucesos de la noche le parecían soñados, y lo que la confirmaba en esta idea era que no podía, por más que se golpease la frente, recordar la linda figura del estudiante. La última impresión que de ella guardaba era la de un rostro descompuesto por la ira, unas facciones contraídas por furor infernal, unos ojos inyectados, una espumante boca.

Del edificio humilde salieron cuatro hombres vestidos de túnicas grises amarradas con cuerdas y llevando en hombros un ataúd. La Borgoñona se acercó a ellos, y ellos la miraron sorprendidos, porque vestía su mismo traje. Impulsada por indefinible curiosidad, la doncella se inclinó hacia el ataúd abierto y vio, acostado sobre la ceniza, sin que pudiese caber duda alguna respecto a su entidad, el cadáver del penitente.

—¿Cuándo murió ese santo? —preguntó, trémula y horrorizada.

—Ayer tarde, al sonar el cubrefuego.

—Y ese edificio donde vivía, ¿qué es?

—Allí habitamos los pobres de la regla de San Francisco de Asís, los Menores, tus hermanos —contestaron gravemente, y se alejaron con su fúnebre carga.

La Borgoñona llamó a la portería del convento.

Nadie adivinó jamás el sexo del novicio, hasta que su muerte, después de una larga y terrible penitencia, hubo de revelarlo a los encargados de vestirle la mortaja. Hicieron la señal de la cruz, cubrieron

el cuerpo con un paño tupido y lo llevaron a enterrar al cementerio de las Minoritas o Clarisas, que ya existían en París.

ESTACIÓN DE AMOR *por HORACIO QUIROGA*

PRIMAVERA

Era el martes de carnaval. Nébel acababa de entrar en el corso, ya al oscurecer, y mientras deshacía un paquete de serpentinas, miró al carruaje de delante. Extrañado de una cara que no había visto la tarde anterior, preguntó a sus compañeros:

—¿Quién es? No parece fea.

—¡Un demonio! Es lindísima. Creo que sobrina, o cosa así, del doctor Arrizabalaga. Llegó ayer, me parece…

Nébel fijó entonces atentamente los ojos en la hermosa criatura. Era una chica muy joven aún, acaso no más de catorce años, pero completamente núbil. Tenía, bajo el cabello muy oscuro, un rostro de suprema blancura, de ese blanco mate y raso que es patrimonio exclusivo de los cutis muy finos. Ojos azules, largos, perdiéndose hacia las sienes en el cerco de sus negras pestañas. Acaso un poco separados, lo que da, bajo una frente tersa, aire de mucha nobleza o de gran terquedad. Pero sus ojos, así, llenaban aquel semblante en flor con la luz de su belleza. Y al sentirlos Nébel detenidos un momento en los suyos, quedó deslumbrado.

—¡Qué encanto! —murmuró, quedando inmóvil con una rodilla sobre al almohadón del surrey. Un momento después las serpentinas volaban hacia la victoria. Ambos carruajes estaban ya enlazados por el puente colgante de cintas, y la que lo ocasionaba sonreía de vez en cuando al galante muchacho.

Mas aquello llegaba ya a la falta de respeto a personas, cochero y aún carruaje: sobre el hombro, la cabeza, látigo, guardabarros, las serpentinas llovían sin cesar. Tanto fue, que las dos personas sentadas atrás se volvieron y, bien que sonriendo, examinaron atentamente al derrochador.

—¿Quiénes son? —preguntó Nébel en voz baja.

—El doctor Arrizabalaga; cierto que no lo conoces. La otra es la madre de tu chica… Es cuñada del doctor.

Como en pos del examen, Arrizabalaga y la señora se sonrieran francamente ante aquella exuberancia de juventud, Nébel se creyó en el

deber de saludarlos, a lo que respondió el terceto con jovial condescendencia.

Este fue el principio de un idilio que duró tres meses, y al que Nébel aportó cuanto de adoración cabía en su apasionada adolescencia. Mientras continuó el corso, y en Concordia se prolonga hasta horas increíbles, Nébel tendió incesantemente su brazo hacia adelante, tan bien, que el puño de su camisa, desprendido, bailaba sobre la mano.

Al día siguiente se reprodujo la escena; y como esta vez el corso se reanudaba de noche con batalla de flores, Nébel agotó en un cuarto de hora cuatro inmensas canastas. Arrizabalaga y la señora se reían, volviéndose a menudo, y la joven no apartaba casi sus ojos de Nébel. Este echó una mirada de desesperación a sus canastas vacías; mas sobre el almohadón del surrey quedaban aún uno, un pobre ramo de siemprevivas y jazmines del país. Nébel saltó con él por sobre la rueda del surrey, dislocose casi un tobillo, y corriendo a la victoria, jadeante, empapado en sudor y el entusiasmo a flor de ojos, tendió el ramo a la joven. Ella buscó atolondradamente otro, pero no lo tenía. Sus acompañantes se reían.

—¡Pero loca! —le dijo la madre, señalándole el pecho— ¡ahí tienes uno!

El carruaje arrancaba al trote. Nébel, que había descendido del estribo, afligido, corrió y alcanzó el ramo que la joven le tendía, con el cuerpo casi fuera del coche.

Nébel había llegado tres días atrás de Buenos Aires, donde concluía su bachillerato. Había permanecido allá siete años, de modo que su conocimiento de la sociedad actual de Concordia era mínimo. Debía quedar aún quince días en su ciudad natal, disfrutados en pleno sosiego de alma, si no de cuerpo; y he ahí que desde el segundo día perdía toda su serenidad. Pero en cambio ¡qué encanto!

—¡Qué encanto! —se repetía pensando en aquel rayo de luz, flor y carne femenina que había llegado a él desde el carruaje. Se reconocía real y profundamente deslumbrado —y enamorado, desde luego.

¡Y si ella lo quisiera!... ¿Lo querría? Nébel, para dilucidarlo, confiaba mucho más que en el ramo de su pecho, en la precipitación aturdida con que la joven había buscado algo para darle. Evocaba claramente el brillo de sus ojos cuando lo vio llegar corriendo, la inquieta expectativa con que lo esperó, y, en otro orden, la morbidez del joven pecho, al tenderle el ramo.

¡Y ahora, concluido! Ella se iba al día siguiente a Montevideo. ¿Qué le importaba lo demás, Concordia, sus amigos de antes, su mismo padre? Por lo menos iría con ella hasta Buenos Aires.

Hicieron, efectivamente, el viaje juntos, y durante él, Nébel llegó al más alto grado de pasión que puede alcanzar un romántico muchacho de 18 años, que se siente querido. La madre acogió el casi infantil idilio con afable complacencia, y se reía a menudo al verlos, hablando poco, sonriendo sin cesar, y mirándose infinitamente.

La despedida fue breve, pues Nébel no quiso perder el último vestigio de cordura que le quedaba, cortando su carrera tras ella.

Volverían a Concordia en el invierno, acaso una temporada. ¿Iría él? "¡Oh, no volver yo!" Y mientras Nébel se alejaba, tardo, por el muelle, volviéndose a cada momento, ella, de pecho sobre la borda, la cabeza un poco baja, lo seguía con los ojos, mientras en la planchada los marineros levantaban los suyos risueños a aquel idilio —y al vestido, corto aún, de la tiernísima novia.

VERANO

El 13 de junio Nébel volvió a Concordia, y aunque supo desde el primer momento que Lidia estaba allí, pasó una semana sin inquietarse poco ni mucho por ella. Cuatro meses son plazo sobrado para un relámpago de pasión, y apenas si en el agua dormida de su alma, el último resplandor alcanzaba a rizar su amor propio. Sentía, sí, curiosidad de verla. Pero un nimio incidente, punzando su vanidad, lo arrastró de nuevo. El primer domingo, Nébel, como todo buen chico de pueblo, esperó en la esquina la salida de misa. Al fin, las últimas acaso, erguidas y mirando adelante, Lidia y su madre avanzaron por entre la fila de muchachos.

Nébel, al verla de nuevo, sintió que sus ojos se dilataban para sorber en toda su plenitud la figura bruscamente adorada. Esperó con ansia casi dolorosa el instante en que los ojos de ella, en un súbito resplandor de dichosa sorpresa, lo reconocerían entre el grupo.

Pero pasó, con su mirada fría fija adelante.

—Parece que no se acuerda más de ti —le dijo un amigo, que a su lado había seguido el incidente.

—¡No mucho! —se sonrió él—. Y es lástima, porque la chica me gustaba en realidad.

Pero cuando estuvo solo se lloró a sí mismo su desgracia. ¡Y ahora que había vuelto a verla! ¡Cómo, cómo la había querido siempre, él que creía no acordarse más! ¡Y acabado! ¡Pum, pum, pum! —repetía sin darse cuenta, con la costumbre del chico—. ¡Pum! ¡todo concluido!

De golpe: ¿Y si no me hubiera visto?… ¡Claro! ¡pero claro! Su rostro se animó de nuevo, acogiéndose con plena convicción a una probabilidad como esa, profundamente razonable.

A las tres golpeaba en casa del doctor Arrizabalaga. Su idea era elemental: consultaría con cualquier mísero pretexto al abogado, y entretanto acaso la viera. Una súbita carrera por el patio respondió al timbre, y Lidia, para detener el impulso, tuvo que cogerse violentamente a la puerta vidriera. Vio a Nébel, lanzó una exclamación, y ocultando con sus brazos la liviandad doméstica de su ropa, huyó más velozmente aún.

Un instante después la madre abría el consultorio, y acogía a su antiguo conocido con más viva complacencia que cuatro meses atrás. Nébel no cabía en sí de gozo, y como la señora no parecía inquietarse por las preocupaciones jurídicas de Nébel, este prefirió también un millón de veces tal presencia a la del abogado.

Con todo, se hallaba sobre ascuas de una felicidad demasiado ardiente y, como tenía 18 años, deseaba irse de una vez para gozar a solas, y sin cortedad, su inmensa dicha.

—¡Tan pronto, ya! —le dijo la señora—. Espero que tendremos el gusto de verlo otra vez… ¿No es verdad?

—¡Oh, sí, señora!

—En casa todos tendríamos mucho placer… ¡supongo que todos! ¿Quiere que consultemos? —se sonrió con maternal burla.

—¡Oh, con toda el alma! —repuso Nébel.

—¡Lidia! ¡Ven un momento! Hay aquí una persona a quien conoces.

Nébel había sido visto ya por ella; pero no importaba.

Lidia llegó cuando él estaba de pie. Avanzó a su encuentro, los ojos centelleantes de dicha, y le tendió un gran ramo de violetas, con adorable torpeza.

—Si a usted no le molesta —prosiguió la madre— podría venir todos los lunes… ¿qué le parece?

—¡Que es muy poco, señora! —repuso el muchacho—. Los viernes también… ¿me permite?

La señora se echó a reír.

—¡Qué apurado! Yo no sé… veamos qué dice Lidia. ¿Qué dices, Lidia?

La criatura, que no apartaba sus ojos rientes de Nébel, le dijo ¡sí! en pleno rostro, puesto que a él debía su respuesta.

—Muy bien: entonces hasta el lunes, Nébel.

Nébel objetó:

—¿No me permitiría venir esta noche? Hoy es un día extraordinario…

—¡Bueno! ¡Esta noche también! Acompáñalo, Lidia.

Pero Nébel, en loca necesidad de movimiento, se despidió allí mismo, y huyó con su ramo cuyo cabo había deshecho casi, y con el alma proyectada al último cielo de la felicidad.

II

Durante dos meses, todos los momentos en que se veían, todas las horas que los separaban, Nébel y Lidia se adoraron. Para él, romántico hasta sentir el estado de dolorosa melancolía que provoca una simple garúa que agrisa el patio, la criatura aquella, con su cara angelical, sus ojos azules y su temprana plenitud, debía encarnar la suma posible de ideal. Para ella, Nébel era varonil, buen mozo e inteligente. No había en su mutuo amor más nube para el porvenir que la minoría de edad de Nébel. El muchacho, dejando de lado estudios, carreras y superfluidades por el estilo, quería casarse. Como probado, no había sino dos cosas: que a él le era absolutamente imposible vivir sin su Lidia, y que llevaría por delante cuanto se opusiese a ello. Presentía —o más bien dicho, sentía— que iba a escollar rudamente.

Su padre, en efecto, a quien había disgustado profundamente el año que perdía Nébel tras un amorío de carnaval, debía apuntar las íes con terrible vigor. A fines de agosto, habló un día definitivamente a su hijo:

—Me han dicho que sigues tus visitas a lo de Arrizabalaga. ¿Es cierto? Porque tú no te dignas decirme una palabra.

Nébel vio toda la tormenta en esa forma de dignidad, y la voz le tembló un poco.

—Si no te dije nada, papá, es porque sé que no te gusta que hable de eso.

—¡Bah! cómo gustarme, puedes, en efecto, ahorrarte el trabajo… Pero quisiera saber en qué estado estás. ¿Vas a esa casa como novio?

—Sí.

—¿Y te reciben formalmente?

—Creo que sí.

El padre lo miró fijamente y tamborileó sobre la mesa.

—¡Está bueno! ¡Muy bien!… Óyeme, porque tengo el deber de mostrarte el camino. ¿Sabes tú bien lo que haces? ¿Has pensado en lo que puede pasar?

—¿Pasar?… ¿qué?

—Que te cases con esa muchacha. Pero fíjate: ya tienes edad para reflexionar, al menos. ¿Sabes quién es? ¿De dónde viene? ¿Conoces a alguien que sepa qué vida lleva en Montevideo?

—¡Papá!

—¡Sí, qué hacen allá! ¡Bah! no pongas esa cara… No me refiero a tu… novia. Esa es una criatura, y como tal no sabe lo que hace. ¿Pero sabes de qué viven?

—¡No! Ni me importa, porque aunque seas mi padre…

—¡Bah, bah, bah! Deja eso para después. No te hablo como padre sino como cualquier hombre honrado pudiera hablarte. Y puesto que te indigna tanto lo que te pregunto, averigua a quien quiera contarte, qué clase de relaciones tiene la madre de tu novia con su cuñado, ¡pregunta!

—¡Sí! Ya sé que ha sido…

—Ah, ¿sabes que ha sido la querida de Arrizabalaga? ¿Y que él u otro sostienen la casa en Montevideo? ¡Y te quedas tan fresco!

—¡…!

—¡Sí, ya sé, tu novia no tiene nada que ver con esto, ya sé! No hay impulso más bello que el tuyo… Pero anda con cuidado, ¡porque puedes llegar tarde!… ¡No, no, cálmate! No tengo ninguna idea de ofender a tu novia, y creo, como te he dicho, que no está contaminada aún por la podredumbre que la rodea. Pero si la madre te la quiere vender en matrimonio, o más bien a la fortuna que vas a heredar cuando yo muera, dile que el viejo Nébel no está dispuesto a esos tráficos, y que antes se lo llevará el diablo que consentir en eso. Nada más te quería decir.

El muchacho quería mucho a su padre a pesar del carácter duro de este; salió lleno de rabia por no haber podido desahogar su ira, tanto más violenta cuanto que él mismo la sabía injusta. Hacía tiempo ya que no ignoraba esto: la madre de Lidia había sido querida de Arrizabalaga en vida de su marido, y aún cuatro o cinco años después. Se veían aún de tarde en tarde, pero el viejo libertino, arrebujado ahora en sus artritis de enfermizo solterón, distaba mucho de ser respecto de su cuñada lo que se pretendía; y si mantenía el tren de madre e hija, lo hacía por una

especie de compasión de examante, rayana en vil egoísmo, y sobre todo para autorizar los chismes actuales que hinchaban su vanidad.

Nébel evocaba a la madre; y con un estremecimiento de muchacho loco por las mujeres casadas, recordaba cierta noche en que hojeando juntos y reclinados una Illustration, había creído sentir sobre sus nervios súbitamente tensos, un hondo hálito de deseo que surgía del cuerpo pleno que rozaba con él. Al levantar los ojos, Nébel había visto la mirada de ella, en lánguida imprecisión de mareo, posarse pesadamente sobre la suya.

¿Se había equivocado? Era terriblemente histérica, pero con rara manifestación desbordante; los nervios desordenados repiqueteaban hacia adentro, y de aquí la súbita tenacidad en un disparate, el brusco abandono de una convicción; y en los prodromos de las crisis, la obstinación creciente, convulsiva, edificándose a grandes bloques de absurdos. Abusaba de la morfina, por angustiosa necesidad y por elegancia. Tenía treinta y siete años; era alta, con labios muy gruesos y encendidos, que humedecía sin cesar. Sin ser grandes, los ojos lo parecían por un poco hundidos y tener pestañas muy largas; pero eran admirables de sombra y fuego. Se pintaba. Vestía, como la hija, con perfecto buen gusto, y era esta, sin duda, su mayor seducción. Debía de haber tenido, como mujer, profundo encanto; ahora la histeria había trabajado mucho su cuerpo —siendo, desde luego, enferma del vientre. Cuando el latigazo de la morfina pasaba, sus ojos se empañaban, y de la comisura de los labios, del párpado globoso, pendía una fina redecilla de arrugas. Pero a pesar de ello, la misma histeria que le deshacía los nervios era el alimento, un poco mágico, que sostenía su tonicidad.

Quería entrañablemente a Lidia; y con la moral de las histéricas burguesas, hubiera envilecido a su hija para hacerla feliz —esto es, para proporcionarle aquello que habría hecho su propia felicidad.

Así, la inquietud del padre de Nébel a este respecto tocaba a su hijo en lo más hondo de sus cuerdas de amante. ¿Cómo había escapado Lidia? Porque la limpidez de su cutis, la franqueza de su pasión de chica que surgía con adorable libertad de sus ojos brillantes, eran, ya no prueba de pureza, sino de escalón de noble gozo por el que Nébel ascendía triunfal a arrancar de una manotada a la planta podrida la flor que pedía por él.

Esta convicción era tan intensa, que Nébel jamás la había besado. Una tarde, después de almorzar, en que pasaba por lo de Arrizabalaga, había sentido loco deseo de verla. Su dicha fue completa, pues la halló sola, en batón, y los rizos sobre las mejillas. Como Nébel la retuvo contra

la pared, ella, riendo y cortada, se recostó en el muro. Y el muchacho, a su frente, tocándola casi, sintió en sus manos inertes la alta felicidad de un amor inmaculado, que tan fácil le habría sido manchar.

¡Pero luego, una vez su mujer! Nébel precipitaba cuanto le era posible su casamiento. Su habilitación de edad, obtenida en esos días, le permitía por su legítima materna afrontar los gastos. Quedaba el consentimiento del padre, y la madre apremiaba este detalle.

La situación de ella, sobrado equívoca en Concordia, exigía una sanción social que debía comenzar, desde luego, por la del futuro suegro de su hija. Y sobre todo, la sostenía el deseo de humillar, de forzar a la moral burguesa, a doblar las rodillas ante la misma inconveniencia que despreció.

Ya varias veces había tocado el punto con su futuro yerno, con alusiones a "mi suegro"… "mi nueva familia"… "la cuñada de mi hija". Nébel se callaba, y los ojos de la madre brillaban entonces con más fuego.

Hasta que un día la llama se levantó. Nébel había fijado el 18 de octubre para su casamiento. Faltaba más de un mes aún, pero la madre hizo entender claramente al muchacho que quería la presencia de su padre esa noche.

—Será difícil —dijo Nébel después de un mortificante silencio—. Le cuesta mucho salir de noche… No sale nunca.

—¡Ah! —exclamó solo la madre, mordiéndose rápidamente el labio. Otra pausa siguió, pero esta ya de presagio—. Porque usted no hace un casamiento clandestino ¿verdad?

—¡Oh! —se sonrió difícilmente Nébel—. Mi padre tampoco lo cree.

—¿Y entonces?

Nuevo silencio cada vez más tempestuoso.

—¿Es por mí que su señor padre no quiere asistir?

—¡No, no señora! —exclamó al fin Nébel, impaciente—. Está en su modo de ser… Hablaré de nuevo con él, si quiere.

—¿Yo, querer? —se sonrió la madre dilatando las narices—. Haga lo que le parezca… ¿Quiere irse, Nébel, ahora? No estoy bien.

Nébel salió, profundamente disgustado. ¿Qué iba a decir a su padre? Este sostenía siempre su rotunda oposición a tal matrimonio, y ya el hijo había emprendido las gestiones para prescindir de ella.

—Puedes hacer eso, mucho más, y todo lo que te dé la gana. ¡Pero mi consentimiento para que esa entretenida sea tu suegra, ¡jamás!

Después de tres días Nébel decidió aclarar de una vez ese estado de cosas, y aprovechó para ello un momento en que Lidia no estaba.

—Hablé con mi padre —comenzó Nébel— y me ha dicho que le será completamente imposible asistir.

La madre se puso un poco pálida, mientras sus ojos, en un súbito fulgor, se estiraban hacia las sienes.

—¡Ah! ¿Y por qué?

—No sé —repuso con voz sorda Nébel.

—Es decir… ¿que su señor padre teme mancharse si pone los pies aquí?

—No sé —repitió él con inconsciente obstinación.

—¡Es que es una ofensa gratuita la que nos hace ese señor! ¿Qué se ha figurado? —añadió con voz ya alterada y los labios temblantes—. ¿Quién es él para darse ese tono?

Nébel sintió entonces el fustazo de reacción en la cepa profunda de su familia.

—¡Qué es, no sé! —repuso con la voz precipitada a su vez— pero no solo se niega a asistir, sino que tampoco da su consentimiento.

—¿Qué? ¿qué se niega? ¿Y por qué? ¿Quién es él? ¡El más autorizado para esto!

Nébel se levantó:

—Señora…

Pero ella se había levantado también.

—¡Sí, él! ¡Usted es una criatura! ¡Pregúntele de dónde ha sacado su fortuna, robada a sus clientes! ¡Y con esos aires! ¡Su familia irreprochable, sin mancha, se llena la boca con eso! ¡Su familia!… Dígale que le diga cuántas paredes tenía que saltar para ir a dormir con su mujer, antes de casarse! ¡Sí, y me viene con su familia!… ¡Muy bien, váyase; estoy hasta aquí de hipocresías! ¡Que lo pase bien!

III

Nébel vivió cuatro días vagando en la más honda desesperación. ¿Qué podía esperar después de lo sucedido? Al quinto, y al anochecer, recibió una esquela:

"Octavio: Lidia está bastante enferma, y solo su presencia podría calmarla.

María S. de Arrizabalaga"

Era una treta, no tenía duda. Pero si su Lidia en verdad…

Fue esa noche y la madre lo recibió con una discreción que asombró a Nébel, sin afabilidad excesiva, ni aire tampoco de pecadora que pide disculpa.

—Si quiere verla…

Nébel entró con la madre, y vio a su amor adorado en la cama, el rostro con esa frescura sin polvos que dan únicamente los 14 años, y el cuerpo recogido bajo las ropas que disimulaban notablemente su plena juventud.

Se sentó a su lado, y en balde la madre esperó a que se dijeran algo: no hacían sino mirarse y reír.

De pronto Nébel sintió que estaban solos, y la imagen de la madre surgió nítida: "se va para que en el transporte de mi amor reconquistado, pierda la cabeza y el matrimonio sea así forzoso". Pero en ese cuarto de hora de goce final que le ofrecían adelantado y gratis a costa de un pagaré de casamiento, el muchacho, de 18 años, sintió —como otra vez contra la pared— el placer sin la más leve mancha, de un amor puro en toda su aureola de poético idilio.

Solo Nébel pudo decir cuán grande fue su dicha recuperada en pos del naufragio. Él también olvidaba lo que fuera en la madre explosión de calumnia, ansia rabiosa de insultar a los que no lo merecen. Pero tenía la más fría decisión de apartar a la madre de su vida una vez casados. El recuerdo de su tierna novia, pura y riente en la cama de que se había destendido una punta para él, encendía la promesa de una voluptuosidad íntegra, a la que no había robado ni el más pequeño diamante.

A la noche siguiente, al llegar a lo de Arrizabalaga, Nébel halló el zaguán oscuro. Después de largo rato, la sirvienta entreabrió la vidriera:

—No están las señoras.

—¿Han salido? —preguntó extrañado.

—No, se van a Montevideo… Han ido al Salto a dormir abordo.

—¡Ah! —murmuró Nébel aterrado. Tenía una esperanza aún.

—¿El doctor? ¿Puedo hablar con él?

—No está, se ha ido al club después de comer…

Una vez solo en la calle oscura, Nébel levantó y dejó caer los brazos con mortal desaliento: ¡Se acabó todo! Su felicidad, su dicha reconquistada un día antes, perdida de nuevo y para siempre! Presentía que esta vez no había redención posible. Los nervios de la madre habían saltado a la loca, como teclas, y él no podía hacer ya nada más.

Comenzaba a lloviznar. Caminó hasta la esquina, y desde allí, inmóvil bajo el farol, contempló con estúpida fijeza la casa rosada. Dio una vuelta a la manzana, y tornó a detenerse bajo el farol. ¡Nunca, nunca!

Hasta las once y media hizo lo mismo. Al fin se fue a su casa y cargó el revólver. Pero un recuerdo lo detuvo: meses atrás había prometido a un dibujante alemán que antes de suicidarse —Nébel era adolescente— iría a verlo. Uníalo con el viejo militar de Guillermo una viva amistad, cimentada sobre largas charlas filosóficas.

A la mañana siguiente, muy temprano, Nébel llamaba al pobre cuarto de aquel. La expresión de su rostro era sobrado explícita.

—¿Es ahora? —le preguntó el paternal amigo, estrechándole con fuerza la mano.

—¡Pst! ¡De todos modos!… —repuso el muchacho, mirando a otro lado.

El dibujante, con gran calma, le contó entonces su propio drama de amor.

—Vaya a su casa —concluyó— y si a las once no ha cambiado de idea, vuelva a almorzar conmigo, si es que tenemos qué. Después hará lo que quiera. ¿Me lo jura?

—Se lo juro —contestó Nébel, devolviéndole su estrecho apretón con grandes ganas de llorar.

En su casa lo esperaba una tarjeta de Lidia:

"Idolatrado Octavio: Mi desesperación no puede ser más grande, pero mamá ha visto que si me casaba con usted me estaban reservados grandes dolores, he comprendido como ella que lo mejor era separarnos y le jura no olvidarlo nunca

Su, Lidia".

—¡Ah, tenía que ser así! —clamó el muchacho, viendo al mismo tiempo con espanto su rostro demudado en el espejo—. ¡La madre era quien había inspirado la carta, ella y su maldita locura! Lidia no había podido menos que escribir, y la pobre chica, trastornada, lloraba todo su amor en la redacción. ¡Ah! ¡Si pudiera verla algún día, decirle de qué modo la he querido, cuánto la quiero ahora, adorada del alma!

Temblando fue hasta el velador y cogió el revólver, pero recordó su nueva promesa, y durante un rato permaneció inmóvil, limpiando obstinadamente con la uña una mancha del tambor.

OTOÑO

Una tarde, en Buenos Aires, acababa Nébel de subir al tramway, cuando el coche se detuvo un momento más del conveniente, y aquel, que leía, volvió al fin la cabeza. Una mujer con lento y difícil paso avanzaba. Tras una rápida ojeada a la incómoda persona, reanudó la lectura. La dama se sentó a su lado, y al hacerlo miró atentamente a Nébel. Este, aunque sentía de vez en cuando la mirada extranjera posada sobre él, prosiguió su lectura; pero al fin se cansó y levantó el rostro extrañado.

—Ya me parecía que era usted —exclamó la dama— aunque dudaba aún… No me recuerda, ¿no es cierto?

—Sí —repuso Nébel abriendo los ojos— la señora de Arrizabalaga…

Ella vio la sorpresa de Nébel, y sonrió con aire de vieja cortesana que trata aún de parecer bien a un muchacho.

De ella, cuando Nébel la conoció once años atrás, solo quedaban los ojos, aunque más hundidos, y apagados ya. El cutis amarillo, con tonos verdosos en las sombras, se resquebrajaba en polvorientos surcos. Los pómulos saltaban ahora, y los labios, siempre gruesos, pretendían ocultar una dentadura del todo cariada. Bajo el cuerpo demacrado se veía viva a la morfina corriendo por entre los nervios agotados y las arterias acuosas, hasta haber convertido en aquel esqueleto, a la elegante mujer que un día hojeó la Illustration a su lado.

—Sí, estoy muy envejecida… y enferma; he tenido ya ataques a los riñones… y usted —añadió mirándolo con ternura— ¡siempre igual! Verdad es que no tiene treinta años aún… Lidia también está igual.

Nébel levantó los ojos:

—¿Soltera?

—Sí… ¡Cuánto se alegrará cuando le cuente! ¿Por qué no le da ese gusto a la pobre? ¿No quiere ir a vernos?

—Con mucho gusto —murmuró Nébel.

—Sí, vaya pronto; ya sabe lo que hemos sido para… En fin, Boedo, 1483; departamento 14… Nuestra posición es tan mezquina…

—¡Oh! —protestó él, levantándose para irse. Prometió ir muy pronto.

Doce días después Nébel debía volver al ingenio, y antes quiso cumplir su promesa. Fue allá —en un miserable departamento de arrabal—. La señora de Arrizabalaga lo recibió, mientras Lidia se arreglaba un poco.

—¡Conque once años! —observó de nuevo la madre—. ¡Cómo pasa el tiempo! ¡Y usted que podría tener una infinidad de hijos con Lidia!

—Seguramente —sonrió Nébel, mirando a su rededor.

—¡Oh! ¡no estamos muy bien! Y sobre todo como debe estar puesta su casa… Siempre oigo hablar de sus cañaverales… ¿Es ese su único establecimiento?

—Sí… en Entre Ríos también…

—¡Qué feliz! Si pudiera uno… Siempre deseando ir a pasar unos meses en el campo, y siempre con el deseo!

Se calló, echando una fugaz mirada a Nébel. Este, con el corazón apretado, revivía nítidas las impresiones enterradas once años en su alma.

—Y todo esto por falta de relaciones… ¡Es tan difícil tener un amigo en esas condiciones!

El corazón de Nébel se contraía cada vez más, y Lidia entró.

Estaba también muy cambiada, porque el encanto de un candor y una frescura de los catorce años, no se vuelve a hallar más en la mujer de veintiséis. Pero bella siempre. Su olfato masculino sintió en la mansa tranquilidad de su mirada, en su cuello mórbido, y en todo lo indefinible que denuncia al hombre el amor ya gozado, que debía guardar velado para siempre, el recuerdo de la Lidia que conoció.

Hablaron de cosas muy triviales, con perfecta discreción de personas maduras. Cuando ella salió de nuevo un momento, la madre reanudó:

—Sí, está un poco débil… Y cuando pienso que en el campo se repondría en seguida… Vea, Octavio: ¿me permite ser franca con usted? Ya sabe que lo he querido como a un hijo… ¿No podríamos pasar una temporada en su establecimiento? ¡Cuánto bien le haría a Lidia!

—Soy casado —repuso Nébel.

La señora tuvo un gesto de viva contrariedad, y por un instante su decepción fue sincera; pero en seguida cruzó sus manos cómicas:

—¡Casado, usted! ¡Oh, qué desgracia, qué desgracia! ¡Perdóneme, ya sabe!… No sé lo que digo… ¿Y su señora vive con usted en el ingenio?

—Sí, generalmente… Ahora está en Europa.

—¡Qué desgracia! Es decir… ¡Octavio! —añadió abriendo los brazos con lágrimas en los ojos—: a usted le puedo contar, usted ha sido casi mi hijo… ¡Estamos poco menos que en la miseria! ¿Por qué no quiere que vaya con Lidia? Voy a tener con usted una confesión de madre

—concluyó con una pastosa sonrisa y bajando la voz—: usted conoce bien el corazón de Lidia, ¿no es cierto?

Esperó respuesta, pero Nébel permaneció callado.

—¡Sí, usted la conoce! ¿Y cree que Lidia es mujer capaz de olvidar cuando ha querido?

Ahora había reforzado su insinuación con una leve guiñada. Nébel valoró entonces de golpe el abismo en que pudo haber caído antes. Era siempre la misma madre, pero ya envilecida por su propia alma vieja, la morfina y la pobreza. Y Lidia… Al verla otra vez había sentido un brusco golpe de deseo por la mujer actual de garganta llena y ya estremecida. Ante el tratado comercial que le ofrecían, se echó en brazos de aquella rara conquista que le deparaba el destino.

—¿No sabes, Lidia? —prorrumpió alborozada, al volver su hija— Octavio nos invita a pasar una temporada en su establecimiento. ¿Qué te parece?

Lidia tuvo una fugitiva contracción de las cejas y recuperó su serenidad.

—Muy bien, mamá…

—¡Ah! ¿no sabes lo qué dice? Está casado. ¡Tan joven aún! Somos casi de su familia…

Lidia volvió entonces los ojos a Nébel, y lo miró un momento con dolorosa gravedad.

—¿Hace tiempo? —murmuró.

—Cuatro años —repuso él en voz baja. A pesar de todo, le faltó ánimo para mirarla.

INVIERNO

No hicieron el viaje juntos, por último escrúpulo de casado en una línea donde era muy conocido; pero al salir de la estación subieron en el brec de la casa. Cuando Nébel quedaba solo en el ingenio, no guardaba a su servicio doméstico más que a una vieja india, pues —a más de su propia frugalidad— su mujer se llevaba consigo toda la servidumbre. De este modo presentó sus acompañantes a la fiel nativa como una tía anciana y su hija, que venían a recobrar la salud perdida.

Nada más creíble, por otro lado, pues la señora decaía vertiginosamente. Había llegado deshecha, el pie incierto y pesadísimo, y en su facies angustiosa la morfina, que había sacrificado cuatro horas

seguidas a ruego de Nébel, pedía a gritos una corrida por dentro de aquel cadáver viviente.

Nébel, que cortara sus estudios a la muerte de su padre, sabía lo suficiente para prever una rápida catástrofe; el riñón, íntimamente atacado, tenía a veces paros peligrosos que la morfina no hacía sino precipitar.

Ya en el coche, no pudiendo resistir más, había mirado a Nébel con transida angustia:

—Si me permite, Octavio… ¡no puedo más! Lidia, ponte delante.

La hija, tranquilamente, ocultó un poco a su madre, y Nébel oyó el crujido de la ropa violentamente recogida para pinchar el muslo.

Súbitamente los ojos se encendieron, y una plenitud de vida cubrió como una máscara aquella cara agónica.

—Ahora estoy bien… ¡qué dicha! Me siento bien.

—Debería dejar eso —dijo rudamente Nébel, mirándola de costado—. Al llegar, estará peor.

—¡Oh, no! Antes morir aquí mismo.

Nébel pasó todo el día disgustado, y decidido a vivir cuanto le fuera posible sin ver en Lidia y su madre más que dos pobres enfermas. Pero al caer la tarde, y como las fieras que empiezan a esa hora a afilar las uñas, el celo de varón comenzó a relajarle la cintura en lasos escalofríos.

Comieron temprano, pues la madre, quebrantada, deseaba acostarse de una vez. No hubo tampoco medio de que tomara exclusivamente leche.

—¡Huy! ¡Qué repugnancia! No la puedo pasar. ¿Y quiere que sacrifique los últimos años de mi vida, ahora que podría morir contenta?

Lidia no pestañeó. Había hablado con Nébel pocas palabras, y solo al fin del café la mirada de este se clavó en la de ella; pero Lidia bajó la suya en seguida.

Cuatro horas después Nébel abría sin ruido la puerta del cuarto de Lidia.

—¡Quién es! —sonó de pronto la voz azorada.

—Soy yo —murmuró Nébel en voz apenas sensible.

Un movimiento de ropas, como el de una persona que se sienta bruscamente en la cama, siguió a sus palabras, y el silencio reinó de nuevo. Pero cuando la mano de Nébel tocó en la oscuridad un brazo tibio, el cuerpo tembló entonces en una honda sacudida.

Luego, inerte al lado de aquella mujer que ya había conocido el amor antes que él llegara, subió de lo más recóndito del alma de Nébel, el santo

orgullo de su adolescencia de no haber tocado jamás, de no haber robado ni un beso siquiera, a la criatura que lo miraba con radiante candor. Pensó en las palabras de Dostoyevski, que hasta ese momento no había comprendido: "Nada hay más bello y que fortalezca más en la vida, que un puro recuerdo". Nébel lo había guardado, ese recuerdo sin mancha, pureza inmaculada de sus dieciocho años, y que ahora estaba allí, enfangado hasta el cáliz sobre una cama de sirvienta…

Sintió entonces sobre su cuello dos lágrimas pesadas, silenciosas. Ella a su vez recordaría… Y las lágrimas de Lidia continuaban una tras otra, regando como una tumba el abominable fin de su único sueño de felicidad.

IV

Durante diez días la vida prosiguió en común, aunque Nébel estaba casi todo el día afuera. Por tácito acuerdo, Lidia y él se encontraban muy pocas veces solos, y aunque de noche volvían a verse, pasaban aún entonces largo tiempo callados.

Lidia tenía ella misma bastante que hacer cuidando a su madre, postrada al fin. Como no había posibilidad de reconstruir lo ya podrido, y aún a trueque del peligro inmediato que ocasionara, Nébel pensó en suprimir la morfina. Pero se abstuvo una mañana que entró bruscamente en el comedor, al sorprender a Lidia que se bajaba precipitadamente las faldas. Tenía en la mano la jeringuilla, y fijó en Nébel su mirada espantada.

—¿Hace mucho tiempo que usas eso? —le preguntó él al fin.

—Sí —murmuró Lidia, doblando en una convulsión la aguja.

Nébel la miró aún y se encogió de hombros.

Sin embargo, como la madre repetía sus inyecciones con una frecuencia terrible para ahogar los dolores de su riñón que la morfina concluía de matar, Nébel se decidió a intentar la salvación de aquella desgraciada, sustrayéndole la droga.

—¡Octavio! ¡me va a matar! —clamó ella con ronca súplica—. ¡Mi hijo Octavio! ¡No podría vivir un día!

—¡Es que no vivirá dos horas si le dejo eso! —cortó Nébel.

—¡No importa, mi Octavio! ¡Dame, dame la morfina!

Nébel dejó que los brazos se tendieran inútilmente a él, y salió con Lidia.

—¿Tú sabes la gravedad del estado de tu madre?

—Sí… Los médicos me habían dicho…

Él la miró fijamente.

—Es que está mucho peor de lo que imaginas.

Lidia se puso lívida, y mirando afuera entrecerró los ojos y se mordió los labios en un casi sollozo.

—¿No hay médico aquí? —murmuró.

—Aquí no, ni en diez leguas a la redonda; pero buscaremos.

Esa tarde llegó el correo cuando estaban solos en el comedor, y Nébel abrió una carta.

—¿Noticias? —preguntó Lidia levantando inquieta los ojos a él.

—Sí —repuso Nébel, prosiguiendo la lectura.

—¿Del médico? —volvió Lidia al rato, más ansiosa aún.

—No, de mi mujer —repuso él con la voz dura, sin levantar los ojos.

A las diez de la noche Lidia llegó corriendo a la pieza de Nébel.

—¡Octavio! ¡mamá se muere!…

Corrieron al cuarto de la enferma. Una intensa palidez cadaverizaba ya el rostro. Tenía los labios desmesuradamente hinchados y azules, y por entre ellos se escapaba un remedo de palabra, gutural y a boca llena:

—Pla… pla… pla…

Nébel vio en seguida sobre el velador el frasco de morfina, casi vacío.

—¡Es claro, se muere! ¿Quién le ha dado esto? —preguntó.

—¡No sé, Octavio! Hace un rato sentí ruido… Seguramente lo fue a buscar a tu cuarto cuando no estabas… ¡Mamá, pobre mamá! —cayó sollozando sobre el miserable brazo que pendía hasta el piso.

Nébel la pulsó; el corazón no daba más, y la temperatura caía. Al rato los labios callaron su pla… pla, y en la piel aparecieron grandes manchas violeta.

A la una de la mañana murió. Esa tarde, tras el entierro, Nébel esperó que Lidia concluyera de vestirse, mientras los peones cargaban las valijas en el carruaje.

—Toma esto —le dijo cuando se aproximó a él, tendiéndole un cheque de diez mil pesos.

Lidia se estremeció violentamente, y sus ojos enrojecidos se fijaron de lleno en los de Nébel. Pero este sostuvo la mirada.

—¡Toma, pues! —repitió sorprendido.

Lidia lo tomó y se bajó a recoger su valijita. Nébel se inclinó sobre ella.

—Perdóname —le dijo—. No me juzgues peor de lo que soy.

En la estación esperaron un rato y sin hablar, junto a la escalerilla del vagón, pues el tren no salía aún. Cuando la campana sonó, Lidia le tendió la mano y se dispuso a subir. Nébel la oprimió, y quedó un largo rato sin soltarla, mirándola. Luego, avanzando, recogió a Lidia de la cintura y la besó hondamente en la boca.

El tren partió. Inmóvil, Nébel siguió con la vista la ventanilla que se perdía.

Pero Lidia no se asomó.

LA PRUEBA DE AMOR *por MARY SHELLEY*

Después de conseguir el permiso de la priora para salir unas horas, Angeline, interna en el convento de Santa Anna, en la pequeña ciudad lombarda de Este, se puso en camino para hacer una visita. La joven vestía con sencillez y buen gusto; su faziola le cubría la cabeza y los hombros, y bajo ella brillaban sus grandes ojos negros, extraordinariamente hermosos. Quizá no fuera una belleza perfecta; pero su rostro era afable, noble y franco; y tenía una profusión de cabellos negros y sedosos, y una tez blanca y delicada, a pesar de ser morena. Su expresión era inteligente y reflexiva; parecía estar en paz consigo misma, y era ostensible que se sentía profundamente interesada, y a menudo feliz, con los pensamientos que ocupaban su imaginación. Era de humilde cuna: su padre había sido el administrador del conde de Moncenigo, un noble veneciano; y su madre había criado a la única hija de éste. Los dos habían muerto, dejándola en una situación relativamente desahogada; y Angeline era un trofeo que buscaban conquistar todos los jóvenes que, sin ser nobles, gozaban de buena posición; pero ella vivía retirada en el convento y no alentaba a ninguno.

Llevaba muchos meses sin abandonar sus muros; y sintió algo parecido al miedo cuando se encontró en medio del camino que salía de la ciudad y ascendía por las colinas Euganei hasta Villa Moncenigo, su lugar de destino. Conocía cada palmo del camino. La condesa de Moncenigo había muerto al dar a luz su segundo hijo y, desde entonces, la madre de Angeline había residido en la villa. La familia estaba formada por el conde, que, salvo algunas semanas de otoño, estaba siempre en Venecia, y sus dos hijos. Ludovico, el primogénito, había sido enviado en edad temprana a Padua para recibir una buena educación; y sólo vivía en la villa Faustina, cinco años menor que Angeline.

Faustina era la criatura más adorable del mundo: a diferencia de los italianos, tenía los ojos azules y risueños, la tez luminosa y los cabellos color caoba; su figura ágil, esbelta y nada angulosa recordaba a una sílfide; era muy bonita, vivaz y obstinada, y tenía un encanto irresistible que empujaba a todos a ceder alegremente ante ella. Angeline parecía su hermana mayor: se ocupaba de ella y le consentía todos los caprichos; una palabra o una sonrisa de Faustina lo podían todo. «La quiero

demasiado —decía a veces—, pero soportaría cualquier cosa antes que ver una lágrima en sus ojos.» Era propio de Angeline no expresar sus sentimientos; los guardaba en su interior, donde crecían hasta convertirse en pasiones. Pero unos excelentes principios y la devoción más sincera impedían que la joven se viera dominada por ellas.

Angeline se había quedado huérfana tres años antes, cuando había muerto su madre, y Faustina y ella se habían trasladado al convento de Santa Anna, en la ciudad de Este; pero un año más tarde, Faustina, que entonces tenía quince años, había sido enviada a completar su educación a un famoso convento de Venecia, cuyas aristocráticas puertas estaban cerradas a su humilde compañera. Ahora, a los diecisiete años, después de finalizar sus estudios, había vuelto a casa; y se disponía a pasar los meses de septiembre y octubre en Villa Moncenigo con su padre. Los dos habían llegado aquella misma noche, y Angeline había salido del convento para ver y abrazar a su amiga del alma.

Había algo muy maternal en los sentimientos de Angeline; cinco años es una diferencia considerable entre los diez y los quince años, y muy grande entre los diecisiete y los veintidós.

«Mi querida niña —pensaba Angeline, mientras iba andando—, debe de haber crecido mucho, e imagino que estará más hermosa que nunca. ¡Qué ganas tengo de verla, con su dulce y pícara sonrisa! Me gustaría saber si ha encontrado a alguien que la mimara tanto como yo en su convento veneciano… alguien que asumiera la responsabilidad de sus faltas y que le consintiera sus caprichos. ¡Ah, aquellos días no volverán! Ahora estará pensando en el matrimonio… Me pregunto si habrá sentido algo parecido al amor —suspiró—. Pronto lo sabré… estoy segura de que me lo contará todo. Ojalá pudiera abrirle mi corazón… detesto tanto secreto y tanto misterio; pero he de cumplir mi promesa, y dentro de un mes habrá acabado todo… dentro de un mes conoceré mi destino. ¡Dentro de un mes! ¿Lo veré a él entonces? ¿Volveré a verlo algún día? Pero será mejor que olvide todo eso y piense únicamente en Faustina… ¡mi dulce y entrañable Faustina!»

Angeline subía lentamente la colina cuando oyó que alguien la llamaba; y en la terraza que dominaba el camino, apoyada en la balaustrada, se hallaba la querida destinataria de sus pensamientos, la bonita Faustina, la pequeña hada… en la flor de la vida, sonriendo de felicidad. Angeline sintió un cariño aún mayor por ella.

No tardaron en abrazarse; Faustina reía con ojos chispeantes, y empezó a contarle todo lo sucedido en aquellos dos años, y se mostró

obstinada e infantil, aunque tan encantadora y cariñosa como siempre. Angeline la escuchó con alegría, contemplando extasiada y en silencio los hoyuelos de sus mejillas, el brillo de sus ojos y la gracia de sus ademanes. No habría tenido tiempo de contarle su historia aunque hubiese querido, Faustina hablaba tan deprisa…

—¿Sabes, Angelinetta mía —exclamó—, que me casaré este invierno?

—Y ¿quién será tu señor esposo?

—Todavía no lo sé; pero lo encontraré en el próximo carnaval. Debe ser muy noble y muy rico, dice papá; y yo digo que debe ser muy joven, tener buen carácter y dejarme hacer lo que yo quiera, como siempre has hecho tú, querida Angeline.

Finalmente, Angeline se levantó para despedirse. A Faustina no le agradó que se marchara —quería que pasara la noche con ella—, y señaló que enviaría a alguien al convento para conseguir permiso de la priora. Pero Angeline, sabiendo que esto era imposible, estaba decidida a irse y convenció a su amiga de que la dejara partir. Al día siguiente, Faustina visitaría personalmente el convento para ver a sus antiguas amistades, y Angeline podría regresar con ella por la noche si lo permitía la priora. Una vez discutido este plan, las dos jóvenes se separaron con un abrazo; y, mientras bajaba con paso ligero, Angeline levantó la mirada y vio cómo Faustina, muy sonriente, le decía adiós con la mano desde la terraza. Angeline estaba encantada con su amabilidad, su hermosura, la animación y viveza de su conducta y de su conversación. Faustina ocupó al principio todos sus pensamientos, pero, en una curva del camino, cierta circunstancia le trajo otros recuerdos. «¡Oh, qué feliz seré si él demuestra haberme sido fiel! —pensó—. ¡Con Faustina e Ippolito, será como vivir en el Paraíso!»

Y luego rememoró cuanto había ocurrido en los dos últimos años. Del modo más breve posible, seguiremos su ejemplo.

Cuando Faustina partió para Venecia, Angeline se quedó sola en el convento. Aunque era una persona retraída, Camilla della Toretta, una joven dama de Bolonia, se convirtió en su mejor amiga. El hermano de Camilla vino a visitarla, y Angeline la acompañó al locutorio para recibirlo. Ippolito se enamoró desesperadamente de ella, y consiguió que Angeline le correspondiera. Todos los sentimientos de la joven eran sinceros y apasionados; sin embargo, sabía atemperarlos, y su conducta fue irreprochable. Ippolito, por el contrario, era impetuoso y vehemente: la amaba ardientemente y no podía tolerar que nada se opusiera a sus

deseos. Decidió contraer matrimonio, pero, como pertenecía a la nobleza, temía la desaprobación de su padre. Mas era necesario pedir su consentimiento; y el anciano aristócrata, presa del temor y de la indignación, llegó a Este, dispuesto a adoptar cualquier medida que separase para siempre a los dos enamorados. La dulzura y la bondad de Angeline mitigaron su cólera, y el abatimiento de su hijo le movió a compasión. Desaprobaba el matrimonio, pero comprendía que Ippolito deseara unirse a tanta hermosura y gentileza. Pero después pensó que su hijo era muy joven y podía cambiar de parecer, y se reprochó a sí mismo haber dado tan fácilmente su consentimiento. Por ese motivo llegó a un compromiso: les daría su bendición un año más tarde, siempre que la joven pareja se comprometiera, con el más solemne juramento, a no verse ni escribirse durante ese intervalo. Quedó sobreentendido que sería un año de prueba; y que no habría ningún compromiso hasta que éste expirara, y si permanecían fieles, su constancia sería premiada. No hay duda de que el padre creía, e incluso esperaba, que, en aquel período de ausencia, los sentimientos de Ippolito cambiarían, y que éste entablaría una relación más conveniente.

Arrodillados ante una cruz, los dos enamorados prometieron un año de silencio y de separación; Angeline, con los ojos iluminados por la gratitud y la esperanza; Ippolito, lleno de rabia y desesperación por aquella interrupción de su felicidad, que jamás habría aceptado si Angeline no hubiera empleado todas sus dotes de persuasión y de mando para convencerlo; pues la joven había afirmado que, a menos que obedeciera a su padre, ella se encerraría en su celda, y se convertiría voluntariamente en una prisionera, hasta que terminara el tiempo prescrito. De modo que Ippolito prestó juramento e inmediatamente después partió hacia París.

Faltaba sólo un mes para que expirara el año, y no es de extrañar que los pensamientos de Angeline pasaran de su dulce Faustina al destino que la esperaba. Además del voto de ausencia, habían prometido mantener su compromiso y cuanto se relacionaba con él en el más profundo secreto durante ese período. Angeline accedió de buena gana (pues su amiga se hallaba lejos) a guardar silencio hasta que transcurriera el año; pero Faustina había regresado, y ella sentía el peso de aquel secreto en su conciencia. Pero no importaba: tenía que cumplir su palabra.

Ensimismada en sus pensamientos, había llegado al pie de la colina y empezaba a subir la ladera que conducía a la ciudad de Este cuando en

los viñedos que bordeaban un lado del camino oyó un ruido... de pisadas... y una voz conocida que pronunciaba su nombre.

—¡Virgen Santa! ¡Ippolito! —exclamó—. ¿Es ésta tu promesa?

—Y ¿es éste tu recibimiento? —respondió él en tono de reproche—. ¡Qué cruel eres! Como no soy lo bastante frío para seguir alejado... como este último mes ha durado una intolerable eternidad, te alejas de mí... deseas que me vaya. Son ciertos, entonces, los rumores... ¡amas a otro! ¡Ah! Mi viaje no será en vano... descubriré quién es y me vengaré de tu falsedad.

Angeline le lanzó una mirada de asombro y desaprobación; pero guardó silenció y prosiguió su camino. Tenía miedo de romper su juramento, y que la maldición del cielo cayera sobre su unión. Decidió que nada le induciría a decir otra palabra; si seguía fiel a la promesa, perdonarían a Ippolito por haberla incumplido. Caminó muy deprisa, sintiéndose alegre y desgraciada al mismo tiempo... aunque esto no es exacto... lo que le embargaba era una felicidad sincera, absorbente; pero temía en cierto modo la cólera de su amado, y sobre todo las terribles consecuencias que podría tener la ruptura de su solemne voto. Sus ojos resplandecían de amor y de dicha, pero sus labios parecían sellados; y, resuelta a no decir nada, escondió el rostro bajo su faziola, para que él no pudiera verlo, y continuó andando con la vista clavada en el suelo. Loco de ira, vertiendo torrentes de reproches, Ippolito se mantuvo a su lado, ora reprochándole su infidelidad, ora jurando venganza, o describiendo y elogiando su propia constancia y su amor inalterable. Era un tema muy grato, aunque peligroso.

Angeline tuvo la tentación de decirle más de mil veces que sus sentimientos no habían cambiado; pero logró reprimir ese deseo y, cogiendo el rosario en sus manos, empezó a rezar. Se acercaban a la ciudad y, consciente de que no podría persuadirla, Ippolito decidió finalmente alejarse de ella, afirmando que descubriría a su rival, y se vengaría por su crueldad e indiferencia. Angeline entró en el convento, corrió a su celda y, poniéndose de rodillas, pidió a Dios que perdonara a su amado por romper la promesa; luego, radiante de felicidad por la prueba que él le había dado de su constancia, y recordando lo poco que faltaba para que su dicha fuera perfecta, apoyó la cabeza en sus brazos y se sumió en una especie de ensueño celestial. Había librado una amarga lucha resistiéndose a las súplicas del joven, pero sus dudas se habían disipado: él le había sido fiel y, en la fecha acordada, vendría a buscarla; y ella, que durante aquel largo año le había amado con ferviente, aunque

callada, devoción, ¡se vería recompensada! Se sentía segura... agradecida al cielo... feliz. ¡Pobre Angeline!

Al día siguiente, Faustina fue al convento: las monjas se apiñaron a su alrededor. «Quanto é bellina», exclamó una. «E tanta carina!», dijo otra. «S'é fatta la sposina?»... ¿Está ya prometida en matrimonio?, preguntó una tercera. Faustina respondía con sonrisas y caricias, bromas inocentes y risas. Las monjas la idolatraban; y Angeline estaba a su lado, admirando a su encantadora amiga y disfrutando de los elogios que le prodigaban. Finalmente, Faustina tuvo que partir; y Angeline, tal como habían previsto, consiguió permiso para acompañarla.

—Puedes ir a la villa con Faustina, pero no quedarte allí a pasar la noche —señaló la priora, pues iba en contra de las reglas del convento.

Faustina suplicó, protestó y consiguió, mediante halagos, que dejara regresar a su amiga al día siguiente. Entonces iniciaron el regreso juntas, acompañadas de una vieja criada, una especie de señora de compañía. Mientras andaban, un caballero las adelantó a caballo.

—¡Qué guapo es! —exclamó Faustina—. ¿Quién será?

Angeline se puso roja como la grana, pues se dio cuenta de que era Ippolito. Él pasó a gran velocidad, y no tardaron en perderlo de vista. Estaban subiendo la ladera, y ya casi divisaban la villa, cuando les alarmó oír toda clase de gritos, berridos y bramidos, como si unas bestias salvajes o unos locos, o todos a la vez, hubieran escapado de sus guaridas y manicomios. Faustina palideció; y pronto su amiga estuvo tan asustada como ella, pues vio un búfalo, escapado de su yugo, que se lanzaba colina abajo, llenando el aire de rugidos, perseguido por un grupo de contadini chillando y dando alaridos... y enfilaba directamente hacia las dos amigas. La anciana acompañanta exclamó: «O, Gesu Maria!» y se tiró al suelo. Faustina lanzó un grito desgarrador y cogió a Angeline por la cintura; ésta se puso delante de su aterrorizada amiga, dispuesta a afrontar ella todo el peligro para salvarla... y el animal se acercaba. En ese momento, el caballero bajó galopando la ladera, adelantó al búfalo y dándose media vuelta, se enfrentó al animal salvaje con valentía. Con un bramido feroz, la bestia se desvió bruscamente a un lado y cogió un sendero que salía a la izquierda; pero el caballo, despavorido, se encabritó, arrojó el jinete al suelo y huyó a galope tendido colina abajo. El caballero quedó tendido en el suelo, completamente inmóvil.

Le llegó entonces el turno de gritar a Angeline; y ella y Faustina corrieron angustiadas hacia su salvador. Mientras esta última le daba aire con el enorme abanico verde que llevan las damas italianas para

protegerse del sol, Angeline se apresuró a ir a buscar agua. A los pocos minutos, el color volvió a las mejillas del joven, que abrió los ojos; y entonces vio a la hermosa Faustina e intentó levantarse. Angeline apareció en ese instante y, ofreciéndole agua en una calabaza, la acercó a sus labios. Él apretó su mano, y ella la retiró. Fue entonces cuando la anciana Caterina, extrañada de aquel silencio, empezó a mirar a su alrededor y, al ver que sólo estaban las dos jóvenes inclinadas sobre un hombre en el suelo, se levantó y fue a reunirse con ellas.

—¡Se está usted muriendo! —exclamó Faustina—. Me ha salvado la vida y se ha matado por ello.

Ippolito trató de sonreír.

—No, no me estoy muriendo —dijo—, pero estoy herido.

—¿Dónde? ¿Cómo? —gritó Angeline—. Mi querida Faustina, enviemos a buscar un carruaje y llevémoslo a la villa.

—¡Oh, sí! —repuso Faustina—. Vamos, Caterina, corre… cuéntale a papá lo ocurrido… que un joven caballero se ha matado por salvarme la vida.

—No me he matado —le interrumpió Ippolito—; sólo me he roto el brazo y, tal vez, la pierna.

Angeline adquirió una palidez cadavérica y se dejó caer al suelo.

—Pero morirá antes de que consigamos ayuda —afirmó entonces Faustina—; esa estúpida Caterina es más lenta que una tortuga.

—Iré yo a la villa —exclamó Angeline—, Caterina se quedará contigo y con Ip… Buon Dio! ¿Qué estoy diciendo?

Se alejó presurosa y dejó a Faustina abanicando a su amado, que volvió a sentirse muy débil. En seguida se dio la alarma en la villa, el señor Conde envió a buscar un médico y ordenó que sacaran un colchón, entre cuatro hombres, para ir en ayuda de Ippolito. Angeline se quedó en la casa; por fin pudo abandonarse a sus sentimientos y llorar amargamente, abrumada por el miedo y el dolor.

—¿Oh, por qué rompería su promesa para ser castigado? ¡Ojalá pudiera yo expiar su culpa! —se lamentó.

No tardó, sin embargo, en recobrar el ánimo; y, cuando entraron con Ippolito, le había preparado la cama y había cogido las vendas que había creído necesarias. Pronto llegó el médico; y vio que el brazo izquierdo estaba claramente roto, pero que la pierna no había sufrido más que una contusión. Entonces redujo la fractura, sangró al paciente y, dándole una pócima para serenarlo, ordenó que estuviera tranquilo. Angeline pasó toda la noche a su lado, pero Ippolito durmió profundamente y no se dio

cuenta de su presencia. Jamás lo había amado tanto. Comprendió que su desgracia, sin duda fortuita, hacía honor al cariño que sentía por ella, y contempló su hermoso rostro, apaciblemente dormido.

«¡Que el cielo guarde al amante más leal que jamás haya bendecido las promesas de una joven», pensó.

A la mañana siguiente, Ippolito se despertó sin fiebre y muy animado. La herida de la pierna apenas le dolía, y quería levantarse; recibió la visita del médico, quien le rogó que guardara cama un día o dos para evitar una infección, y le aseguró que se curaría antes si obedecía sus órdenes sin reservas. Angeline pasó el día en la villa, pero no volvió a verlo. Faustina no dejó de hablar de su valentía, heroísmo y simpatía. Ella era la heroína de la historia. El caballero había arriesgado su vida por ella; era ella a quien había salvado. Angeline sonrió un poco ante su egotismo y pensó que se sentiría humillada si le contaba la verdad; así que guardó silencio. Por la noche, se vio obligada a regresar al convento; ¿entraría a despedirse de Ippolito? ¿Era correcto? ¿No significaba romper su promesa? Y, sin embargo, ¿cómo resistirse a hacerlo? Así, pues, entró en la habitación y se acercó sigilosamente a él; Ippolito oyó sus pasos, levantó ilusionado la mirada y sus ojos reflejaron cierta decepción.

—¡Adiós, Ippolito! —dijo Angeline—. He de volver al convento. Si empeoras, ¡Dios nos libre!, vendré a cuidarte y atenderte, y moriré contigo; si te restableces, como parece ser la voluntad divina, antes de un mes te daré las gracias como mereces. ¡Adiós, querido Ippolito!

—¡Adiós, querida Angeline! Cuanto piensas es bueno y justo, y tu conciencia lo aprueba: no temas por mí. Siento mi cuerpo lleno de salud y de vigor, y, puesto que tú y tu dulce amiga están a salvo, ¡benditas sean las incomodidades y los dolores que sufro! ¡Adiós! Pero espera, Angeline, tan sólo unas palabras… mi padre, según he oído, se llevó a Camilla de vuelta a Bolonia el año pasado… ¿ustedes se escriben, tal vez?

—Te equivocas, Ippolito; de acuerdo con los deseos del Marqués, no hemos intercambiado ninguna carta.

—Has obedecido tanto en la amistad como en el amor… ¡qué bondadosa eres! Pero yo también quiero que me hagas una promesa… ¿la cumplirás con la misma firmeza que la de mi padre?

—Si no va en contra de nuestro voto…

—¡De nuestro voto!. ¡Pareces una novicia! ¿Acaso nuestros votos tienen tanto valor? No, no va en contra de nuestro voto; sólo te pido que

no escribas a Camilla o a mi padre, ni dejes que este accidente llegue a sus oídos. Les inquietaría inútilmente… ¿me lo prometes?

—Te prometo que no les enviaré ninguna carta sin tu permiso.

—Y yo confío en que serás fiel a tu palabra, de igual modo que lo has sido a tu promesa. Adiós, Angeline. ¡Cómo! ¿Te vas sin un beso?

La joven se apresuró a salir del cuarto para no ceder a la tentación; pues acceder a aquella demanda habría sido un quebrantamiento mucho mayor de su promesa que cualquiera de los ya perpetrados.

Regresó a Este, preocupada y, sin embargo, alegre; convencida de la lealtad de su amado y rezando fervorosamente para que no tardara en recuperarse. Durante varios días acudió regularmente a Villa Moncenigo para preguntar por su salud, y se enteró de que el joven mejoraba poco a poco; finalmente, le comunicaron que Ippolito tenía permiso para abandonar su habitación. Faustina le dio la noticia, con los ojos brillantes de alegría. Hablaba sin cesar de su caballero, así le llamaba, y de la gratitud y admiración que sentía por él. Lo había visitado a diario acompañada de su padre, y siempre tenía alguna nueva historia que contar sobre su ingenio, elegancia y amables cumplidos. Ahora que él podía reunirse con ellos en la sala, se sentía doblemente feliz. Después de recibir esa información, Angeline renunció a sus visitas diarias, ya que corría el peligro de encontrarse con su amado. Enviaba todos los días a alguien y tenía noticias de su restablecimiento; y todos los días recibía un mensaje de su amiga, invitándola a Villa Moncenigo. Pero ella se mantuvo firme: sentía que obraba bien. Y, aunque temía que él estuviera enfadado, sabía que trascurridos quince días —lo que quedaba del mes— podría expresarle sus verdaderos sentimientos; y, como él la amaba, la perdonaría en seguida. No llevaba ningún peso en el corazón, nada que no fuera gratitud y alegría.

Todos los días, Faustina le suplicaba que fuera y, aunque sus ruegos se volvieron cada vez más apremiantes, Angeline siguió dándole excusas. Una mañana su joven amiga entró atropelladamente en su celda para llenarla de reproches y mostrarle su extrañeza por su ausencia. Angeline se vio obligada a prometer que la visitaría; y entonces se interesó por el caballero, a fin de descubrir cuál era la mejor hora para evitar su encuentro. Faustina se sonrojó… un adorable rubor se extendió por todo su rostro mientras exclamaba:

—¡Oh, Angeline! ¡Quiero que vengas por él!

Angeline enrojeció a su vez, temiendo que Ippolito hubiera traicionado su secreto, y se apresuró a decir:

—¿Te ha dicho algo?

—Nada —respondió alegremente su amiga—; por eso te necesito. ¡Oh, Angeline! Papá me preguntó ayer si Ippolito me gustaba, y añadió que, si su padre lo aprobaba, no veía ninguna razón por la que no pudiéramos casarnos. Tampoco yo… pero ¿me querrá él? Oh, si no me ama, no dejaré que se hable del asunto, ni que pregunten a su padre… ¡no me casaría con él por nada del mundo!

Y los ojos de la delicada joven se llenaron de lágrimas, y se arrojó a los brazos de Angeline.

«Pobre Faustina —pensó su amiga—, ¿seré yo la causante de su sufrimiento?»

Y empezó a acariciarla y a besarla con palabras cariñosas y tranquilizadoras. Faustina prosiguió. Estaba convencida, dijo, de que Ippolito la amaba. Angeline se sobresaltó al oír su nombre así pronunciado por otra mujer; y palideció y se estremeció mientras se esforzaba por no traicionarse a sí misma. El joven no daba demasiadas muestras de amor, pero parecía tan feliz cuando ella entraba, e insistía tanto en que se quedara… y luego sus ojos…

—¿En alguna ocasión te ha dicho algo de mí? —inquirió Angeline.

—No… ¿por qué iba a hacerlo? —replicó Faustina.

—Me salvó la vida —contestó su amiga, ruborizándose.

—¿De veras? ¿Cuándo? ¡Oh, sí, ahora lo recuerdo! Sólo pensaba en mí; pero lo cierto es que tu peligro fue tan grande… no, más grande, pues me protegiste con tu cuerpo. Mi amiga del alma, no soy una desagradecida, aunque Ippolito me vuelva tan olvidadiza…

Todo esto sorprendió, mejor dicho, dejó estupefacta a Angeline. No dudó de la fidelidad de su amado, pero temió por la felicidad de su amiga, y cualquier idea que se le ocurría daba paso a ese sentimiento… Prometió visitar a Faustina aquella misma tarde.

Y ahí está de nuevo, subiendo lentamente la colina, con el corazón encogido a causa de Faustina, confiando en que su amor repentino y no correspondido no comprometa su felicidad futura. Al doblar una curva, cerca de la villa, oyó que la llamaban; y, cuando levantó los ojos, volvió a contemplar, asomado a la balaustrada, el rostro sonriente de su hermosa amiga; e Ippolito estaba junto a ella. El joven se sobresaltó y dio un paso atrás cuando sus miradas se encontraron. Angeline había ido decidida a ponerle en guardia, y estaba ideando el mejor modo de explicarle las cosas sin comprometer a su amiga. Fue una labor inútil; cuando entró en el salón, Ippolito se había marchado, y no volvió a aparecer.

«No querrá romper su promesa», pensó Angeline.

Pero se quedó terriblemente angustiada por su amiga, y muy confusa. Faustina sólo podía hablar de su caballero. Angeline estaba llena de remordimientos, y no sabía qué hacer. ¿Debía revelar la situación a su amiga? Quizá fuera lo mejor, y, sin embargo, le parecía muy difícil; además, a veces tenía casi la sospecha de que Ippolito la había traicionado. El pensamiento venía acompañado de un dolor punzante que luego desaparecía, hasta que creyó enloquecer, y fue incapaz de dominar su voz. Regresó al convento más inquieta y acongojada que nunca.

Visitó la villa en dos ocasiones, e Ippolito volvió a eludirla; y el relato de Faustina sobre el modo en que él la trataba se tornó más inexplicable. Una y otra vez, el miedo de haberlo perdido la atormentó; y de nuevo se tranquilizó a sí misma pensando que su alejamiento y su silencio eran debidos al juramento, y que su misterioso comportamiento con Faustina sólo existía en la imaginación de la joven. No dejaba de dar vueltas al modo en que debía comportarse, mientras el apetito y el sueño la abandonaban; finalmente, cayó demasiado enferma para ir a la villa y, durante dos días, se vio obligada a guardar cama.

En aquellas horas febriles, sin fuerzas para moverse, y desconsolada por la suerte de Faustina, tomó la decisión de escribir a Ippolito. Él se negaría a verla, así que no tenía otro modo de comunicarse. Su promesa lo prohibía, pero la habían roto ya de tantas maneras... Además, no lo hacía por ella, sino por su querida amiga. Pero, ¿qué pasaría si su carta llegaba a manos extrañas? ¿Y si Ippolito pensaba abandonarla por Faustina? Entonces el secreto quedaría enterrado para siempre en su corazón. Por ese motivo, resolvió escribir su misiva sin que nada la traicionara ante una tercera persona. No fue una tarea fácil, pero finalmente la llevó a cabo.

El señor caballero sabría disculparla, confiaba. Ella era... siempre había sido como una madre para la señorita Faustina... la amaba más que a su vida. El señor caballero estaba actuando, quizá, de un modo irreflexivo. ¿Comprendía sus palabras? Y, aunque no tuviese ninguna intención, la gente haría conjeturas. Todo cuanto le pedía era permiso para escribir a su padre, a fin de que aquella situación de incertidumbre y misterio terminara lo antes posible.

Angeline rompió diez notas... y, aunque no estaba satisfecha con esta última, la cerró; y luego se arrastró fuera de la cama para enviarla inmediatamente por correo.

Aquel acto de valentía tranquilizó su ánimo, y fue muy beneficioso para su salud. Al día siguiente se sentía tan bien que decidió ir a la villa para descubrir el efecto que había producido su carta. Con el corazón palpitante, subió la ladera y, al doblar la curva de siempre, levantó la mirada. No había ninguna Faustina en la balaustrada. Y no era de extrañar, pues nadie la esperaba; sin embargo, sin saber por qué, se sintió muy desgraciada y los ojos se le llenaron de lágrimas.

«Si pudiera ver a Ippolito un momento... y él me diera la más pequeña explicación, ¡todo se arreglaría!», caviló.

Con esos pensamientos llegó a la villa y entró en el salón. Oyó unos pasos rápidos, como si alguien huyera de ella. Faustina estaba sentada delante de una mesa leyendo una carta... sus mejillas rojas como la grana, su pecho palpitando de agitación. El sombrero y la capa de Ippolito se hallaban a su lado, e indicaban que acababa de abandonar precipitadamente la estancia. La joven se volvió... divisó a Angeline... sus ojos despidieron fuego... y arrojó la misiva que estaba leyendo a los pies de su amiga; Angeline comprendió que era la suya.

—¡Cógela! —dijo Faustina—. Te pertenece. Por qué motivo la has escrito... y qué significa... es algo que no preguntaré. Ha sido algo despreciable por tu parte, además de inútil, te lo aseguro... No soy alguien que entregue su corazón antes de que se lo pidan, ni que pueda ser rechazada cuando mi padre me ofrece en matrimonio. Coge tu carta, Angeline. ¡Oh! ¡Yo nunca creí que te comportarías así conmigo!

Angeline seguía allí como si la escuchara, pero no oía una sola palabra; completamente inmóvil... las manos enlazadas con fuerza, los ojos anegados en lágrimas y fijos en su carta.

—Te digo que la cojas —exclamó Faustina con impaciencia, dando una patada en el suelo con su pequeño pie—; ha llegado demasiado tarde, fueran cuales fueran tus intenciones. Ippolito ha escrito a su padre pidiéndole su consentimiento para nuestra boda; mi padre también lo ha hecho.

Angeline se estremeció y miró con ojos desorbitados a su amiga.

—¡Es cierto! ¿Acaso lo dudas? ¿Quieres que llame a Ippolito para que confirme mis palabras?

Faustina se dirigió a ella exultante. Angeline, muda de espanto, se apresuró a coger la carta; y abandonó la sala... y la casa; bajó la colina y regresó al convento. Con el corazón al rojo vivo, sintió su cuerpo poseído por un espíritu que no era el suyo: no lloraba, pero sus ojos parecían a punto de salirse de las órbitas... y sus miembros se contraían

espasmódicamente. Corrió a su celda, se arrojó al suelo, y entonces pudo estallar en llanto; después de derramar torrentes de lágrimas, consiguió rezar, y más tarde… cuando recordó que su sueño de felicidad había terminado para siempre, deseó la muerte.

A la mañana siguiente, abrió los ojos de mala gana y se levantó. Era de día; y todos debían levantarse y seguir adelante, y ella entre los demás, aunque el sol ya no brillase como antes y el dolor convirtiera su vida en un tormento. No pudo evitar sobresaltarse cuando, poco después, le informaron que un caballero deseaba verla. Buscó refugio en un rincón, y rehusó bajar al locutorio. La portera regresó un cuarto de hora más tarde. El joven se había marchado, pero le había escrito una nota; y le entregó la misiva. Estaba sobre la mesa, delante de Angeline… pero le traía sin cuidado abrirla… todo había terminado, y no necesitaba aquella confirmación.

Finalmente, muy despacio, y no sin esfuerzo, rompió el sello. Estaba fechada el día en que expiraba el año. Las lágrimas asomaron a sus ojos, y entonces nació en su corazón la cruel esperanza de que todo fuera un sueño, y de que ahora que la Prueba de Amor llegaba a su fin, él la reclamara como suya. Empujada por esta incierta suposición, se enjugó las lágrimas y leyó las siguientes palabras:

He venido a excusarme por mi bajeza. Rehúsas verme y yo te escribo; pues, aunque siempre seré un hombre despreciable para ti, no pareceré peor de lo que soy. Recibí tu carta en presencia de Faustina y ella reconoció tu letra. Conoces bien su obstinación, su impetuosidad; no pude impedir que me la arrebatara. No añadiré nada más. Debes de odiarme; y, sin embargo, tendrías que compadecerme, pues soy muy desdichado. Mi honor está ahora comprometido; todo terminó antes de que yo empezara a ser consciente del peligro… pero ya no se puede hacer nada. No encontraré la paz hasta que me perdones, y, sin embargo, merezco tu maldición. Faustina no sabe nada de nuestro secreto. Adiós.

El papel cayó de las manos de Angeline.

Sería inútil describir los diversos sufrimientos que soportó la infortunada joven. Su piedad, resignación y carácter noble y generoso acudieron en su ayuda, y le sirvieron de apoyo cuando sentía que sin ellos podía morir. Faustina le escribió para decirle que le hubiera gustado verla, pero que Ippolito era reacio a la idea. Habían recibido la respuesta del marqués de la Toretta, un feliz consentimiento; pero el anciano se hallaba enfermo y todos se marchaban a Bolonia. A la vuelta, hablarían.

Su partida ofreció cierto consuelo a la desdichada joven.

Y no tardó en prodigárselo también una carta del padre de Ippolito, llena de alabanzas de su conducta. Su hijo se lo había confesado todo, escribía; ella era un ángel… el cielo la premiaría, pero su recompensa sería aun mayor si se dignaba perdonar a su infiel enamorado. Responder a esa misiva alivió el dolor de la joven, que desahogó su pena y los pensamientos que la atormentaban escribiéndola. Perdonó de buen grado a Ippolito, y rezó para que él y su adorable esposa gozaran de todas las bendiciones.

Ippolito y Faustina contrajeron matrimonio y pasaron dos o tres años en París y en el sur de Italia. Ella fue inmensamente feliz al principio; pero pronto el mundo cruel y el carácter ligero e inconstante de su marido infligieron mil heridas en su joven corazón. Echaba de menos la amistad y la comprensión de Angeline; apoyar la cabeza en su pecho y ser consolada por ella. Propuso una visita a Venecia, Ippolito accedió y, de camino, pasaron por Este.

Angeline había tomado el hábito en el convento de Santa Anna. Se sintió muy complacida, por no decir feliz, de su visita; escuchó con gran sorpresa las penas de Faustina, y se esforzó por consolarla. También vio a Ippolito con enorme serenidad, pues sus sentimientos habían cambiado; no era el ser que ella había amado, y comprendió que, de haberse casado con él, con su profunda sensibilidad y sus elevadas ideas sobre el honor, se habría sentido incluso más decepcionada que Faustina.

La pareja llevó la vida que suelen llevar los matrimonios italianos. Él era amante de las diversiones, inconstante, despreocupado; ella se consolaba con un cavaliere servente. Angeline, consagrada a Dios, se asombraba de todo aquello; y de que alguien pudiera cambiar, con tanta ligereza sus afectos, para ella tan sagrados e inmutables.

ELEONORA por *EDGAR ALLAN POE*

Vengo de una raza que se caracteriza por el vigor de la fantasía y el ardor de la pasión. Los hombres me han llamado loco; pero aún no se ha resuelto la cuestión de si la locura es o no la inteligencia más elevada, si mucho de lo que es glorioso, si todo lo que es profundo, no surge de la enfermedad del pensamiento, de los estados de ánimo exaltados a expensas del intelecto general. Los que sueñan de día conocen muchas cosas que se les escapan a los que solo sueñan de noche. En sus visiones grises obtienen vislumbres de la eternidad y se estremecen, al despertar, al descubrir que han estado al borde del gran secreto.

En fragmentos, aprenden algo de la sabiduría que es del bien, y más del mero conocimiento que es del mal. Penetran, aunque sin timón ni compasión, en el vasto océano de la «luz inefable»; y, de nuevo, como las aventuras del geógrafo nubio, agressi sunt mare tenebrarum, quid in eo esset exploraturi.

Diremos, pues, que estoy loco. Concedo, al menos, que hay dos condiciones distintas de mi existencia mental: la condición de una razón lúcida, no discutible y perteneciente al recuerdo de los acontecimientos que forman la primera época de mi vida; y una condición de sombra y duda, perteneciente al presente y al recuerdo de lo que constituye la segunda gran época de mi ser. Por lo tanto, creed lo que voy a contar de la primera época; y a lo que pueda relatar de la última, dadle solo el crédito que os parezca debido; o dudad del todo; o, si no podéis dudar, jugad a su enigma el Edipo.

Aquella a la que amé en mi juventud, y de la que ahora escribo con calma y claridad estos recuerdos, era la única hija de la única hermana de mi madre, fallecida hace tiempo. Eleonora era el nombre de mi prima. Siempre habíamos vivido juntos, bajo un sol tropical, en el Valle de la Hierba Multicolor. Jamás un paso sin guía llegó a ese valle, pues se encontraba muy lejos, entre una cadena de colinas gigantescas que se cernían a su alrededor, impidiendo que la luz del sol llegara a sus más dulces recovecos. No había camino alguno en sus alrededores, y para llegar a nuestro feliz hogar había que apartar con fuerza el follaje de muchos miles de árboles del bosque y aplastar hasta la muerte las glorias de muchos millones de fragantes flores.

Así fue que vivimos solos, sin conocer nada del mundo fuera del valle: yo, mi prima y su madre.

De las oscuras regiones más allá de las montañas, en el extremo superior de nuestros dominios, surgía un río estrecho y profundo, más brillante que todo, excepto los ojos de Eleonora; y, serpenteando sigilosamente en cursos laberínticos, se alejaba, al final, a través de un sombrío desfiladero, entre colinas aún más oscuras que aquellas de las que había salido. Lo llamamos el «Río del Silencio», porque parecía haber una influencia silenciosa en su flujo. De su lecho no surgía ningún murmullo, y se movía tan suavemente que los guijarros nacarados, que nos gustaba contemplar muy abajo en su seno, no se agitaban en absoluto, sino que permanecían inmóviles, cada uno en su antigua posición, brillando gloriosamente para siempre.

El margen del río y de los numerosos y deslumbrantes riachuelos que se deslizaban por caminos tortuosos hacia su cauce, así como los espacios que se extendían desde los márgenes hasta las profundidades de los arroyos, hasta llegar al lecho de guijarros del fondo, estos lugares, no menos que toda la superficie del valle, desde el río hasta las montañas que lo rodeaban, estaban alfombrados por una suave hierba verde, espesa, corta, perfectamente uniforme y perfumada de vainilla, pero tan salpicada de ranúnculos amarillos, margaritas blancas, violetas púrpuras y asfódelos de color rojo rubí, que su gran belleza hablaba a nuestros corazones en voz alta del amor y la gloria de Dios.

Y aquí y allá, en las arboledas que rodeaban esta hierba, como si se tratara de un desierto de ensueño, brotaban árboles fantásticos, cuyos altos y delgados tallos no se mantenían erguidos, sino que se inclinaban graciosamente hacia la luz que se asomaba al mediodía en el centro del valle. Su corteza estaba moteada con el vívido esplendor alternativo del ébano y la plata, y era más suave que todo, excepto las mejillas de Eleonora; de modo que, si no fuera por el verde brillante de las enormes hojas que se extendían desde sus cimas en largas y temblorosas líneas, jugueteando con los céfiros, uno podría haber imaginado que eran gigantescas serpientes de Siria que rendían homenaje a su Soberano el Sol.

De la mano por este valle, durante quince años, deambulé con Eleonora antes de que el amor entrara en nuestros corazones. Fue una tarde, al final del tercer lustro de su vida y del cuarto de la mía, cuando nos sentamos, abrazados, bajo los árboles con forma de serpiente, y miramos dentro de las aguas del Río del Silencio nuestras imágenes. No

dijimos nada durante el resto de aquel dulce día; e incluso al día siguiente nuestras palabras fueron trémulas y escasas. Habíamos sacado al dios Eros de aquella corriente, y ahora sentíamos que había encendido en nosotros las almas ardientes de nuestros antepasados. Las pasiones que durante siglos habían distinguido a nuestra raza vinieron acompañadas de las fantasías por las que también se habían destacado, y juntas respiraron una delirante felicidad sobre el Valle de la Hierba Multicolor.

Un cambio cayó sobre todas las cosas. Extrañas y brillantes flores, en forma de estrella, brotaron en los árboles donde antes no se conocían flores. Las tonalidades de la alfombra verde se hicieron más profundas; y cuando, una a una, las margaritas blancas desaparecieron, surgieron en su lugar, de diez en diez, asfódelos de color rojo rubí. Y la vida surgió en nuestros caminos, pues el alto flamenco, hasta entonces inédito, con todos los alegres pájaros resplandecientes, hizo alarde de su plumaje escarlata ante nosotros.

Los peces dorados y plateados rondaban el río, de cuyo seno salía, poco a poco, un murmullo que se hinchaba, al final, en una melodía arrulladora más divina que la del arpa de Eolo, más dulce que todas, salvo la voz de Eleonora. Y ahora, también, una voluminosa nube, que habíamos observado durante mucho tiempo en las regiones de Hesper, salió flotando desde allí, toda magnífica en carmesí y oro, y, asentándose en paz sobre nosotros, se hundió, día a día, más y más bajo, hasta que sus bordes se posaron sobre las cimas de las montañas, convirtiendo toda su oscuridad en magnificencia, y encerrándonos, como si fuera para siempre, dentro de una mágica casa—prisión de grandeza y de gloria.

La belleza de Eleonora era la de los Serafines; pero era una doncella ingenua e inocente como la breve vida que había llevado entre las flores. Ningún engaño disimulaba el fervor del amor que animaba su corazón, y examinó conmigo sus más recónditos rincones mientras caminábamos juntos por el Valle de la Hierba Multicolor, y hablábamos de los poderosos cambios que habían tenido lugar últimamente en él.

Al final, habiendo hablado un día, entre lágrimas, del último y triste cambio que debía sobrevenir a la Humanidad, desde entonces solo se detuvo en este doloroso tema, entretejiéndolo en toda nuestra conversación, como en las canciones del bardo de Schiraz se encuentran las mismas imágenes, una y otra vez, en cada impresionante variación de la frase.

Ella había visto que el dedo de la muerte estaba sobre su pecho, que, como el efímero, había sido perfeccionada en su belleza solo para morir;

pero los terrores de la tumba, para ella, radicaban únicamente en una consideración que me reveló una tarde en el crepúsculo, a orillas del Río del Silencio. Le dolía pensar que, habiéndola sepultado en el Valle de la Hierba Multicolor, yo abandonaría para siempre sus felices recovecos, transfiriendo el amor que ahora era tan apasionadamente suyo a alguna doncella del mundo exterior y cotidiano.

Y, en ese momento, me arrojé a los pies de Eleonora y ofrecí un voto, a ella y al Cielo, de que nunca me comprometería en matrimonio con ninguna hija de la Tierra, de que no sería de ninguna manera recreativo con su querida memoria o con el recuerdo del devoto afecto con el que me había bendecido. Y llamé al Poderoso Gobernante del Universo para que fuera testigo de la piadosa solemnidad de mi voto. Y la maldición que invocaba de Él y de ella, santa en el Elíseo, en caso de que me mostrara traidor a esa promesa, implicaba una pena cuyo horror excesivo no me permitirá dejar constancia de ella aquí.

Los ojos brillantes de Eleonora se iluminaron al oír mis palabras; y suspiró como si le hubieran quitado una carga mortal del pecho; y tembló y lloró muy amargamente, pero aceptó el voto (pues, ¿qué era sino una niña?) y le facilitó el lecho de su muerte. Y me dijo, no muchos días después, muriendo tranquilamente, que, por lo que yo había hecho para el consuelo de su espíritu, velaría por mí en ese espíritu cuando partiera y, si así le fuera permitido, volvería a mí visiblemente en las vigilias de la noche; pero, si esto estuviera más allá del poder de las almas en el Paraíso, que al menos me diera frecuentes indicaciones de su presencia, suspirando sobre mí en los vientos de la tarde o llenando el aire que yo respiraba con el perfume de los incensarios de los ángeles. Y, con estas palabras en sus labios, entregó su inocente vida, poniendo fin a la primera época de la mía.

Hasta aquí he dicho fielmente. Pero al pasar la barrera en el camino del Tiempo, formada por la muerte de mi amada, y proseguir con la segunda era de mi existencia, siento que una sombra se cierne sobre mi cerebro, y desconfío de la perfecta cordura del registro. Pero sigamos.

Los años se arrastraron pesadamente, y yo seguía habitando en el Valle de la Hierba Multicolor; pero un segundo cambio había llegado a todas las cosas. Las flores en forma de estrella se encogieron en los tallos de los árboles y ya no aparecieron. Los tintes de la alfombra verde se desvanecieron; y, uno a uno, los asfódelos de color rojo rubí se marchitaron; y surgieron, en lugar de ellos, diez por diez, violetas

oscuras, parecidas a los ojos, que se retorcían inquietamente y estaban siempre cargadas de rocío.

Y la vida se alejó de nuestros caminos; pues el alto flamenco ya no ostentaba su plumaje escarlata ante nosotros, sino que volaba tristemente desde el valle hacia las colinas, con todas las alegres y brillantes aves que habían llegado en su compañía. Y los peces dorados y plateados bajaron nadando por el desfiladero en el extremo inferior de nuestros dominios y no volvieron a engalanar el dulce río. Y la melodía arrulladora, que había sido más suave que el arpa de Eolo y más divina que todas las demás, excepto la voz de Eleonora, se fue apagando poco a poco, en murmullos cada vez más bajos, hasta que la corriente volvió, finalmente, a la solemnidad de su silencio original. Y entonces, por último, la voluminosa nube se levantó y, abandonando las cimas de las montañas a la oscuridad de antaño, volvió a caer en las regiones de Hesper, y se llevó todas sus múltiples glorias doradas y magníficas del Valle de la Hierba Multicolor.

Sin embargo, las promesas de Eleonora no fueron olvidadas, pues oí los sonidos del balanceo de los incensarios de los ángeles; y corrientes de un perfume sagrado flotaban siempre por el valle; y en las horas de soledad, cuando mi corazón latía con fuerza, los vientos que bañaban mi frente venían hacia mí cargados de suaves suspiros; y murmullos indistintos llenaban a menudo el aire nocturno; y una vez —¡oh, pero solo una vez!— me despertó de un sueño, como el de la muerte, la presión de unos labios espirituales sobre los míos.

Pero el vacío de mi corazón se negaba a ser llenado incluso así. Añoraba el amor que antes lo había colmado. Al final, el valle me dolió por sus recuerdos de Eleonora, y lo dejé para siempre por las vanidades y los turbulentos triunfos del mundo.

Me encontré en una ciudad extraña, donde todo podría haber servido para borrar del recuerdo los dulces sueños que había tenido durante tanto tiempo en el Valle de la Hierba Multicolor. Las pompas y los desfiles de una corte majestuosa, y el loco estruendo de las armas, y la radiante belleza de la mujer, desconcertaban y embriagaban mi cerebro. Pero aún mi alma se había mostrado fiel a sus votos, y los indicios de la presencia de Eleonora seguían dándose en las horas silenciosas de la noche.

De repente, estas manifestaciones cesaron; y el mundo se oscureció ante mis ojos; y me quedé atónito ante los ardientes pensamientos que me poseían, ante las terribles tentaciones que me acosaban; porque había llegado, de alguna tierra lejana, lejana y desconocida, a la alegre corte

del rey al que servía, una doncella a cuya belleza todo mi recreativo corazón se rindió de inmediato, ante cuyo escabel me postré sin luchar, en la más ardiente, en la más abyecta adoración de amor. ¿Qué era, en efecto, mi pasión por la joven del valle en comparación con el fervor, el delirio y el éxtasis de adoración con que derramé toda mi alma en lágrimas a los pies de la etérea Ermengarda?

Me casé, y no temí la maldición que había invocado, y su amargura no se cebó en mí. Y una vez, pero solo una vez más, en el silencio de la noche, llegaron a través de mi celosía los suaves suspiros que me habían abandonado; y se modelaron en una voz familiar y dulce, diciendo:

—Duerme en paz, pues el Espíritu del Amor reina y gobierna y, al tomar para tu apasionado corazón a la que es Ermengarda, quedas absuelto, por razones que te serán dadas a conocer en el Cielo, de tus votos a Eleonora.

EL REGALO DE LOS REYES MAGOS *por O. HENRY*

Un dólar y ochenta y siete centavos. Eso era todo. Y sesenta centavos estaban en peniques. Centavos ahorrados de uno en uno y de dos en dos a base de avasallar al tendero y al verdulero y al carnicero hasta que las mejillas ardían por la silenciosa imputación de parsimonia que implicaba ese trato tan cercano. Della lo contó tres veces. Un dólar y ochenta y siete centavos. Y al día siguiente sería Navidad.

Estaba claro que no había nada que hacer más que dejarse caer en el pequeño y destartalado sofá y aullar. Así que Della lo hizo. Lo que instiga la reflexión moral de que la vida se compone de sollozos, mocos y sonrisas, con predominio de los mocos.

Mientras la dueña del hogar va pasando de la primera planta a la segunda, echa un vistazo a la casa. Un piso amueblado a 8 dólares por semana. No mendigaba exactamente la descripción, pero ciertamente tenía esa palabra al acecho de la brigada de mendicidad.

En el vestíbulo de abajo había un buzón en el que no entraba ninguna carta, y un botón eléctrico del que ningún dedo mortal podía sacar un anillo. También había una tarjeta con el nombre de "Mr.

James Dillingham Young".

El "Dillingham" había sido arrojado a la brisa durante un período anterior de prosperidad, cuando su poseedor cobraba 3o dólares por semana. Ahora, cuando los ingresos se redujeron a o dólares, las letras de "Dillingham" parecían borrosas, como si estuvieran pensando seriamente en contraerse a una modesta y discreta D. Pero cada vez que el Sr. James Dillingham Young volvía a casa y llegaba a su piso de arriba era llamado "Jim" y le abrazaba mucho la Sra. James Dillingham Young, ya presentada a ustedes como Della. Lo cual está muy bien.

Della terminó su llanto y atendió sus mejillas con el trapo de polvo.

Ella estaba de pie al lado de la ventana y miraba apagadamente a un gato gris que caminaba una cerca gris en un patio trasero gris. Mañana sería el día de Navidad, y ella tenía solamente $1.8y con los cuales comprar a Jim un regalo. Había estado ahorrando cada centavo que podía durante meses, con este resultado. Veinte dólares a la semana no dan para mucho. Los gastos habían sido mayores de lo que había calculado.

Siempre lo son. Sólo 1,8y dólares para comprarle un regalo a Jim. Su Jim. Había pasado muchas horas felices planeando algo bonito para él. Algo fino, raro y de buena calidad, algo que estuviera cerca de merecer el honor de ser propiedad de Jim.

Había un espejo de muelle entre las ventanas de la habitación. Tal vez haya visto un espejo alto de pared en un piso de 8 dólares. Una persona muy delgada y muy ágil puede, observando su reflejo en una rápida secuencia de tiras longitudinales, obtener una concepción bastante exacta de su aspecto. Della, siendo delgada, había dominado el arte.

De repente, se apartó de la ventana y se puso delante del cristal.

Sus ojos brillaban con intensidad, pero su rostro había perdido el color en veinte segundos. Rápidamente, se soltó el pelo y lo dejó caer en toda su longitud.

Había dos posesiones de los James Dillingham Youngs de las que ambos se sentían muy orgullosos. Uno era el reloj de oro de Jim que había sido de su padre y de su abuelo. La otra era el cabello de Della. Si la Reina de Saba hubiera vivido en el piso de enfrente, Della habría dejado colgar su pelo por la ventana algún día para que se secara, sólo para depreciar las joyas y los regalos de Su Majestad. Si el rey Salomón hubiera sido el conserje, con todos sus tesoros amontonados en el sótano, Jim le habría sacado el reloj cada vez que pasaba, sólo para ver cómo se arrancaba la barba de envidia.

Así que ahora el hermoso cabello de Della caía a su alrededor, ondulando y brillando como una cascada de aguas marrones. Le llegaba por debajo de la rodilla y se convertía casi en una prenda para ella. Y luego se lo volvió a recoger nerviosa y rápidamente.

Una vez vaciló durante un minuto y se quedó quieta mientras una o dos lágrimas salpicaban la gastada alfombra roja.

Se puso su vieja chaqueta marrón; se puso su viejo sombrero marrón. Con un remolino de faldas y con el brillo de sus ojos, salió volando por la puerta y bajó las escaleras hasta la calle.

Donde se detuvo, el cartel decía: "Mme. Sofronie. Artículos para el cabello de todo tipo". Un tramo más arriba, Della corrió y se recogió, jadeando. La señora, grande, demasiado blanca, fría, apenas parecía la "Sofronie".

"¿Compraría mi pelo?" preguntó Della.

"Compro el pelo", dijo Madame. "Quítate el sombrero y echemos un vistazo a su aspecto".

La cascada castaña se onduló hacia abajo. "Veinte dólares", dijo Madame, levantando la masa con una mano practicada.

"Dámelos rápido", dijo Della.

Y las dos horas siguientes pasaron con alas rosadas. Olvídese de la metáfora de la prisa. Ella estaba registrando los almacenes para el regalo de Jim.

Finalmente ella lo encontró. Seguramente había sido hecho para Jim y para nadie más. No había otro igual en ninguna de las tiendas, y ella les había dado la vuelta a todas. Era una cadena de platino de diseño sencillo y casto, que proclamaba adecuadamente su valor sólo por la sustancia y no por la ornamentación meretricia, como deberían hacer todas las cosas buenas. Incluso era digna de la Guardia. En cuanto la vio, supo que debía ser de Jim. Era como él.

Tranquilidad y valor: la descripción se aplicaba a ambos. Le pidieron veintiún dólares por él y se apresuró a volver a casa con los ochenta y siete centavos. Con esa cadena en su reloj, Jim podría estar debidamente preocupado por la hora en cualquier compañía. Por muy grande que fuera el reloj, a veces lo miraba a escondidas debido a la vieja correa de cuero que utilizaba en lugar de la cadena.

Cuando Della llegó a casa, su embriaguez dio paso a la prudencia y la razón. Sacó sus rizadores y encendió el gas y se puso a trabajar para reparar los estragos que había hecho la generosidad sumada

al amor. Lo que siempre es una tarea tremenda, queridos amigos, una tarea descomunal.

En cuarenta minutos, su cabeza estaba cubierta de rizos diminutos y apretados que le daban un aspecto maravilloso de

colegial ausente. Miró su reflejo en el espejo de forma prolongada, cuidadosa y crítica.

"Si Jim no me mata", se dijo a sí misma, "antes de echarme un segundo vistazo, dirá que parezco una corista de Coney Island.

Pero qué podría hacer... ¡oh! ¿qué podría hacer con un dólar y ochenta y siete centavos?"

A las siete en punto el café estaba hecho y la sartén estaba en la parte trasera de la estufa caliente y lista para cocinar las chuletas.

Jim nunca llegaba tarde. Della dobló la cadena de la lengüeta en su mano y se sentó en la esquina de la mesa cerca de la puerta por la que él siempre entraba. Entonces ella oyó su paso en la escalera lejos abajo en el primer piso, y ella dio vuelta blanco por apenas un momento. Tenía la costumbre de rezar pequeñas oraciones silenciosas sobre las cosas más

sencillas de la vida cotidiana, y ahora susurró: "Por favor, Dios, haz que piense que todavía soy bonita".

La puerta se abrió y Jim entró y la cerró. Parecía delgado y muy serio. Pobre hombre, sólo tenía veintidós años, ¡y tener que cargar con una familia! Necesitaba un abrigo nuevo y estaba sin guantes.

Jim se detuvo dentro de la puerta, tan inmóvil como un cazador al olor de la codorniz. Sus ojos estaban fijos en Della, y había una expresión en ellos que ella no podía leer, y la aterrorizaba. No era ira, ni sorpresa, ni desaprobación, ni horror, ni ninguno de los sentimientos para los que ella estaba preparada. Simplemente la miraba fijamente con aquella peculiar expresión en el rostro.

Della se levantó de la mesa y fue hacia él.

"Jim, querido", gritó, "no me mires así. Me he cortado el pelo y lo he vendido porque no podía pasar la Navidad sin hacerte un regalo. Volverá a crecer; no te importará, ¿verdad? Tenía que hacerlo. Mi pelo crece muy rápido. Di "¡Feliz Navidad! Jim, y seamos felices. No sabes qué regalo tan bonito y agradable tengo para ti".

"¿Te has cortado el pelo?" preguntó Jim, laboriosamente, como si no hubiera llegado a ese hecho patente aún después del más duro trabajo mental.

"Lo corté y lo vendí," dijo Della. "¿No te gusto igual de bien, de todos modos? Soy yo sin mi pelo, ¿no?"

Jim miró alrededor del cuarto curiosamente.

" ¿Dices que tu pelo se ha ido?" él dijo, con un aire casi de la idiotez.

" No necesitas buscarlo, " dijo Della. "Está vendido, te digo, vendido y desaparecido, también. Es Nochebuena, muchacho. Sé bueno conmigo, ya que fue para ti. Tal vez los cabellos de mi cabeza estuvieran contados", continuó con repentina y seria dulzura, "pero nadie podría contar mi amor por ti. ¿Pongo las chuletas, Jim?"

Fuera de su trance, Jim pareció despertar rápidamente. Abrazó a su Della. Durante diez segundos miramos con discreto escrutinio algún objeto intrascendente en la otra dirección. Ocho dólares a la semana o un millón al año, ¿qué diferencia hay? Un matemático o un genio te darían la respuesta equivocada. Los Reyes Magos trajeron regalos valiosos, pero eso no estaba entre ellos. Esta oscura afirmación se iluminará más adelante.

Jim sacó un paquete del bolsillo de su abrigo y lo arrojó sobre la mesa.

"No te equivoques, Dell", dijo, "sobre mí. No creo que haya nada en la forma de un corte de pelo o un afeitado o un champú que pueda hacer que me guste menos mi chica. Pero si desenvuelves ese paquete puede que veas por qué me has hecho pasar un mal rato al principio".

Dedos blancos y ágiles rasgaron la cuerda y el papel. Y luego un grito extasiado de alegría; y luego, ¡ay! un rápido cambio femenino a lágrimas y lamentos histéricos, que hicieron necesario el empleo inmediato de todos los poderes reconfortantes del señor del apartamento.

Porque allí yacían Las Peinetas: el conjunto de peinetas, de lado y de espalda, que Della había adorado durante mucho tiempo en un escaparate de Broadway. Hermosas peinetas, de puro caparazón de tortuga, con bordes enjoyados: el tono justo para lucir en el hermoso cabello desvanecido. Eran peines caros, lo sabía, y su corazón simplemente los había ansiado y anhelado sin la menor esperanza de poseerlos. Y ahora, eran suyas, pero las trenzas que deberían haber adornado los codiciados adornos habían desaparecido.

Pero ella los abrazó contra su pecho, y al final fue capaz de mirar hacia arriba con ojos tenues y una sonrisa y decir: "¡Mi pelo crece tan rápido, Jim!"

Y entonces Della saltó como una gatita chamuscada y gritó: "¡Oh, oh!".

Jim aún no había visto su hermoso regalo. Ella se lo tendió ansiosamente sobre su palma abierta. El metal precioso y opaco parecía brillar con un reflejo de su espíritu brillante y ardiente.

"¿No es un encanto, Jim? He buscado por toda la ciudad para encontrarlo. Ahora tendrás que mirar la hora cien veces al día.

Dame tu reloj. Quiero ver cómo se ve en él".

En lugar de obedecer, Jim se tumbó en el sofá, se puso las manos bajo la nuca y sonrió.

"Dell", dijo, "guardemos nuestros regalos de Navidad y conservémoslos un tiempo. Son demasiado bonitos para usarlos ahora. Vendí el reloj para conseguir el dinero para comprar tus peines. Y ahora supongamos que te pongas las chuletas".

Los Reyes Magos, como sabes, eran hombres sabios -muy sabios- que llevaron regalos al Niño en el pesebre. Ellos inventaron el arte de hacer regalos en Navidad. Al ser sabios, sus regalos eran sin duda sabios, y posiblemente llevaban el privilegio del intercambio en caso de duplicación.

Y aquí les he relatado, sin esfuerzo, la crónica de dos niños tontos en un piso que sacrificaron muy imprudentemente el uno por el otro los mayores tesoros de su casa. Pero como última palabra para los sabios de estos días, digamos que de todos los que hacen regalos, estos dos fueron los más sabios. De todos los que dan y reciben regalos, ellos son los más sabios. En todas partes son los más sabios. Son los Reyes Magos.

DAISY MILLER *por HENRY JAMES*

I

En el pueblecito de Vevey, en Suiza, hay un hotel particularmente confortable. De hecho, allí abundan los hoteles pues el entretenimiento de los turistas es el negocio del lugar que, como muchos viajeros recordarán, está ubicado al borde de un lago intensamente azul, un lago de obligada visita para todos los turistas. La orilla del lago presenta una ininterrumpida hilera de establecimientos de este tipo y de todas las categorías, desde el «grand hotel», a la última moda, con una fachada de blanco estucado, un centenar de balcones y una docena de banderas ondeando en el tejado, hasta la pequeña y vieja pensión suiza con el nombre inscrito en letras que se pretenden góticas sobre una pared rosada o amarillenta y una desmañada glorieta en un rincón del jardín. Uno de los hoteles de Vevey, sin embargo, es famoso, incluso clásico, distinguiéndose de muchos de sus presuntuosos vecinos por un aire especial, mezcla de lujo y madurez.

En esta región, en el mes de junio, los viajeros americanos son muy numerosos; puede realmente decirse que en esta época Vevey adquiere algunas de las características de un balneario americano. Ciertas imágenes y sonidos evocan una visión, un eco, de Newport y Saratoga. Hay por todas partes un revoloteo de «elegantes» jovencitas, un susurro de volantes de muselina, un traqueteo de música bailable al amanecer, un continuo sonido de voces estridentes. Al recibir todas esas impresiones en el excelente albergue de Les Trois Couronnes, uno se siente transportado con la imaginación a la Ocean House o al Congres Hall. Pero es necesario añadir que en Les Tois Couronnes existen otras características netamente contrapuestas a las anteriores: camareros alemanes impecables, que parecen secretarios de embajada; princesas rusas sentadas en el jardín; niños polacos paseando de la mano de sus preceptores; una vista de la cresta nevada del Dent du Midi y las pintorescas torres del castillo de Chillon.

Ignoro si serían las analogías o las diferencias las que privaban en la mente de un joven americano que, dos o tres años atrás, estaba sentado en el Jardín de Les Trois Couronnes, mirando con cierta indolencia algunos de los atrayentes rasgos que he mencionado. Era una hermosa

mañana de verano, y cualquiera que fuese el modo en que el joven americano miraba las cosas, éstas debían parecerle encantadoras. Había llegado de Ginebra el día anterior, en el vaporcito, para ver a su tía que se hospedaba en el hotel —Ginebra había sido durante largo tiempo su lugar de residencia—. Pero su tía tenía jaqueea —su tía tenía jaqueca casi permanentemente— y estaba en ese momento encerrada en su habitación aspirando alcanfor, de suerte que él podía errar con absoluta libertad.

Tenía unos veintisiete años de edad; cuando sus amigos hablaban de él, solían decir que estaba «estudiando» en Ginebra. Cuando eran sus enemigos los que hablaban, decían... pero, después de todo, no tenía enemigos; era una persona extremadamente amable y querida por todos. Lo que debo decir es, simplemente, que cuando ciertas personas hablaban de él, afirmaban que la razón de que pasara tanto tiempo en Ginebra era su extremada devoción por una dama que allí residía, una extranjera, una persona mayor que él. Pocos americanos —en realidad creo que ninguno— habían visto jamás a esa dama, sobre la que corrían algunas historias singulares.

Pero Winterbourne sentía un viejo afecto por la pequeña metrópoli del calvinismo; allí fue a la escuela de niño y luego a la universidad, circunstancias que le habían llevado a cultivar numerosas amistades juveniles. Muchas aún las conservaba en la actualidad y constituían un motivo de la mayor satisfacción.

Tras llamar a la puerta de la habitación de su tía y enterarse de que estaba indispuesta, había ido a dar un paseo por el pueblo regresando luego a desayunar. Había terminado ya su desayuno, pero estaba tomando un tacita de café que le había sido servida por uno de los camareros con aspecto de diplomáticos. Cuando terminó su café, encendió un cigarrillo. En ese momento se acercaba un chiquillo por el camino, un bribonzuelo de unos nueve o diez años. El niño, de diminuta estatura para su edad, tenía una expresión madura en el semblante, una tez pálida y unos rasgos afilados. Llevaba pantalones de golf con calcetines rojos que resaltaban el par de palillos que tenía por piernas; también su corbata era de un rojo chillón. En su mano traía un largo bastón de alpinista cuya afilada punta clavaba en cuanto se ponía a su alcance: los parterres, los bancos del jardín, las colas de los vestidos de las señoras. Al llegar frente a Winterbourne, se detuvo mirándole con unos ojillos vivaces y penetrantes.

—¿Me da un terrón de azúcar? —preguntó con una vocecita dura y aguda; una voz inmadura pero no obstante y en cierto sentido, poco infantil.

Winterbourne volvió su mirada hacia la mesita en que, a su lado, reposaba el servicio de café, y vio que quedaban algunos terrones.

—Sí, puedes tomar uno —respondió—, pero no creo que el azúcar sea bueno para los niños.

El muchachito en cuestión avanzó, seleccionó cuidadosamente tres de los anhelados fragmentos y tras meterse dos en el bolsillo del pantalón, depositó rápidamente el tercero en otro lugar. Clavó su bastón a modo de lanza en el banco de Winterbourne y trató de romper el terrón de azúcar con los dientes.

—¡Diablos, está du-u-ro! —exclamó, pronunciando el adjetivo de modo peculiar.

Winterbourne había advertido inmediatamente que podría tener el honor de tratar con un compatriota.

—Ten cuidado, no vayas a lastimarte los dientes —dijo paternalmente.

—No tengo dientes que lastimar. Se me han caído todos. Tengo solo siete. Mi madre los contó anoche y poco después de hacerlo se me cayó otro. Dijo que mé daría una bofetada si se me caían más. No puedo evitarlo. La culpa es de esta vieja Europa: el clima los hace caer. En América no se me caían. Son estos hoteles.

Winterbourne se divertía mucho.

—Si te comes tres terrones de azúcar, seguro que tu madre te dará una bofetada —dijo.

—Pues que me dé caramelos —replicó su joven interlocutor—. Aquí no puedo conseguir caramelos. Caramelos americanos. Los caramelos americanos son los mejores caramelos.

—¿Y los chicos americanos son los mejores también? —preguntó Winterbourne.

—No lo sé. Yo soy un chico americano —respondió el niño.

—¡Ya veo que eres uno de los mejores! —dijo Winterbourne riendo.

—¿Es usted americano? —prosiguió el despierto chiquillo. Y al responderle Winterbourne afirmativamente, declaró—: Los hombres americanos son los mejores.

Su compañero le agradeció el cumplido, y el niño que estaba ahora a horcajadas sobre su bastón, se quedó mirando a su alrededor mientras atacaba el segundo terrón de azúcar. Winterbourne se preguntaba si él

habría sido así en su infancia, pues le habían traído a Europa aproximadamente a esa misma edad.

—¡Ahí viene mi hermana! —gritó el niño al cabo de un momento de silencio—. Es una chica americana.

Winterbourne miró hacia el sendero y vio a una bella joven que se acercaba.

—Las chicas americanas son las mejores —dijo alegremente a su pequeño compañero.

—¡Mi hermana no es la mejor! —declaró el niño—. Siempre me está pegando.

—Me imagino que será más por tu culpa que por la suya —dijo Winterbourne.

Entretanto, la joven se había acercado. Iba vestida de muselina blanca, con cientos de cenefas y volantes, y lazos de una cinta pálida. No llevaba sombrero, pero balanceaba en su mano una gran sombrilla con una ancha orla de bordados; y era asombrosa, admirablemente bella.

«¡Qué bonitas son!», pensó Winterbourne, incorporándose en el asiento como si se preparara para levantarse.

La joven se detuvo frente a su banco, cerca de la balaustrada del jardín que miraba hacia el lago. El chiquillo había convertido su bastón en una pértiga, con la ayuda de la cual iba dando saltos por la grava, que esparcía en abundancia.

—Randolph —dijo la joven—, ¿qué estás haciendo?

—Estoy escalando los Alpes —respondió Randolph—. ¡Se hace así!

Y dio otro saltito, haciendo llover piedrecillas cerca de las orejas de Winterbourne.

—Así es como se desciende —dijo Winterbourne.

—¡Es un americano! —gritó Randolph con su vocecilla dura.

La joven sin prestar atención a lo que su hermano decía, le miró severamente y dijo:

—Bueno, supongo que será mejor que te estés quieto.

A Winterbourne le pareció que en cierto modo habían sido presentados. Se levantó y caminó lentamente hacia la muchacha, arrojando su cigarrillo.

—Este jovencito y yo nos hemos hecho amigos —dijo con gran cortesía.

En Ginebra, como él sabía perfectamente, un joven carecía de libertad para dirigirse a una dama soltera, salvo en ciertas y muy especiales situaciones; pero aquí, en Vevey, ¿qué mejor situación que

ésta?: una bella muchacha americana acercándose y deteniéndose frente a uno en un jardín. Sin embargo, esta bella muchacha americana, al oír la observación de Winterbourne, se limitó a mirarlo brevemente; luego volvió la cabeza y por encima de la balaustrada contempló el lago y las montañas de enfrente. Él se preguntó si no habría ido demasiado lejos; pero decidió que era preferible seguir adelante en vez de retroceder. Mientras buscaba algo que decir la joven se volvió de nuevo hacia el chiquillo.

—Me gustaría saber de dónde has sacado ese palo —dijo.

—¡Lo he comprado! —respondió Randolph.

—¿No querrás decir que vas a llevártelo a Italia?

—¡Sí, voy a llevármelo a Italia! —declaró el niño.

La muchacha contempló la parte delantera de su vestido y alisó las cintas de un par de lazos. Luego volvió a posar la mirada en el paisaje.

—Creo que será mejor que lo dejes en algún sitio —dijo poco después.

—¿Van ustedes a Italia? —inquirió Winterbourne respetuosamente.

La muchacha le miró de nuevo.

—Sí señor —respondió. Y no dijo nada más.

—¿Atraviesan… el Simplón? —prosiguió Winterbourne, un tanto embarazado.

—No sé —dijo ella—. Supongo que pasaremos por alguna montaña. Randolph, ¿qué montaña atravesamos para irnos? —¿Para irnos adónde? —preguntó el niño.

—A Italia —explicó Winterbourne.

—No sé —dijo Randolph—. Yo no quiero ir a Italia. Yo quiero ir a América.

—¡Pero si Italia es un país maravilloso! —replicó el joven.

—¿Pueden conseguirse caramelos allí? —preguntó Randolph, alzando la voz.

—Espero que no —dijo su hermana—. Me parece que ya has comido bastantes caramelos, y mamá cree lo mismo.

—Hace tantísimo que no he probado uno… ¡Cientos de semanas! —gritó el muchacho, prosiguiendo sus saltos.

La joven inspeccionó sus volantes y alisó de nuevo las cintas; y Winterbourne arriesgó en ese momento una observación sobre la belleza del paisaje. Estaba dejando de sentirse embarazado, pues había empezado a darse cuenta de que ella no lo estaba en absoluto. Su cara encantadora no había sufrido la menor alteración y era evidente que no

estaba ni ofendida ni turbada. Si miraba en otra dirección cuando él le hablaba y no parecía prestarle demasiada atención, no era sino por hábito, por su manera de ser. Sin embargo, a medida que fue hablándole, señalándole algunos puntos de interés en el paisaje —que ella parecía desconocer— empezó a otorgarle, cada vez con mayor frecuencia, el regalo de su mirada; y entonces advirtió que esa mirada era perfectamente directa e impávida. No obstante, no era lo que hubiera podido llamarse una mirada inmodesta, pues los ojos de la muchacha eran singularmente honestos e inocentes. Eran ojos increíblemente hermosos; a decir verdad hacía mucho tiempo que Winterbourne no contemplaba nada tan hermoso como los diversos rasgos de su rubia compatriota: su cutis, su nariz, sus orejas, sus dientes. Sentía una gran devoción por la belleza femenina: le gustaba observarla y analizarla; y en lo que respecta al rostro de esa jovencita, hizo varias observaciones. No era insípido en absoluto, pero tampoco era exactamente expresivo y, aunque delicado en grado sumo, Winterbourne lo acusó mentalmente —con mucha indulgencia— de requerir un toque final. Pensó que era muy posible que la hermana del señorito Randolph fuese una coqueta; estaba seguro de que tenía una personalidad propia, pero en su claro, dulce y superficial semblante no había ninguna traza de burla ni ironía.

Pronto se hizo patente que estaba bien dispuesta para la conversación. Le contó que iban a pasar el invierno en Roma… ella, su madre y Randolph. Le preguntó si era «realmente americano», confesándole que nunca lo hubiera creído; parecía más bien un alemán —esto lo dijo tras un breve titubeo—, especialmente cuando hablaba.

Winterbourne, riendo, respondió que había conocido algunos alemanes que hablaban como americanos, pero que hasta el momento no recordaba haber conocido ningún americano que hablara como un alemán. Luego le preguntó si no estaría más cómoda sentada en el banco que él acababa de dejar. Ella respondió que le gustaba estar de pie y pasear, pero al poco rato se sentó. Le dijo que era del estado de Nueva York… «si sábe usted dónde está».

Winterbourne se enteró de más cosas sobre ella cuando atrapó al escurridizo hermanito y le hizo permanecer unos minutos a su lado.

—Dime tu nombre, muchacho —dijo.

—Randolph C. Miller —dijo el chico vivamente—. Y también le diré su nombre —añadió, apuntando a su hermana con el bastón.

—¡Harías mejor esperando a que te lo preguntaran! —dijo la joven, con calma.

—Me encantaría conocer su nombre —dijo Winterbourne.

—¡Su nombre es Daisy Miller! —exclamó el muchacho—. Pero ése no es su verdadero nombre, no es el que figura en sus tarjetas.

—¡Lástima que no tengas una de mis tarjetas! —dijo Miss Miller.

—Su verdadero nombre en Annie P. Miller —prosiguió el niño.

—Pregúntale a él su nombre —dijo la hermana señalando a Winterbourne.

Pero Randolph pareció por completo indiferente en cuanto a ese punto y continuó suministrando información acerca de su propia familia.

—El nombre de mi padre es Ezra B. Miller —anunció—. Mi padre no está en Europa; está en un lugar mejor que Europa.

Winterbourne imaginó por un momento que así era como le habían enseñado al niño a decir que Mr. Miller había sido trasladado a la esfera de las recompensas celestiales. Pero Randolph añadió inmediatamente:

—Mi padre está en Schenectady. Tiene un negocio muy importante. Mi padre es rico, sabe.

—¡Bueno! —exclamó Miss Miller bajando su sombrilla y mirando la orla bordada.

En ese momento Winterbourne soltó al niño, que se alejó arrastrando su bastón a lo largo del sendero.

—No le gusta Europa —dijo la joven—. Quiere regresar.

—¿Quiere decir a Schenectady?

—Sí, quiere volver a casa. No hay otros niños por aquí. Hay solo uno, pero siempre anda acompañado por su preceptor; no le dejan jugar.

—¿Y su hermano no tiene un preceptor? —inquirió Winterbourne.

—Mamá pensó en proporcionarle uno, que viajase con nosotros. Cierta señora le habló de un preceptor muy bueno; una señora americana —quizá la conozca usted—, Mrs. Sanders. Creo que es de Boston. Le habló de este preceptor y pensamos tomarlo para que nos acompañara. Pero Randolph dijo que no quería ningún preceptor viajando con nosotros. Dijo que no quería lecciones en los trenes y nosotros nos pasamos la mitad del tiempo en los trenes. Conocimos a una dama inglesa en el tren… creo que se llamaba Miss Featherstone; quizás usted la conozca. Quería saber por qué no le daba yo lecciones a Randolph, darle «instrucción», como ella decía. Creo que él podría darme más instrucción a mí de la que yo pueda darle a él. Es muy listo.

—Sí —dijo Winterbourne—, parece muy listo.

—Tan pronto como lleguemos a Italia mamá le procurará un preceptor. ¿Hay buenos preceptores en Italia?

—Muy buenos, creo —dijo Winterbourne.

—O, si no, le buscará alguna escuela. Tiene que aprender un poco más. Solo tiene nueve años. Va a ir a la universidad.

Y de este modo, Miss Miller continuó conversando sobre los asuntos de su familia, y también sobre otros temas. Estaba sentada allí con sus bellísimas manos, adornadas con anillos muy brillantes, cruzadas sobre el regazo, y con sus bellos ojos ora posados sobre los de Winterbourne, ora perdidos por el jardín, la gente que pasaba, y el precioso paisaje. Hablaba con Winterbourne como si le conociera desde hacía mucho tiempo. Él estaba encantado. Hacía muchos años que no había oído hablar tanto a una muchacha. De aquella joven desconocida, que había venido a sentarse a su lado en su banco, hubiera podido decirse que hablaba por los codos. Estaba muy quieta, sentada con un aire encantador y tranquilo, pero sus labios y sus ojos se movían constantemente. Tenía una voz suave, tenue y agradable, y su tono era decididamente sociable. Le contó a Winterbourne la historia de sus recorridos por Europa y sus proyectos, así como los de su madre y su hermano, y enumeró en particular los diversos hoteles en los que se habían alojado.

—Esa dama inglesa que conocimos en el tren —dijo—, Miss Featherstone, me preguntó si en América no vivíamos todos en hoteles. Le dije que en mi vida había estado en tantos hoteles como desde que llegué a Europa. Nunca he visto tantos; no hay más que hoteles.

Pero Miss Miller no hizo está observación en tono quejumbroso; parecía tomárselo todo con el mejor de los humores. Afirmó que los hoteles eran muy buenos una vez se habituaba uno a sus peculiaridades, y que Europa era realmente deliciosa. No estaba decepcionada… en absoluto. Quizá fuese porque había oído tantos comentarios. Tenía tantísimas amigas que habían estado aquí tantísimas veces. Y había tenido también tantísimos vestidos y otras cosas de París. Cada vez que se ponía un vestido de París tenía la sensación de estar en Europa.

—Era algo así como un sombrero de los deseos —dijo Winterbourne.

—Sí —dijo Miss Miller, sin reparar en la analogía—, siempre me hacían desear estar aquí. Pero no valía la pena venir solo por los vestidos. Estoy segura de que mandan los mejores a América; aquí se ven unas cosas horrendas. Lo único que no me gusta —prosiguió— es la vida social. Aquí no hay vida social, o si la hay no sé dónde se encuentra. ¿Lo sabe usted? Supongo que tendrá que haberla en alguna parte, pero yo no he visto ni rastro. Me encanta la vida social y siempre he estado inmersa

en ella. No solo en Schenectady, sino también en Nueva York. Antes solía ir a Nueva York todos los inviernos. En Nueva York hice muchísima vida social. El invierno pasado tuve diecisiete cenas en mi honor; tres de ellas ofrecidas por caballeros —añadió Daisy Miller—.

Tengo más amigos en Nueva York que en Schenectady... más amigos, y también más amigas —añadió al cabo de un momento.

Hizo otra pausa breve; miraba a Winterbourne con toda la belleza de sus ojos intensos y con su ligera sonrisa un poco monótona.

—Siempre —dijo— he estado rodeada por muchos caballeros.

El pobre Winterbourne estaba divertido, perplejo y decididamente cautivado. Nunca había oído a una muchacha expresarse de este modo; nunca, salvo en los casos en que decir tales cosas venía a ser la evidencia de cierta laxitud de costumbres. Y sin embargo, ¿iba él a acusar a Miss Daisy Miller de real o potencial *inconduite*, como dicen en Ginebra? Sintió que por haber vivido tanto tiempo en Ginebra se había perdido muchas cosas; había perdido la costumbre del tono americano. Nunca, en efecto, desde que tuvo edad para darse cuenta de las cosas, se había encontrado con una joven americana de carácter tan acentuado como ésta.

Ciertamente era encantadora, pero ¡qué terriblemente sociable! ¿Era simplemente una chica bonita del estado de Nueva York? ¿Eran así todas las chicas bonitas que vivían rodeadas de caballeros? ¿O acaso era una joven insidiosa, audaz y sin escrúpulos? Winterbourne había perdido la intuición en estos asuntos, y la razón no podía ayudarle. Miss Daisy Miller parecía extremadamente inocente. Algunas personas le habían contado que, después de todo, las muchachas americanas eran sumamente inocentes; otras le habían dicho que, después de todo, no lo eran. Se sentía inclinado a creer que Miss Daisy Miller era una coqueta, una encantadora pequeña coqueta americana. Hasta ese momento jamás había tenido relaciones con jóvenes de esa clase. Había conocido, aquí en Europa, a dos o tres mujeres —personas mayores que Miss Daisy Miller, y provistas de esposos que les daban un viso de respetabilidad— que eran grandes coquetas; mujeres terribles y peligrosas con quienes las relaciones de uno estaban expuestas a tomar un rumbo peligroso. Pero esta joven no era coqueta en ese sentido; carecía de toda sofisticación. Solo era una encantadora pequeña coqueta americana. Winterbourne se sentía casi reconfortado por haber hallado la fórmula adecuada a Miss Daisy Miller. Se recostó en su asiento; se dijo a sí mismo que la muchacha poseía la nariz más atractiva que había visto en su vida; se

preguntó cuáles serían las condiciones y las limitaciones del trato con una encantadora coqueta americana. Sin duda, pronto iba a saberlo.

—¿Ha visitado usted ese viejo castillo? —preguntó la joven, señalando con su sombrilla los muros lejanos del castillo de Chillon.

—Sí, hace ya tiempo, más de una vez —dijo Winterbourne—. Supongo que usted también lo habrá visto.

—No, no hemos ido nunca. Me gustaría muchísimo conocerlo. Por supuesto que pienso ir; no me marcharía de aquí sin haber visto el viejo castillo.

—Es una excursión muy bonita —dijo Winterbourne—, y fácil de hacer. Se puede ir en coche o en el vaporcito.

—Se puede ir en tren —dijo Miss Miller.

—Sí, se puede ir en tren —asintió Winterbourne.

—Nuestro «courier» dice que el tren llega hasta el mismo castillo —continuó la joven—. Ibamos a ir la semana pasada; pero mi madre renunció finalmente. La dispepsia la hace sufrir mucho. Dijo que no podía ir. Randolph tampoco quería; dice que los castillos antiguos no le dicen nada. Supongo que iremos esta semana, si conseguimos convencerle.

—¿A su hermano no le interesan los monumentos antiguos? —inquirió Winterbourne sonriendo.

—Dice que los viejos castillos no le interesan. Solo tiene nueve años. Quiere quedarse en el hotel. Mamá tiene miedo de dejarlo solo, y el «courier» no quiere quedarse con él, o sea que no hemos ido a demasiados lugares.

Pero sería una lástima que no fuéramos allí arriba —dijo Miss Miller señalando de nuevo el castillo de Chillon.

—Debería poderse arreglar de algún modo —dijo Winterbourne. ¿No pueden encontrar a alguien que se quede con Randolph por una tarde?

Miss Miller le miró unos instantes y luego dijo plácidamente: —¿Y si se quedara usted con él?

Winterbourne vaciló un momento.

—Preferiría ir a Chillon con usted.

—¿Conmigo? —preguntó la joven con la misma placidez.

No se puso de pie sonrojándose, como habría hecho una joven de Ginebra; y sin embargo, Winterbourne, consciente de que había sido muy atrevido, pensó que quizá la había ofendido.

—Con su madre —respondió muy respetuosamente.

Pero parecía que tanto su audacia como su respeto resbalaban sobre Miss Daisy Miller.

—Supongo que mi madre no irá, después de todo —dijo—. No le gusta pasear por la tarde. Pero ¿piensa de veras lo que acaba de decir?, ¿que le gustaría subir allí?

—Muy seriamente —declaró Winterbourne.

—En ese caso podemos arreglarlo. Si mamá se queda con Randolph, supongo que Eugenio querrá quedarse también.

—¿Eugenio? —inquirió el joven.

Eugenio es nuestro «courier». No le gusta quedarse con Randolph; es el hombre más fastidioso que he conocido. Pero es un «courier» espléndido. Creo que se quedará con Randolph si mi madre se queda, y entonces nosotros podremos ir al castillo.

Winterbourne reflexionó por un instante tan lúcidamente como le fue posible; «nosotros» solo podía referirse a Miss Daisy Miller y a él mismo. Ese programa parecía demasiado agradable para ser cierto; sintió deseos de besarle la mano. Posiblemente lo hubiera hecho, arruinando por completo el proyecto, pero en ese instante otra persona, presumiblemente Eugenio, apareció. Un hombre alto y bien parecido, de soberbias patillas, luciendo un chaqué de terciopelo y una brillante cadena de reloj, se acercó a Miss Miller mirando intensamente a su acompañante.

—¡Oh, Eugenio! —dijo Miss Miller, con el más amistoso de los tonos. Eugenio, tras inspeccionar a Winterbourne de la cabeza a los pies, se inclinó gravemente ante la joven.

Tengo el honor de informar a mademoiselle que el almuerzo está servido.

Miss Miller se levantó lentamente.

—Escucha, Eugenio, —dijo—, iré a ese viejo castillo, de todos modos.

—¿Al castillo de Chillon, mademoiselle? —preguntó de repente el «courier»—. ¿Mademoiselle ha hecho ya los preparativos? —añadió, en un tono que a Winterbourne le pareció muy impertinente.

El tono de Eugenio pareció arrojar una luz un tanto irónica sobre la situación de Miss Miiler, una luz que ella misma pareció percibir. Se volvió hacia Winterbourne sonrojándose ligeramente… muy ligeramente.

—¿No se echará usted atrás? —dijo.

—No me sentiré feliz hasta que vayamos —protestó él.

—¿Se aloja usted en este hotel? —continuó ella—. ¿De veras es americano?

El «courier» seguía mirando a Winterbourne de manera ofensiva. El joven, por lo menos, consideró esa manera de mirar una ofensa contra Miss Miller: traslucía la acusación de que «buscaba» amistades.

—Tendré el honor de presentarle a una persona que le contará cuanto quiera saber sobre mí —dijo, sonriendo y refiriéndose a su tía.

—Bueno, ya iremos algún día —dijo Miss Miller. Le dirigió una sonrisa y se alejó. Abrió su sombrilla y caminó de regreso al hotel con Eugenio a su lado. Winterbourne se quedó mirándola y mientras ella se alejaba, arrastrando sus volantes de muselina sobre la grava, se dijo que tenía la tournure de una princesa.

II

Sin embargo, al prometer a Miss Daisy que la presentaría a su tía, la señora Costello, se había comprometido a más de lo que iba a resultar factible. Tan pronto como esta dama se repuso de su jaqueca, Winterbourne fue a visitarla a su apartamento y después de las consabidas averiguaciones con respecto a su salud, le preguntó si había observado la presencia de una familia americana en el hotel: madre, hija y un chiquillo.

—¿Y un «courier»? —dijo la señora Costello.

—Oh, sí, los he observado. Los he visto, oído, y he procurado evitarlos.

La señora Costello era una viuda adinerada; una persona de gran distinción, que a menudo daba a entender que, si no hubiera sido por su horrible predisposición a las jaquecas, probablemente habría dejado una huella más profunda en su época. Tenía el rostro alargado y pálido, la nariz subida y gran cantidad de cabello llamativamente blanco, dispuesto en amplios «puffs» y rouleaux sobre su cabeza. Tenía dos hijos casados en Nueva York y otro que actualmente se encontraba en Europa. Este último estaba divirtiéndose en Homburg, y aunque viajaba a menudo, raramente se le veía visitando una ciudad en la misma ocasión que escogía su madre para aparecer en ella. Su sobrino, que había venido a Vevey expresamente para verla, era pues más atento que aquellos que, como ella decía, le eran más próximos. En Ginebra, Winterbourne había asimilado la idea de que uno siempre debe ser atento con su tía. La señora Costello no le había visto en muchos años y estaba ahora muy complacida, manifestando su aprobación iniciándole en los numerosos

secretos de la influencia social que, según dio a entender, ejercía en la capital americana. Admitía que era muy «selecta», pero si él hubiera estado familiarizado con Nueva York, habría comprendido que era necesario serlo. Y el retrato de la estructura minuciosamente jerárquica de la sociedad de aquella ciudad, que ella le presentaba bajo muchas luces diferentes, era para la imaginación de Winterbourne sorprendente hasta el punto de casi oprimirle.

Comprendió inmediatamente, por el tono de su tía, que el lugar de Miss Daisy Miller en la escala social era bajo.

—Me temo que esa familia no es de su agrado —le dijo.

—Son muy vulgares —declaró la señora Costello—. Son de esa clase de americanos con quienes te crees en tu deber al no... al no aceptarlos.

—Ah, ¿usted no los acepta? —dijo el joven.

—No puedo, mi querido Frederick. Lo haría si pudiera, pero no puedo.

—La muchacha es muy bella —dijo Winterbourne, al cabo de un instante.

—Efectivamente es bella. Pero es muy vulgar.

—Comprendo lo que quiere usted decir —dijo Winterbourne, tras otra pausa.

—Tiene ese aire encantador que tienen todas —continuó su tía—. Me pregunto de dónde lo sacan; y viste a la perfección... No, no te puedes hacer una idea de lo bien que viste. No me explico dónde adquieren ese buen gusto.

—Pero, querida tía, después de todo no es una comanche salvaje.

—Es una jovencita —dijo la señora Costello— que intima con el «courier» de su mamá.

—¿Que intima con el «courier»? —inquirió el joven.

—La madre es igual. Tratan al «courier» como si fuera un amigo de la familia. Como si fuera un caballero. No me sorprendería que comiese con ellas. Seguramente no han visto nunca un hombre de modales tan refinados, con ropas elegantes, tan parecido a un caballero. Probablemente corresponde a la idea que la chica tiene de un conde. Por la tarde se sienta con ellas en el jardín. Creo que fuma.

Winterbourne escuchaba con interés estas revelaciones: le ayudaron a concretar su opinión sobre Miss Daisy.

Evidentemente, estaba más bien emancipada.

—Bueno —dijo—, yo no soy un «courier», y sin embargo estuvo encantadora conmigo.

—Deberías haber comenzado por ahí —dijo la señora Costello con dignidad—, diciéndome que la habías conocido.

—Nos encontramos en el jardín y charlamos unos minutos.

—Tout bonnement! ¿Y puedo saber qué dijiste?

—Dije que me tomaría la libertad de presentarla a mi admirable tía.

—Te estoy muy agradecida.

—Fue para garantizar mi respetabilidad —dijo Winterbourne.

—¿Y puede saberse quién garantiza la suya? —¡Ah, qué cruel es usted! —dijo el joven—. Es una chica muy agradable.

—No lo dices demasiado convencido —observó la señora Costello.

—Carece por completo de cultura —continuó Winterbourne—. Pero es maravillosamente bella y, en suma, muy agradable. Para demostrarle que así lo creo voy a acompañarla al castillo de Chillon.

—¿Vais a ir allí juntos? Yo diría que eso demuestra justamente lo contrario. ¿Puedo preguntarte cuánto hacía que la conocías cuando se forjó ese interesante proyecto? No hace ni veinticuatro horas que estás en este hotel.

—La había conocido media hora antes —dijo Winterbourne sonriendo.

—¡Dios mío! —exclamó la señora Costello—. ¡Qué terrible muchacha!

Su sobrino permaneció en silencio duante unos segundos.

—Así que usted realmente cree —empezó a decir muy serio y con un deseo de información fidedigna—. Usted realmente cree que... —pero volvió a hacer una pausa.

—¿Creo qué, caballero? —dijo su tía.

—Que es de esa clase de chicas que esperan que un hombre, tarde o temprano, se las lleve.

—No tengo la menor idea de lo que tales chicas esperan de un hombre. Pero creo que harías mejor no mezclándote con jóvenes americanas sin cultura, como tú mismo dices. Has vivido demasiado tiempo fuera del país. Sin duda cometerás algún grave error. Eres demasiado inocente.

—Querida tía, no soy tan inocente —dijo Winterbourne, sonriendo y rizándose el bigote.

—¿Eres demasiado culpable, entonces?

Winterbourne continuó rizándose el bigote pensativamente.

—¿No dejará pues que la pobre muchacha la conozca? —preguntó al fin.

—¿Es realmente cierto que va a ir contigo al castillo de Chillon?

—Creo que ésa en su intención.

—En ese caso, mi querido Frederick —dijo la señora Costello—, debo declinar el honor de conocerla. Soy una mujer anciana, pero no lo suficiente —gracias a Dios— como para no escandalizarme.

—¿Pero no hacen todas esa clase de cosas… las jóvenes americanas? —inquirió Winterbourne.

La señora Costello le miró fijamente un instante.

—¡Me gustaría ver a mis nietas actuar de ese modo! —declaró inflexible.

Esto pareció aclarar un poco el asunto, pues Winterbourne recordó haber oído que sus bellas primas de Nueva York eran «tremendas coquetas». Por lo tanto, si Miss Daisy Miller excedía el margen de libertad que se les permitía a esas jóvenes, era probable que de ella pudiera esperarse cualquier cosa. Winterbourne estaba impaciente por volverla a ver, y molesto consigo mismo por no haber sabido juzgarla correctamente por instinto.

Aunque impaciente por verla, no sabía demasiado qué iba a decirle acerca de la negativa de su tía a conocerla; pero pronto descubrió que con Miss Daisy Miller no era necesario ser tan puntilloso. Esa misma noche la encontró en el jardín, paseando bajo la tibia luz de las estrellas como una sílfide indolente y meciendo el mayor abanico que jamás hubiese contemplado. Eran las diez. El había cenado con su tía, y tras hacerle compañía un rato, se despidió de ella hasta el día siguiente. Miss Daisy Miller pareció muy contenta de verle; declaró que era la velada más larga que había pasado en su vida.

—¿Ha estado usted sola? —preguntó él.

—He estado paseando con mamá. Pero ella se cansa pronto de pasear —respondió.

—¿Se ha retirado a dormir?

—No, no le gusta irse a dormir —dijo la muchacha—. Apenas duerme… ni tres horas seguidas. Dice que no sabe cómo vive. Es terriblemente nerviosa. Yo pienso que duerme más de lo que cree. Está por ahí buscando a Randolph; intenta conseguir que se vaya a la cama. Tampoco a él le gusta dormir.

—Esperemos que le convenza —observó Winterbourne.

—Usará toda clase de argumentos para hacerlo; pero a Randolph no le gusta que mamá trate de convencerle —dijo Miss Daisy abriendo su abanico—. Luego intentará que sea Eugenio quien lo haga. Pero él no le tiene miedo a Eugenio. ¡Eugenio es un «courier» espléndido, pero no parece impresionar mucho a Randolph! No creo que se vaya a la cama antes de las once.

Pareció en efecto que la vigilia de Randolph se estaba prolongando victoriosamente, ya que Winterbourne continuó paseando con la muchacha un buen rato sin encontrarse con la madre.

—He estado buscando a esa dama a quien quiere usted presentarme —prosiguió su acompañante —. Es tu tía.

Y al admitirlo Winterbourne, y expresar cierta curiosidad por saber cómo lo había averiguado, ella le dijo que había oído hablar de la señora Costello a la sirvienta. Era muy callada y muy comme il faut: llevaba «puffs» blancos, no hablaba con nadie y nunca cenaba en la table d' hôte. Cada dos días tenía una jaqueca.

—¡Creo que es una descripción preciosa, jaquecas y todo! —dijo Miss Daisy, parloteando con su voz fina y alegre—. Tengo tantas ganas de conocerla. Puedo imaginarme perfectamente cómo es su tía; sé que me gustará.

Debe ser muy «selecta». Me gusta que las damas sean «selectas»; yo misma me muero de ganas por serlo.

Bueno, mamá y yo somos «selectas». No hablamos con cualquiera… o quizá cualquiera no habla con nosotras.

Supongo que viene a ser lo mismo. En fin, estaré contentísima de conocer a su tía.

Winterbourne se sentía incómodo.

—A ella le gustaría enormemente —dijo—, pero me temo que sus jaquecas van a impedirlo.

La muchacha le miró a través de la oscuridad.

—Pero supongo que no tendrá jaqueca todos los días —dijo, compasivamente.

Winterbourne se quedó callado un momento.

—Eso es lo que me dijo —respondió por fin, sin saber qué decir.

Miss Daisy Miller se detuvo y se quedó mirándole. Su belleza era visible incluso en la oscuridad; abría y cerraba su enorme abanico.

—¡Así que no quiere conocerme! —dijo de pronto—. ¿Por qué no lo dice? No tiene por qué tener miedo. Yo no tengo miedo —y se rió brevemente.

Winterbourne creyó percibir un temblor en su voz. Se sintió conmovido, impresionado y mortificado.

—Querida señorita —protestó—, ella no conoce a nadie. Es debido a su calamitosa salud.

La joven siguió dando unos cuantos pasos, riéndose todavía.

—No tiene por qué tener miedo —repitió—. ¿Por qué tendría que querer conocerme?

Luego se detuvo de nuevo. Estaba junto a la balaustrada del jardín, y ante ella se extendía el lago iluminado por las estrellas. Había un vago resplandor sobre su superficie y a lo lejos se adivinaba la oscura silueta de las montañas. Daisy Miller miró el misterioso paisaje y volvió a reir brevemente.

—¡Dios mío, realmente es «selecta»! —dijo.

Winterbourne se preguntó si de veras se sentiría herida, y por un momento casi deseó que su sentimiento de la ofensa fuese tal que justificara por su parte un intento de consolarla y tranquilizarla. Experimentaba la sensación agradable de que sería muy accesible a sus intentos de consolación. Se sintió en ese instante totalmente dispuesto a sacrificar de palabra a su tía; a admitir que era una mujer descortés y orgullosa, y a declarar que no valía la pena preocuparse por ella. Pero antes de que hubiese tenido tiempo de comprometerse en esta peligrosa mezcla de galantería e impiedad, la muchacha, empezando a andar, exclamó en un tono completamente distinto.

—¡Mire, ahí viene mamá! No debe haber conseguido meter a Randolph en la cama.

La silueta de una mujer apareció a cierta distancia, bastante confusa en la oscuridad, avanzando con un lento movimiento de vaivén. De pronto pareció que se detenía.

—¿Está usted segura de que es su madre? ¿Puede distinguirla en esta densa oscuridad? —preguntó Winterbourne.

—¡Bueno! —exclamó Miss Daisy Miller con una carcajada—. Creo que conozco a mi propia madre. ¡Y más aún cuando lleva mi chal! Siempre se pone mis cosas.

La dama en cuestión había dejado de avanzar y giraba distraídamente en torno al punto donde había detenido sus pasos.

—Me temo que su madre no la ha visto —dijo Winterbourne—. O quizás —añadió, pensando que con Miss Miller podía permitirse la broma— quizá se siente culpable por lo del chal.

—¡Oh, es viejo y espantoso! —replicó la muchacha con serenidad—. le dije que podía ponérselo. Si no viene es porque le ve a usted.

—En ese caso —dijo Winterbourne— será mejor que la deje.

—¡Oh no, venga conmigo! —le urgió Miss Miller.

—Temo que su madre no apruebe que esté paseando con usted.

Miss Miller le miró seriamente.

—No es por mí, es por usted… Quiero decir, es por ella. ¡Bueno, no sé por quién es! Pero a mamá no le gusta ninguno de los caballeros que tengo por amigos. Es sumamente tímida. Siempre arma líos cuando le presento a uno. Pero yo sigo presentándoselos… casi siempre. Si no le presentara a mis amigos —añadió la joven con su vocecita suave y monótona— no lo encontraría natural.

—Para presentarme —dijo Winterbourne— tiene usted que conocer mi nombre.

—Y acto seguido se lo pronunció.

—¡Cielos, soy incapaz de decir todo eso! —dijo su acompañante, riéndose.

Para entonces, habían llegado hasta donde estaba la señora Miller, quien, mientras se acercaban, había ido hasta la balaustrada del jardín, en la que se había apoyado con la mirada fija en el lago y dándoles la espalda.

—¡Mamá! —dijo la muchacha con tono resuelto.

Al oírlo, la dama se volvió.

—El señor Winterbourne —dijo Miss Daisy Miller, presentando al joven de forma muy franca y agradable.

Era «vulgar», como la señora Costello había dicho; y sin embargo, Winterbourne se maravilló de que pese a su vulgaridad poseyera una gracia tan singularmente delicada.

La madre era una persona baja, liviana y menuda, de mirada inquieta, nariz exigua y amplia frente, adornada con cierta cantidad de cabello fino y rizado. Como su hija, la señora Miller vestía con extrema elegancia: llevaba unos enormes diamantes en las orejas. No le saludó, al menos de modo que Winterbourne pudiera notar… ciertamente ni le miraba. Daisy, junto a ella, le componía el chal.

—¿Qué estás haciendo, husmeando por aquí? —inquirió la muchacha, aunque sin la dureza en el tono de la voz que cabría esperar de la elección de tales palabras.

—No lo sé —dijo la madre, voiviéndose de nuevo hacia el lago.

—¡No puedo creer que te guste este chal! —exclamó Daisy.

—¡Pues me gusta! —respondió la madre, riendo brevemente.

—¿Conseguiste que Randolph se fuera a la cama? —preguntó la joven.

—No; no pude convencerle —dijo la señora Miller con suavidad—. Quiere hablar con el camarero. Le gusta hablar con ese camarero.

—Se lo estaba contando al señor Winterbourne —continuó la muchacha; y su voz sonó en los oídos del joven como si ella se hubiera pasado la vida pronunciando ese nombre.

—¡Es cierto! —dijo Winterbourne—. Tengo el placer de conocer a su hijo.

La mamá de Randolph permanecía en silencio: se concentraba en el lago. Finalmente se decidió a hablar.

—¡No entiendo cómo lo aguanta!

—En cualquier caso, es mejor que en Dover —dijo Daisy Miller.

—¿Y qué ocurrió en Dover? —preguntó Winterbourne.

—No quería irse a la cama de ninguna manera. Supongo que se pasaba la noche sentado en el salón. Solo sé que a las doce aún no estaba en la cama.

—Eran las doce y media —declaró la señora Miller con un ligero énfasis.

—¿Duerme mucho durante el día? —preguntó Winterbourne.

—No creo que duerma mucho —respondió Daisy.

—¡Ojalá lo hiciera! —dijo la madre—. Parece como si no pudiera.

—Es realmente exasperante —prosiguió Daisy.

Hubo silencio por unos momentos.

—Bueno, Daisy Miller —dijo la dama entonces—; espero que no irás a hablar mal de tu propio hermano.

—Es realmente exasperante, mamá —dijo Daisy, sin que hubiera en su voz la aspereza de una réplica.

—Solo tiene nueve años —alegó la señora Miller.

—Bien, se niega a ir al castillo —dijo la muchacha—. O sea que iré con el señor Winterbourne.

Lo había dicho muy plácidamente y la madre permaneció en silencio. Winterbourne dio por sentado que desaprobaba profundamente la excursión proyectada, pero se dijo que era una persona simple, fácil de manejar, y que unas palabras corteses bastarían para atenuar su enojo.

—Sí —empezó—, su hija ha tenido la amabilidad de concederme el honor de ser su guía.

Los ojos inquietos de la señora Miller se fijaron en Daisy con un cierto aire de súplica, pero ella se alejó unos pasos canturreando suavemente.

—Supongo que irán en tren —dijo la madre.

—Sí, o en el vapor —dijo Winterbourne.

—Bueno, claro que yo no sé —dijo la señora Miller—. Nunca he ido a ese castillo.

—Sería una lástima que no fuera —dijo Winterbourne, empezando a tranquilizarse en cuanto a la oposición de la dama. Sin embargo, estaba dispuesto a aceptar como algo natural que quisiera acompañarles.

—Hemos pensado tantas veces en ir —prosiguió ella—, pero parece como si no pudiera ser. Daisy quiere, por supuesto, ir a todas partes. Pero hay aquí una dama, cuyo nombre desconozco, que dice que no tenemos ni que pensar en visitar castillos aquí; piensa que deberíamos esperar hasta llegar a Italia. Dicen que hay tantos por allí —prosiguió la señora Miller, con un aire de creciente confianza—. Naturalmente nosotras queremos ver solo los más importantes. En Inglaterra visitamos varios —añadió.

—¡Sí! En Inglaterra hay castillos muy bonitos —dijo Winterbourne—. Pero Chillon, aquí, es realmente digno de verse.

—Bueno, si Daisy lo desea… —señaló la señora Miller, en un tono que traslucía la magnitud de la empresa—. Parece como si no hubiera nada a lo que ella no se anime.

—¡Oh, estoy seguro de que le va a gustar! —declaró Winterbourne. Y aumentaban sus deseos de asegurarse el privilegio de un tete-à-tete con la muchacha, que seguía paseando frente a ellos mientras tarareaba suavemente.

—¿Usted señora, no se atreve a intentarlo? —inquirió él.

La madre de Daisy le miró de soslayo un instante, y después avanzó en silencio.

—Creo que es mejor que vaya ella sola —dijo simplemente.

Winterbourne se dijo a sí mismo que era éste un tipo de maternidad bien distinto al de las vigilantes matronas que se daban cita en primera línea del trato social en la vieja y sombría ciudad, al otro lado del lago. Pero sus meditaciones fueron interrumpidas cuando oyó a la indefensa hija de la señora Miller pronunciar su nombre con toda claridad.

—¡Señor Winterbourne! —murmuró Daisy.

—Mademoiselle! dijo el joven.

—¿Quiere llevarme a dar un paseo en bote? —¿Ahora? —preguntó él.

—¡Naturalmente! —dijo Daisy.

—¡Bueno, Annie Miller! —exclamó su madre.

—Le ruego, señora, que la deje ir —dijo Winterbourne ardientemente, pues jamás había experimentado la sensación de navegar bajo la luz de las estrellas, en un bote, llevando a una fragante y hermosa muchacha.

—No creo que ella quiera realmente —dijo la madre—. Creo que es mejor que se retire.

—Estoy segura de que el señor Winterbourne quiere llevarme —declaró Daisy—. ¡Es tan atento!

—La llevaré remando hasta Chillon, bajo la luz de las estrellas.

—¡No lo creo! —dijo Daisy.

—¡Bueno! —exclamó de nuevo la señora.

—Hace media hora que no me dirige la palabra —continuó la hija.

—Estaba manteniendo una agradable conversación con su madre —dijo Winterbourne.

—¡Bien, quiero que me lleve a dar un paseo en bote! —repitió Daisy. Se habían detenido, y ella se volvió mirando a Winterbourne. Su rostro mostraba una encantadora sonrisa, sus bellos ojos brillaban, y en su mano balanceaba el enorme abanico.

«No, no es posible ser más bella», pensó Winterbourne.

—Hay media docena de botes amarrados en ese embarcadero —dijo, señalando unas escaleras que descendían desde el jardín hasta el lago—. Si usted me hace el honor de aceptar mi brazo, pudemos ir y elegir uno.

Daisy sonreía inmóvil; echó la cabeza atrás con una breve risa.

—¡Me gusta que los caballeros sean formales! —declaró.

—Le aseguro que es una oferta formal.

—Estaba segura de que lograría hacerle decir algo —prosiguió Daisy.

—Ya ve usted que no es muy difícil —dijo Winterbourne—. Pero me temo que se está usted burlando de mí.

—Yo creo que no, caballero —remarcó la señora Miller amablemente.

—Permítame entonces ofrecerle un paseo en bote —le dijo a la muchacha.

—¡Es adorable la forma en que lo dice! —exclamó Daisy.

—Más adorable sería hacerlo.

—¡Sí, me encantaría! —dijo Daisy. Pero no hizo el menor movimiento para acompañarle; se limitó a permanecer allí riendo.

—Creo que harían mejor averiguando la hora que es —sugirió la madre.

—Son las once, señora —dijo con acento extranjero una voz que provenía de la vecina oscuridad. Y al volverse, Winterbourne adivinó al pintoresco personaje al servicio de ambas damas. Al parecer, llegaba en ese instante.

—¡Oh; Eugenio! —dijo Daisy—. Voy a dar un paseo en bote.

Eugenio se inclinó.

—¿A las once, mademoiselle?

—Me acompaña el señor Winterbourne. Nos vamos ahora mismo.

—Dígale que no puede ir —dijo la señora Miller al «courier».

—Creo que sería mejor que no saliera en bote, mademoiselle —declaró Eugenio.

Winterbourne hubiera dado cualquier cosa para que aquella linda muchacha no tuviera un trato tan familiar con el «courier», pero no dijo nada.

—¡Supongo que no lo encuentra correcto! —exclamó Daisy—. Eugenio no encuentra nada correcto.

—Estoy a su servicio —dijo Winterbourne.

—¿ Mademoiselle se propone ir sola? —le preguntó Eugenio a la señora Miller.

—¡Oh, no; con este caballero! —respondió la mamá de Daisy.

El «courier» miró a Winterbourne por un momento —éste tuvo la impresión de que sonreía, y luego inclinándose solemnemente dijo:

—Como guste mademoiselle.

—¡Oh, creía que armaría usted un escándalo! —dijo Daisy—. Ahora no tengo ya ganas de ir.

—Si no viene seré yo quien arme el escándalo —dijo Winterbourne.

—¡Eso es lo que quiero, un poco de escándalo! —Y la joven empezó a reír de nuevo.

—El señorito Randolph se ha ido a la cama —anunció fríamente el «courier».

—¡Oh, Daisy, ahora ya podemos retirarnos! —dijo la señora Miller.

Daisy empezó a alejarse de Winterbourne sin apartarle la mirada, sonriendo y abanicándose.

—Buenas noches —dijo—. ¡Espero que esté usted defraudado, o enfadado, o algo!

Él la miró y tomando la mano que ella le ofrecía, respondió:

—Estoy desconcertado.

—Bueno, espero que eso no le quitará el sueño —dijo ella vivamente.

Y, bajo la escolta del privilegiado Eugenio, las dos damas se dirigieron hacia el edificio.

Winterbourne las siguió con la mirada; estaba realmente desconcertado. Permaneció por las cercanías del lago un cuarto de hora, dándole vueltas al misterio de las súbitas familiaridades y caprichos de la muchacha. Pero la única conclusión clara a que llegó fue que le gustaría endemoniadamente «salir» con ella a donde fuera.

Dos días más tarde fue con ella al castillo de Chillon. La esperó en el amplio vestíbulo del hotel, donde «couriers», sirvientes y turistas extranjeros paseaban ociosos y husmeantes. No era ése el lugar que él hubiera escogido, pero ella había decidido citarle allí. Llegó bajando airosamente la escalera, abrochándose los largos guantes, apretando contra su bella figura la sombrilla cerrada, y vestida a la perfección con un sobrio pero elegante traje de viaje. Winterbourne era un hombre con imaginación y, como decían nuestros antepasados, con sensibilidad: mirando su vestido, en la monumental escalera, su paso rápido y seguro, sintió como si algo muy romántico estuviera sucediendo. Podría haber creído que iban a fugarse juntos. Cruzaron entre la gente que allí se reunía: todos la miraban con insistencia. Daisy había empezado a charlar en cuanto se encontraron.

Winterbourne hubiese preferido ir en carruaje hasta Chillon, pero ella expresó un ardiente deseo de tomar el vaporcito: afirmó tener pasión por los barcos de vapor. Soplaba siempre una brisa tan agradable sobre el agua y se veía a tanta gente. La travesía no era larga, pero la compañera de Winterbourne encontró tiempo para decir un sinfín de cosas. Para el joven, aquella pequeña excursión suponía hasta tal punto una escapada —una aventura— que, aun teniendo presente el habitual sentido de libertad de la muchacha, confiaba en que ella la consideraría de forma similar. Pero hay que decir que en este aspecto quedó decepcionado. Daisy Miller estaba terriblemente animada, de excelente humor; pero al parecer no estaba en absoluto excitada, no estaba turbada, no evitaba su mirada ni la de nadie, no se sonrojaba ni cuando la miraba él ni cuando la miraban los demás. La gente seguía mirándola incesantemente y a Winterbourne le satisfacía el aire distinguido de su bella compañera.

Había tenido cierto temor de que alzara la voz al hablar, de que riese con exceso e incluso, quizá, de que quisiera pasear demasiado por el barco. Pero olvidó sus temores por completo: estaba sentado y sonriente con los ojos fijos en el rostro de la muchacha mientras ella, sin moverse de su sitio, hacía gran cantidad de originales reflexiones. Era la cháchara más encantadora que nunca hubiese oído. Había aceptado la idea de que era «vulgar»; pero ¿lo era en realidad, o simplemente se estaba habituando él a su vulgaridad? Su conversación se centraba primordialmente en lo que los metafísicos llaman el carácter objetivo, pero de vez en cuando tomaba un cariz más subjetivo.

—¿Por qué demonios está usted tan serio? —preguntó de pronto, fijando sus agradables ojos en los de Winterbourne.

—¿Estoy serio? —dijo él—. Tenía la impresión de que estaba sonriendo de oreja a oreja.

—Parece como si me llevara a un funeral. Si eso es una sonrisa debe usted tener las orejas muy juntas.

—¿Le gustaría que bailara una hornpipe sobre la cubierta?

—Hágalo, por favor y yo pasaré el sombrero. Eso cubrirá los gastos de la excursión.

—En mi vida he estado más contento —murmuró Winterbourne.

Le miró un momento y luego rompió a reír.

—¡Me gusta hacerle decir esas cosas! ¡Es usted una mezcla curiosa!

En el castillo, después que hubieron desembarcado, prevaleció decididamente el tono subjetivo. Daisy correteó por las salas abovedadas, hizo susurrar sus faldas en las escaleras de caracol, dio un saltito hacia atrás, acompañado de un encantador chillido y un estremecimiento, desde el borde de las oubliettes, y prestó su oído particularmente bien formado a las explicaciones de Winterbourne sobre el lugar. Pero él vio que le importaban muy poco las antigüedades feudales, y que las sombrías tradiciones de Chillon no le producían más que una ligera impresión. Tuvieron la suerte de poder pasear por el castillo sin otra compañía que la del guardián, y Winterbourne se puso de acuerdo con ese funcionario para que no les apurase, para que pudiesen detenerse y demorarse donde les apeteciera. El guardián interpretó generosamente el pacto —Winterbourne, por su parte, también había sido generoso— y terminó por dejarlos solos. Las observaciones de Miss Miller no se distinguían por su coherencia lógica; siempre encontraba un pretexto para todo cuanto quería decir. Halló una buena cantidad de pretextos en las severas troneras de Chillon para

plantear a Winterbourne súbitas cuestiones acerca de él mismo —su familia, su pasado, sus gustos, sus costumbres, sus intenciones— y para suministrarle información sobre los correspondientes aspectos de su propia personalidad. En lo relativo a sus gustos, costumbres e intenciones, Miss Miller estaba dispuesta a dar la información más precisa y, de hecho, la más favorable.

—¡Vaya, cuántas cosas sabe usted! —le dijo a su acompañante después que éste le hubo relatado la historia del desdichado Bonivard—. ¡Nunca conocí a un hombre que supiera tanto!

Era evidente que la historia de Bonivard, como suele decirse, le había entrado por un oído y salido por el otro.

Pero Daisy continuó diciendo que desearía que Winterbourne viajase y «diese vueltas» con ellos; así aprenderían algo.

—¿No quiere usted venir para enseñar a Randolph? —preguntó.

Winterbourne dijo que nada le gustaría tanto, pero que por desgracia tenía otras ocupaciones.

—¿Otras ocupaciones? ¡No lo creo! —dijo Miss Daisy—. ¿Qué quiere decir? Usted no es hombre de negocios.

El joven admitió que no era un hombre de negocios, pero tenía compromisos que dentro de un par de días le forzaban a regresar a Ginebra.

—¡Vaya! —dijo ella—. ¡No le creo! —y empezó a hablar de otra cosa. Pero al cabo de unos instantes, mientras él le mostraba el bello diseño de una antigua chimenea, le interrumpió intempestivamente: —¿No habrá dicho de veras que piensa regresar a Ginebra?

—Resulta triste de decir, pero debo regresar a Ginebra mañana.

—Bueno, señor Winterbourne —dijo Daisy—. ¡Es usted horrible! —¡Oh, no diga usted esas cosas! —dijo Winterbourne—. ¡Precisamente al final! —¡Al final! —exclamó la muchacha—. Yo le llamo el principio. Estoy pensando en dejarle aquí plantado y regresar sola al hotel.

Y durante los siguientes diez minutos no hizo otra cosa que decirle que era horrible. El pobre Winterbourne estaba bastante sorprendido; nunca joven alguna le había hecho el honor de agitarse tanto ante el anuncio de sus desplazamientos. Después de esto, su acompañante dejó de prestar atención a las curiosidades de Chillon o a las bellezas del lago; abrió fuego contra la misteriosa hechicera de Ginebra a quien, según parecía haber dado inmediatamente por entendido, él regresaba corriendo a ver. ¿Cómo sabía Miss Daisy Miller que en Ginebra había una hechicera? Winterbourne, que negó la existencia de tal persona, no

supo descubrirlo, y estaba entre asombrado por la rapidez de su deducción y divertido por la franqueza de su persiflage. En todas estas cosas, le pareció una extraordinaria combinación de crudeza e inocencia.

—¿Le concede alguna vez más de tres días seguidos? —preguntó Daisy irónicamente—. ¿Le da vacaciones en verano? Incluso los que trabajan en las peores condiciones pueden tomarse un descanso durante esa época del año. Supongo que si se queda un día más, tomará el vapor para venirlo a buscar. ¡Quédese hasta el viernes y bajaré al embarcadero para verla llegar!

Winterbourne empezaba a pensar que se había equivocado al sentirse defraudado por el estado de ánimo con que Daisy había subido a bordo. El acento personal que había extrañado, hacía ahora su aparición. Y sonó bastante claro, al fin, cuando ella le dijo que dejaría de «importunarle» si le prometía solemnemente ir a Roma en invierno.

—Eso no es difícil de prometer —dijo Winterbourne—. Mi tía ha alquilado un apartamento en Roma para el invierno. Y me ha pedido que vaya a visitarla.

—No quiero que vaya por su tía —dijo Daisy—, quiero que vaya por mí.

Y ésta fue la única vez que la oyó aludir a su odiosa pariente. Declaró que, en cualquier caso, era seguro que iría. Después de esto Daisy dejó de importunarle. Winterbourne tomó un carruaje y llegaron a Vevey al anochecer. La muchacha estuvo muy callada.

Por la noche, Winterbourne le mencionó a la señora Costello que había pasado la tarde en Chillon con Miss Daisy Miller.

—¿Los americanos… del «courier»? —preguntó la dama.

—Por suerte —dijo Winterbourne— el «courier» se quedó en casa.

—¿Fuisteis los dos solos?

—Completamente solos.

La señora Costello aspiró las esencias de su botellita de sales.

—¡Y ésa —exclamó— es la muchacha que querías presentarme!

III

Winterbourne, que había regresado a Ginebra al día siguiente de su excursión a Chillon, fue a Roma hacia finales de enero. Su tía residía allí hacía varias semanas, y el joven había recibido un par de cartas suyas. «Esa gente con la que tan solícito te mostraste el verano pasado en Vevey, ha aparecido por aquí, «courier» incluido— escribía—. Parece que han hecho varias amistades, pero el «courier» sigue siendo el más intime. Sin

embargo, la muchacha también ha intimado bastante con algunos italianos de tercera categoría, con los cuales se divierte de un modo que da mucho qué hablar. Tráeme esa deliciosa novela de Cherbuliez, Paule Meré, y no vengas más tarde del veintitrés.»

Siguiendo el curso natural de los acontecimientos Winterbourne, al llegar a Roma, habría averiguado en la banca americana la dirección de la señora Miller, y habría hecho una visita de cortesía a Miss Daisy.

—Después de lo que sucedió en Vevey, creo que puedo ir a verlas —le dijo a la señora Costello.

—Si después de lo que está sucediendo, en Vevey y en todas partes, aún deseas continuar con esa amistad, adelante. Desde luego, un hombre puede tener las amistades que quiera. ¡Los hombres tienen ese privilegio!

—Dígame qué es lo que sucede aquí, por ejemplo —pidió Winterbourne.

—La muchacha se pasea sola con sus extranjeros. Respecto a lo que sucede luego, tendrás que buscar información en otra parte. Se ha procurado media docena de los usuales cazafortunas de Roma, y se presenta con ellos en las casas de la gente. Cuando asiste a una fiesta particular, lleva siempre a algún caballero de buenos modales y admirable bigote.

—¿Y la madre, dónde está?

—No tengo la menor idea. Son una gente espantosa.

Winterbourne meditó un momento.

—Son muy ignorantes… muy indecentes. Eso no quiere decir que sean malas.

—Son irremediablemente vulgares —dijo la señora Costello—. Si el ser irremediablemente vulgar es «malo» o no, es una cuestión para los metafísicos. En cualquier caso son lo bastante malas como para no gustar; y en esta corta vida nuestra, eso basta.

La noticia de que Daisy Miller andaba rodeada de media docena de admirables bigotes, reprimió los impulsos que empujaban a Winterbourne a visitarla enseguida. Tal vez no se hubiera hecho demasiadas ilusiones de haber causado una impresión imborrable en el corazón de la muchacha, pero le molestó enterarse de un estado de cosas tan poco acorde con la imagen que había últimamente rondado sus meditaciones: la imagen de una bella muchacha asomada a una vetusta ventana romana y preguntándose con impaciencia cuándo llegaría el señor Winterbourne. Si bien decidió esperar un poco a recordarle a Miss

Miller los derechos que tenía a su consideración, fue muy pronto a visitar a otros dos o tres amigos. Uno de ellos era una señora americana que había pasado varios inviernos en Ginebra, donde sus hijos iban a la escuela.

Era una mujer muy culta y vivía en la Vía Gregoriana. Winterbourne la encontró en un pequeño salón carmesí del tercer piso; la habitación estaba inundada por el sol meridional. No llevaba allí ni diez minutos, cuando entró un sirviente y anunció: «¡ Madame Mila!». Este anuncio fue seguido de la entrada del pequeño Randolph Miller que se detuvo en medio de la habitación con los ojos clavados en Winterbourne. Un instante más tarde su bella hermana cruzó el umbral, y luego, después de un intervalo considerable, la señora Miller avanzó lentamente.

—¡A usted le conozco! —dijo Randolph.

—Estoy seguro de que conoces muchas cosas —exclamó Winterbourne, tomándolo de la mano—. ¿Qué tal va tu educación?

Daisy estaba intercambiando cumplidos con su anfitriona muy gentilmente, pero en cuanto oyó la voz de Winterbourne volvió la cabeza con rapidez.

—¡Vaya! —dijo.

—Recuerde que le dije que vendría —respondió Winterbourne sonriendo.

—Bueno, no me lo creí —dijo Miss Daisy.

—Le estoy muy agradecido —dijo el joven riendo.

—¡Podría haber venido a verme! —dijo Daisy.

—Llegué ayer.

—¡No lo creo! —declaró la muchacha.

Winterbourne se volvió con una sonrisa de protesta hacia la madre, pero la dama rehuyó su mirada y, sentándose, fijó los ojos en su hijo.

—Nosotros tenemos una casa mayor que ésta —dijo Randolph—. Está llena de oro por las paredes.

La señora Miller se movió, incómoda, en su silla.

—¡Te dije que si te traía dirías alguna inconveniencia! —murmuró.

—¡Te lo dije yo a ti! —exclamó Randolph—. ¡Y se lo digo a usted, señor! —añadió jocosamente dándole a Winterbourne un golpecito en la rodilla—. ¡Es mucho más grande!

Daisy había entablado una conversación muy animada con la señora de la casa. Winterbourne juzgó que sería oportuno intercambiar unas palabras con la madre.

—Espero que se haya encontrado usted bien desde que nos separamos en Vevey —dijo.

Esta vez la señora Miller le miró sin ninguna duda, miró su mentón.

—No muy bien, señor —respondió.

—Tiene dispepsia —dijo Randolph—. Yo también la tengo. Y papá lo mismo. ¡La mía es la peor!

Esta declaración, en lugar de molestar a la señora Miller, pareció aliviarla.

—Sufro del hígado —dijo—. Creo que es el clima. No es tan vigorizante como el de Schenectady, especialmente en invierno. No sé si sabe que residimos en Schenectady. Le decía a Daisy que nunca había encontrado a nadie como el Dr. Davis, y no creo que lo encuentre. En Schenectady es el número uno: está sumamente bien considerado. Pese al trabajo que tiene, jamás ha dejado de hacerme un favor. Dijo que no había visto nunca nada como mi dispepsia, pero estaba decidido a curármela. Lo probó todo. Precisamente cuando partimos iba a tratarme con algo nuevo. El señor Miller quería que Daisy viera por sí misma Europa. Pero ya le he escrito diciéndole que al parecer no puedo prescindir del Dr. Davis. En Schenectady está en la cumbre; y también allí hay muchas enfermedades. Esto afecta mi sueño.

Winterbourne mantuvo una larga charla patológica con la paciente del Dr. Davis, durante la cual Daisy estuvo, a su vez, charlando incesantemente con su compañera. El joven preguntó a la señora Miller su opinión sobre Roma.

—Bueno, debo confesar que me ha defraudado —respondió—. Habíamos oído tantas cosas; supongo que demasiadas. Pero fue inevitable. Nos habían hecho creer otra cosa.

—Espere usted un poco y verá cómo se encariña con la ciudad —dijo Winterbourne.

—¡Yo la odio cada día más! —gritó Randolph.

—Tú eres como un pequeño Aníbal —dijo Winterbourne.

—¡No, no lo soy! —declaró Randolph, por si acaso.

—No te pareces mucho a un niño —dijo su madre— Pero hemos visto lugares —prosiguió— muy superiores a Roma en mi opinión.

—Y en respuesta al aire interrogativo de Winterbourne, concluyó—: Está Zurich, por ejemplo.

Encuentro Zurich preciosa, y no habíamos oído hablar de esa ciudad ni la mitad.

—¡El mejor lugar que hemos visto es el Ciudad de Richmond! —dijo Randolph.

—Se refiere al barco —explicó su madre—. Hicimos la travesía en ese barco. Randolph se lo pasó muy bien en el Ciudad de Richmond.

—Es el mejor lugar que he visto —repitió el niño—. Solo que tomó un rumbo equivocado.

—Bueno, pues tendremos que tomar el rumbo correcto algún día —dijo la señora Miller con una risita.

Winterbourne expresó la esperanza de que su hija, por lo menos, encontrara alguna satisfacción en Roma, y ella le aseguró que Daisy estaba entusiasmada.

—Es gracias a la vida social, que aquí es espléndida. Va a todas partes, ha hecho muchísimas amistades. Desde luego sale mucho más que yo. Debo decir que han sido todos muy sociables: la aceptaron inmediatamente. Y además conoce a un gran número de caballeros. Ah, ella piensa que no hay nada comparable a Roma. Por supuesto, para una chica resulta mucho más agradable si conoce a muchos caballeros.

Para entonces Daisy había vuelto de nuevo su atención a Winterbourne.

—Le he estado contando a la señora Walker lo malvado que es usted —anunció la joven: —¿Y qué pruebas ha aportado? —preguntó Winterbourne, algo molesto de que Miss Miller no apreciara el interés de un admirador que, en su viaje a Roma, no se había detenido ni en Bolonia ni en Floreneia, en virtud simplemente de cierta impaciencia sentimental. Recordó que un cínico compatriota le había contado una vez que las mujeres americanas —las bonitas, lo cual daba una cierta ambigüedad al axioma— eran las más exigentes y las menos agradecidas.

—¡Cómo! Fue usted terribiemente malvado en Vevey. No quiso hacer nada. No quiso quedarse cuando yo se lo pedí.

—Querida señorita —exclamó Winterbourne con elocuencia—, ¿acaso he hecho este largo viaje hasta Roma para encontrarme con sus reproches? —¡Oiga lo que dice! —le dijo Daisy a su anfitriona, mientras le arreglaba un lazo del vestido—. ¿Ha oído usted nunca algo tan absurdo? —¿Tan absurdo, querida? —murmuró la señora Walker con tono de partidaria de Winterbourne.

—Bueno, no sé —dijo Daisy jugueteando con las cintas de la señora Walker—. Señora Walker, quiero decirle algo.

—Mamá —interrumpió Randolph con su entonación potente— Te digo que tienes que irte. ¡Eugenio se va a enfadar!

—No le tengo miedo a Eugenio —dijo Daisy, con un movimiento de cabeza—. Verá, señora Walker —continuó—, voy a asistir a su fiesta.

—Me complace mucho saberlo.

—Tengo un vestido precioso.

—Estoy segura de ello.

—Pero quiero pedirle un favor: el permiso para traer a un amigo.

—Me complacerá mucho conocer a cualquiera de sus amigos —dijo la señora Walker, volviéndose con una sonrisa hacia la señora Miller.

—Oh, no se trata de amigos míos —respondió la mamá de Daisy, sonriendo tímidamente como hacía de costumbre—. ¡Nunca les he hablado!

—Es un amigo íntimo, el señor Giovanelli —dijo Daisy, sin el menor temblor en su clara y fina voz, ni la menor sombra en su pequeña y radiante cara.

La señora Walker se quedó callada unos instantes y echó una rápida mirada a Winterbourne.

—Me encantará ver al señor Giovanelli —dijo a continuación.

—Es un italiano —prosiguió Daisy con una extraordinaria serenidad—. Un gran amigo: El hombre más guapo del mundo… ¡exceptuando al señor Winterbourne! Conoce a muchos italianos, pero le gustaría conocer también a algunos americanos. En su opinión los americanos son fabulosos. Es tremendamente inteligente. ¡Es un encanto!

Se acordó que el brillante personaje iría a la fiesta que daba la señora Walker, y luego la señora Miller se dispuso a despedirse.

—Creo que debemos regresar al hotel —dijo.

—Puedes regresar al hotel si quieres, mamá; yo voy a dar un paseo —dijo Daisy.

—Va a dar un paseo con el señor Giovanelli —añadió Randolph.

—Voy a ir al Pincio —dijo Daisy sonriendo.

—¿Sola, querida? ¿A esta hora? preguntó la señora Walker.

La tarde estaba ya muy avanzada. Era la hora en que las calles estaban atestadas de carruajes y peatones contemplativos.

—No lo creo aconsejable, querida —dijo la señora Walker.

—Ni yo tampoco —añadió la señora Miller —. Vas a coger la fiebre, estoy segura. ¡Recuerda lo que te dijo el Dr. Davis!

—Dale alguna medicina antes de que se vaya —dijo Randolph.

El grupo se había puesto en pie. Daisy, mostrando todavía sus bellos dientes, se inclinó y besó a su anfitriona.

—Señora Walker, es usted demasiado perfecta —dijo—. No voy sola, voy a encontrarme con un amigo.

—Tu amigo no va a evitar que cojas la fiebre —observó la señora Miller.

—¿Se trata del señor Giovanelli? —preguntó la anfitriona.

Winterbourne observaba a la muchacha y al oír la pregunta aumentó su atención. Ella estaba allí sonriendo y alisando las cintas de su sombrero. Lanzó una mirada a Winterbourne. Luego, mientras le miraba y sonreía, respondió sin la menor vacilación:

—El señor Giovanelli… el bello Giovanelli.

—Mi querida amiga —dijo la señora Walker tomando su mano, en tono de súplica—, no vaya usted al Pincio a esta hora para encontrarse con un bello italiano.

—Bueno, habla inglés —dijo la señora Miller.

—¡Por Dios! —exclamó Daisy—. No quiero hacer nada impropio. Hay una manera muy fácil de arreglarlo —continuó mirando a Winterbourne.—. El Pincio está solo a unos cien metros de aquí y, si el señor Winterbourne fuera tan cortés como pretende, se ofrecería a acompañarme.

Winterbourne se apresuró a reafirmar su cortesía, y la muchacha le permitió graciosamente que la acompañara.

Bajaron la escalera delante de la madre y, en la puerta, Winterbourne vio detenido el carruaje de la señora Miller, con el decorativo «courier» que había conocido en Vevey sentado en el interior.

—¡Adiós, Eugenio! —gritó Daisy—. ¡Voy a dar un paseo!

La distancia desde la Vía Gregoriana hasta el bello jardín situado al otro lado de la colina del Pincio se recorre, en efecto, muy rápidamente. Sin embargo, como el día era espléndido y la afluencia de vehículos, peatones y ociosos considerable, los jóvenes americanos vieron su marcha muy dilatada. El hecho resultaba sumamente agradable para Winterbourne, pese a ser consciente de lo singular de la situación. La multitud romana, lenta y ociosa, prestaba gran atención a la bellísima joven extranjera que la cruzaba tomada de su brazo; y él se preguntaba qué idea habría pasado por la mente de Daisy cuando propuso exponerse, sin compañía alguna, a la apreciación de esa multitud. Su misión, según parecía entender la joven, consistía en depositarla en las manos del señor

Giovanelli; pero Winterbourne, molesto y complacido a la vez, decidió que no haría tal cosa.

—¿Por qué no vino a verme? —preguntó Daisy—. De ésta no va a salirse tan fácilmente.

—Ya he tenido el honor de explicarle que acabo de bajar del tren.

—Pues debe haberse quedado en el tren un buen rato después de que se detuviera —exclamó la muchacha con su risita habitual—. Supongo que estaría dormido. Tiempo para ir a ver a la señora Walker sí ha tenido.

—Conocí a la señora Walker… —empezó a explicar Winterbourne.

—Ya sé dónde la conoció. La conoció en Ginebra. Ella me lo dijo. Bien, a mí me conoció en Vevey, que viene a ser lo mismo. De modo que debiera haber venido.

No le preguntó nada más; empezó a charlar sobre sus propios asuntos.

—Tenemos unas habitaciones espléndidas en el hotel: Eugenio dice que son las mejores de Roma. Vamos a quedarnos todo el invierno, si no nos morimos de la fiebre; supongo pues que nos quedaremos. Esto es mucho mejor de lo que esperaba. Pensé que iba a ser horriblemente tranquilo. Estaba segura de que lo encontraría espantosamente mezquino. Estaba convencida de que pasaríamos el tiempo dando vueltas con uno de esos viejos horrendos que explican las pinturas y todo lo demás. Pero esto solo duró una semana, y ahora estoy divirtiéndome. Conozco a tanta gente, y todos son tan encantadores… El círculo social es extremadamente selecto. Hay toda clase de gentes: ingleses, alemanes, italianos… Creo que los que más me gustan son los ingleses. Me gusta su estilo de conversación. Pero hay americanos adorables. Nunca vi nada tan hospitalario.

Todos los días hay una cosa u otra. No se baila mucho, pero debo decir que nunca creí que el baile lo fuera todo. Siempre me ha gustado la conversación. Supongo que no la echaré a faltar en casa de la señora Miller: sus habitaciones son tan pequeñas.

Cuando hubieron franqueado la verja de los jardines del Pincio, Miss Miller empezó a preguntarse dónde estaría el señor Giovanelli.

—Será mejor que vayamos allí delante —dijo—, la vista es mejor.

—No piense que la voy a ayudar a encontrarle —declaró Winterbourne.

—En ese caso le encontraré sin usted —dijo Miss Daisy.

—¡No irá a dejarme! —exclamó Winterbourne.

Ella dejó escapar su risita.

—¿Tiene miedo de perderse... o de que le atropellen? Pero, allí está Giovanelli; apoyado en aquel árbol. Mira a las mujeres de los carruajes. ¿Ha visto usted nunca semejante aplomo?

Winterbourne percibió a cierta distancia a un hombrecito que estaba de pie con los brazos cruzados, meciendo su bastón. Tenía un rostro agraciado, un sombrero colocado con mucho arte, un monóculo y un ramillete en la solapa: Winterbourne le miró un momento y luego dijo: —¿Pretende usted hablar con ese hombre? —¿Si pretendo hablarle? Bueno, no pensará que voy a comunicarme por señas.

—En ese caso, le ruego que comprenda —dijo Winterbourne — que tengo la intención de permanecer con usted.

Daisy se detuvo y le miró sin la menor huella de inquietud en su cara; nada sino la presencia de sus bellos ojos y sus hoyuelos alegres.

«¡Vaya, ella sí que tiene aplomo!... pensó el joven.

—No me gusta la forma en que dice eso —dijo Daisy—. Demasiado imperioso.

—Le ruego que me perdone si me expresé mal. Lo importante es darle a usted una idea de cuales son mis pensamientos.

La muchacha le miró más gravemente, pero con unos ojos más adorables que nunca.

—Nunca he permitido a caballero alguno decirme lo que tengo que hacer, o interferir en algo que yo haga.

Creo que es una equivocación —dijo Winterbourne—. A veces debería escuchar usted a un caballero... el adecuado.

Daisy comenzó a reír de nuevo.

—¡No hago otra cosa que escuchar a caballeros! —exclamó—. Dígame si Giovanelli es el adecuado.

El caballero del ramillete había advertido ya la presencia de nuestros dos amigos, y se acercaba hacia la muchacha con solícita rapidez. Se inclinó ante Winterbourne lo mismo que ante su compañera: tenía una sonrisa brillante, una mirada inteligente. Winterbourne pensó que su apariencia no era desagradable. Sin embargo, le dijo a Daisy:

—No. No es el adecuado.

Evidentemente, Daisy tenía un talento natural para hacer presentaciones: mencionó a cada uno de sus acompañantes el nombre del otro. Paseó luego con uno a cada lado. El señor Giovanelli, que hablaba el inglés con gran fluidez —Winterbourne se enteró más tarde de que había practicado el idioma con un gran número de herederas americanas—, le dedicaba gran cantidad de corteses trivialidades; era

extremadamente educado y el joven americano, que no decía nada, reflexionaba sobre esa especial profundidad del talento de los italianos, que les permite ser tanto más afables cuanto más profundamente defraudados se sienten. Desde luego, Giovanelli había contado con algo más íntimo: no esperaba un grupo de tres. Pero su flema sugería precisamente la envergadura de sus intenciones. Winterbourne se felicitaba interiormente por haberle tomado las medidas.

«No es un caballero, se dijo, no es más que una buena imitación. Es un maestro de música, un gacetillero, un artista de tercera clase. ¡Al diablo con su agradable apariencial!»

El señor Giovanelli tenía ciertamente un rostro muy agraciado. Pero Winterbourne sentía una gran indignación de que su adorable compatriota no supiera distinguir un caballero verdadero de uno falso. Giovanelli charlaba y bromeaba, haciéndose maravillosamente agradable. Era evidente que si se trataba de una imitación, estaba muy lograda.

«Sin embargo, se dijo Winterbourne, una muchacha distinguida debería saberlo.»

Y volvía entonces a preguntarse si Daisy era realmente una muchacha distinguida. ¿Habría una muchacha distinguida —aún concediendo que fuera una pequeña coqueta americana— concertado una cita con un extranjero, presumiblemente de baja alcurnia? La cita, es cierto, había tenido lugar a plena luz del día y en el rincón más concurrido de toda Roma, pero ¿acaso no era posible ver en la elección de esas circunstancias una prueba de cinismo extremo? Por extraño que pueda parecer, Winterbourne estaba irritado por el hecho de que, al reunirse con su amoroso, la muchacha no se mostrase más afectada por su presencia, y si estaba irritado era debido a sus sentimientos. Era imposible considerarla una joven de conducta irreprochable: carecía de cierta delicadeza esencial. Por consiguiente, las cosas se hubiesen simplificado mucho de haber podido tratarla como al objeto de uno de esos sentimientos que los novelistas llaman «pasiones desenfrenadas». Si hubiera querido librarse de su presencia, él habría podido juzgarla más severamente, y eso la habría hecho a su vez menos desconcertante.

Pero Daisy, en esta ocasión, continuó presentándose como una combinación inescrutable de audacia e inocencia.

Llevaba caminando aproximadamente un cuarto de hora, escoltada por sus dos galanes, y respondiendo en un tono de alegría, que Winterbourne juzgaba particularmente infantil, a los floridos discursos

del señor Giovanelli cuando, un carruaje que se había apartado del tráfico, se paró cerca del camino. En el mismo momento, Winterbourne advirtió que su amiga la señora Walker —la dama cuya casa acababan de abandonar— estaba sentada en el interior y le hacía señas para que se acercara. Dejando la compañía de Miss Miller, atendió presuroso a la llamada. La señora Walker estaba acalorada y presentaba un aire de gran excitación.

—Realmente es espantoso —dijo—. Esa muchacha no debería hacer esta clase de cosas. No debería andar por aquí con dos hombres. Mucha gente lo ha notado ya.

Winterbourne alzó las cejas:

—Creo que no vale la pena darle tanta importancia al asunto.

—¡Es una lástima dejar que esa muchacha se pierda!

—Es muy inocente —dijo Winterbourne.

—¡Es muy alocada! —exclamó la señora Walker— ¿Ha visto usted a nadie tan imbécil como su madre? Desde que se fueron de mi casa, no he tenido ni un momento de descanso pensando en todo esto. Me pareció una pena no intentar siquiera salvarla. Mandé que prepararan el coche, me puse el sombrero y he venido tan deprisa como me ha sido posible. ¡Gracias a Dios que les he encontrado! —¿Qué se propone hacer con nosotros? —preguntó Winterbourne sonriendo.

—Pedirle a la chica que suba conmigo, pasearla media hora por los alrededores para que la gente vea que no se ha vuelto completamente loca, y luego acompañarla a casa sana y salva.

—No creo que ésa sea una idea muy afortunada —dijo Winterbourne—, pero puede intentarlo.

La señora Walker lo intentó. El joven fue a buscar a Miss Miller que simplemente había inclinado la cabeza y sonreído a su interlocutora del carruaje, prosiguiendo luego su camino con su acompañante. Daisy, al enterarse de que la señora Walker deseaba hablarle, volvió sobre sus pasos con perfecto donaire, y con el señor Giovanelli a su lado. Declaró que estaba encantada de tener la oportunidad de presentarle dicho caballero a la señora Walker. Inmediatamente procedió a las presentaciones, afirmando que nunca en su vida había visto algo tan hermoso como la manta de viaje de la señora Walker.

—Me alegra que le guste tanto —dijo la dama sonriendo dulcemente—. ¿Quiere usted subir y dejar que la cubra con ella?

—Oh, no, gracias —dijo Daisy—. La admiraré mucho más si es usted quien se pasea con ella.

—Por favor, suba y paseemos juntas —dijo la señora Walker.

—Me encantaría, pero me encuentro en una situación tan agradable… —y Daisy lanzó una mirada radiante a los dos caballeros que la acompañaban.

—Puede que sea muy agradable, querida niña, pero aquí no es la costumbre —apremió la señora Walker, asomándose a su victoria con las manos suplicantes: —¡Pues debería serlo! —dijo Daisy—. Si no pudiera pasear, me moriría.

—Debería pasear con su madre, querida —gritó la dama de Ginebra, perdiendo la paciencia.

—¡Con mi madre, por Dios! —exclamó la joven. Winterbourne advirtió que empezaba a presentir la intromisión—.

Mi madre no caminó diez pasos seguidos en su vida. Y además, sepa usted —añadió riéndose— que ya soy mayorcita.

—Es usted lo suficiente mayor como para ser más razonable. Lo suficiente mayor, querida Miss Miller, como para dar que hablar.

Daisy miró a la señora Walker sonriendo intensamente.

—¿Para dar que hablar? ¿Qué quiere usted decir con eso?

—Suba al coche y se lo explicaré.

Daisy miró de nuevo y con rapidez a uno y otro caballero. El señor Giovanelli multiplicaba sus reverencias, acariciaba sus guantes y reía de forma muy agradable. Winterbourne pensaba que era una escena deplorable.

—Creo que no quiero saber lo que tiene usted que contarme —dijo Daisy, al cabo de un momento—. No creo que me gustara.

Winterbourne estaba deseando que la señora Walker se envolviera en su manta y se alejara. Pero a la dama —como más tarde le confesó a Winterbourne— no le gustaba que la desafiaran.

—¿Prefiere usted que la consideren una muchacha imprudente? —preguntó.

—¡Por Dios! —exclamó Daisy. Miró otra vez al señor Giovanelli, luego a Winterbourne. Sus mejillas estaban ligeramente sonrosadas: estaba tremendamente bella—. ¿Acaso el señor Winterbourne piensa —empezó a preguntar lentamente, sonriendo, echando la cabeza hacia atrás y mirándole de pies a cabeza —que, para salvar mi reputación, debería subir al coche?

Winterbourne enrojeció; por un momento vaciló. Resultaba tan extraño oírla hablar así de su «reputación».

Pero él no tenía más remedio que hablar de acuerdo con las reglas de la caballerosidad. En este caso, la caballerosidad consistía simplemente en decir la verdad, y la verdad para Winterbourne, como el lector habrá intuido por las pocas indicaciones que sobre él he podido darle, era que Daisy Miller debía seguir el consejo de la señora Walker. Observó su exquisita belleza, y luego dijo, muy suavemente:

—Creo que debería usted subir al coche.

Daisy rió violentamente:

—¡Nunca he oído nada tan estricto! Si esto es incorrecto, señora Walker —prosiguió— entonces es que también yo soy incorrecta, y debe usted abandonarme a mi suerte. Adiós. ¡Le deseo un agradable paseo! —y acompañada por el señor Giovanelli, que hizo un saludo triunfalmente obsequioso, se alejó.

La señora Walker la siguió con la mirada, y los ojos se le llenaron de lágrimas.

—Suba usted, caballero —dijo a Winterbourne, indicando el asiento a su lado. El joven le respondió que se sentía en la obligación de acompañar a Miss Miller, a lo cual la señora Walker declaró que si él rechazaba este favor, no volvería a dirigirle la palabra. Era evidente que lo decía en serio. Winterbourne alcanzó a Daisy y a su acompañante y, ofreciendo su mano a la muchacha, le dijo que la señora Walker reclamaba imperiosamente su compañía. Esperaba que, en respuesta, ella diría algo atrevido, algo que la empujaría un poco más hacia esa «imprudencia» de la que tan compasivamente había tratado de apartarla la señora Walker. Pero se limitó a estrechar su mano casi sin mirarle, mientras el señor Giovanelli lo despedía con una exagerada floritura de sombrero.

Winterbourne no estaba del mejor de los humores cuando tomó asiento en la victoria de la señora Walker.

—No estuvo usted muy hábil —dijo con franqueza mientras el vehículo se mezclaba de nuevo con el tropel de carruajes.

—En casos como éste —respondió su compañera —no deseo ser hábil, ¡solo deseo ser formal!

—Bien, pues su formalidad solo ha conseguido ofenderla y hacerla huir.

—Muy bien —dijo la señora Walker—. Si está por completo decidida a comprometerse, cuanto antes lo sepa uno mejor. Así podremos obrar en consecuencia.

—Sospecho que no lo hace con mala intención —prosiguió Winterbourne.

—Es lo que yo creía hace un mes. Pero está yendo demasiado lejos.

—¿Qué es lo que ha hecho?

—Todo lo que aquí no se hace. Coquetear con el primero que encuentra, sentarse en los rincones con misteriosos italianos, bailar toda la noche con la misma pareja, recibir visitas a las once de la noche. Cuando llegan los visitantes su madre se retira.

—Pero su hermano —dijo Winterbourne riendo— se queda levantado hasta medianoche.

—Debe ser muy edificante lo que ve. He oído decir que en el hotel donde se hospedan todo el mundo habla de ella, y que todos los sirvientes se sonríen cuando llega algún caballero preguntando por Miss Miller.

—¡Al diablo los sirvientes! —dijo Winterbourne irritado—. El único defecto que tiene la pobre muchacha es —añadió luego— su falta de cultura.

—Es desvergonzada por naturaleza —declaró la señora Walker—. Tome el ejemplo de esta mañana. ¿Cuánto tiempo hacía que la conocía usted cuando se fue de Vevey?

—Un par de días.

—Imagínese pues: ¡hacer una cuestión personal de que usted se marchara de allí!

Winterbourne permaneció en silencio por unos segundos. Luego dijo:

—Sospecho, señora Walker, que usted y yo hemos vivido demasiado tiempo en Ginebra —y le preguntó a continuación cuál había sido su propósito específico cuando le rogó que subiera al carruaje.

—Deseaba pedirle que pusiera fin a sus relaciones con Miss Miller —que no coqueteara con ella— para no darle más oportunidades de ponerse en evidencia… que la dejara sola, en una palabra.

—Me temo que no podré hacer eso —dijo Winterbourne—. Me gusta en extremo.

—Razón de más para que no la ayude a dar un escándalo.

—Le aseguro que no habrá nada escandaloso en mis atenciones hacia ella.

—Lo habrá sin duda en el modo en que ella las interprete. Pero ya he dicho lo que tenía sobre la conciencia —prosiguió la señora Walker—. Si usted desea reunirse de nuevo con esa señorita puede apearse cuando quiera. A propósito, ahora tiene la oportunidad.

El carruaje estaba cruzando la parte de los jardines del Pincio que domina la muralla de Roma y mira hacia la hermosa Villa Borghese. Está bordeada por una larga balaustrada, cerca de la cual hay varios asientos. Uno de ellos, a cierta distancia, estaba ocupado por un caballero y una dama, a los que la señora Walker señaló con un ademán de la cabeza. En ese momento se levantaron y caminaron hacia la balaustrada. Winterbourne, que había pedido al cochero que se detuviera, descendió del carruaje. Su acompañante le miró un instante en silencio; luego, mientras él levantaba su sombrero, se alejó majestuosamente. Winterbourne se quedó allí, había vuelto los ojos hacia Daisy y su galán. Evidentemente ellos no veían a nadie; estaban demasiado ocupados el uno con el otro. Cuando llegaron al límite del jardín, se quedaron un momento contemplando los macizos de pinos achaparrados de la Villa Borghese. Luego Giovanelli se sentó familiarmente sobre el ancho borde de la pared.

El sol que se ponía en el extremo opuesto del cielo proyectó un rayo brillante a través de dos nubarrones; el acompañante de Daisy tomó la sombrilla de las manos de ella y la abrió. La muchacha se le acercó un poco y él mantuvo la sombrilla sobre ella; luego, sin soltarla, dejó que descansara sobre el hombro de Daisy, de manera que sus dos cabezas quedaron ocultas a la mirada de Winterbourne. Este se entretuvo un momento y luego empezó a caminar. Pero no caminó hacia la pareja de la sombrilla, sino hacia la residencia de su tía, la señora Costello.

IV

Al día siguiente tuvo, por lo menos, la satisfacción de no suscitar sonrisas entre los sirvientes cuando preguntó en el hotel por la señora Miller. Sin embargo, ni la dama ni su hija estaban. Y cuando al otro día repitió la visita, Winterbourne tuvo de nuevo la desgracia de no encontrarlas. La fiesta de la señora Walker se celebró en la noche del tercer día, y a pesar de la frialdad de su última entrevista con la anfitriona, Winterbourne estuvo entre los invitados. La señora Walker era una de esas damas americanas que, mientras residen en el extranjero, se creen en la obligación —según sus propias palabras— de estudiar la sociedad europea, y en esta ocasión había reunido varios especímenes de mortales de diversas procedencias para que sirvieran, por así decirlo, de libros de texto. Cuando Winterbourne llegó, Daisy Miller no estaba allí; pero al cabo de un rato vio entrar a su madre, sola, muy tímida y afligida. El cabello de la señora Miller, sobre sus despejadas sienes, estaba más

rizado que nunca. Cuando se acercó a la señora Walker, Winterbourne también lo hizo.

—Ya ve usted que he venido sola —dijo la pobre señora Miller —. Estoy tan asustada, no sé qué hacer. Es la primera vez que voy a una fiesta sola, especialmente en este país. Quería traer a Randolph, o a Eugenio, o a alguien, pero Daisy me hizo venir sola. No estoy acostumbrada a salir sola.

—¿Y su hija no va a honrarnos con su presencia? —preguntó la señora Walker, solemnemente.

—Bueno, Daisy ya está vestida —dijo la señora Miller, con ese acento de desapasionado, filosófico incluso, historiador con el que siempre relataba los incidentes usuales en la vida de su hija—. Se vistió con ese fin antes de cenar. Pero se ha presentado un amigo suyo: ese caballero —el italiano— que quería traer. Se han puesto a tocar el piano; parece como si no pudieran dejarlo. El señor Giovanelli canta magníficamente. Pero supongo que no tardarán en venir —concluyó esperanzada.

—Lamento de veras que venga… de esta forma —dijo la señora Walker.

—Le dije que de nada servía arreglarse antes de cenar, si luego iba a esperar tres horas —respondió la mamá de Daisy—. No veo la necesidad de arreglarse tanto para quedarse allí sentada con el señor Giovanelli.

—¡Es el colmo! —dijo la señora Walker alejándose y dirigiéndose a Winterbourne—. Elle s'affiche. Es su venganza por haberme atrevido a reprenderla. Cuando venga, no pienso dirigirle la palabra.

Daisy llegó pasadas las once, pero no era, esta vez, una joven de las que esperan que les dirijan la palabra.

Avanzó decidida envuelta en su radiante belleza, sonriendo y charlando, con un gran ramo de flores y escoltada por el señor Giovanelli. Todos dejaron de hablar y se volvieron para verla. Fue directamente hacia la señora Walker.

—Temí que pensara que no vendría, por eso mandé a mi madre para advertirla. Quería que el señor Giovanelli practicara un poco antes de venir: ya sabe que canta maravillosamente, y quiero que le pida que cante.

Este es el señor Giovanelli, recordará que se lo presenté. Posee una voz bellísima y un repertorio de canciones encantadoras. Esta noche se las hice repasar a propósito; nos hemos divertido muchísimo en el hotel.

Daisy dijo todo esto con la más dulce y clara de las voces, dirigiéndose ora a su anfitriona, ora al resto de los presentes, mientras se daba golpecitos en torno a los hombros por el borde del vestido.

—¿Hay alguien a quien yo conozca? —preguntó.

—¡Creo que todos la conocen a usted! —dijo la señora Walker intencionalmente, y saludó al señor Giovanelli de forma escueta.

Este caballero se comportó con gran aplomo. Sonreía, se inclinaba y enseñaba sus blancos dientes, se retorcía el bigote, hacía girar sus ojos, y desempeñaba todas las funciones propias de un bello italiano en una fiesta nocturna. Cantó, muy bien, media docena de canciones, aunque la señora Walker declaró más tarde que le había resultado imposible averiguar quién se lo había pedido. Aparentemente no fue Daisy la que le había dado órdenes: ella permaneció sentada a cierta distancia del piano y, pese a haber profesado públicamente la admiración por su forma de cantar, estuvo hablando todo el rato en voz no demasiado baja.

—Es una lástima que estas piezas sean tan pequeñas: no podemos bailar —le dijo a Winterbourne, como si le hubiera visto cinco minuto antes.

—Yo no lamento que no podamos bailar —respondió Winterbourne—, no sé hacerlo.

—Desde luego que no sabe hacerlo, es demasiado tieso —dijo Miss Daisy—. Espero que disfrutara de su paseo con la señora Walker.

—No, no lo disfruté. Hubiese preferido pasear con usted.

—Partimos emparejados, era mucho mejor —dijo Daisy—. Pero ¿oyó usted nunca algo tan inoportuno como ese deseo de la señora Walker de que yo subiera en su coche, dejando solo al pobre señor Giovanelli? ¡Con el pretexto de que era lo correcto! ¡La gente tiene unas ideas! Hubiese sido muy cruel; él había estado hablando de ese paseo durante los diez últimos días.

—No tendría que haberle dicho nada —dijo Winterbourne—. Jamás se le hubiera ocurrido pedirle a una joven de este país que paseara con él por la calle.

—¿Por la calle? —exclamó Daisy con su bella mirada—. ¿Por dónde le habría propuesto pasear si no? Además, el Pincio no es la calle y yo, gracias a Dios, no soy una joven de este país. Aquí las jóvenes se aburren terriblemente, por lo que he podido saber. No veo por qué tendría que cambiar mis costumbres por ellas.

—Me temo que sus costumbres sean las de una coqueta —dijo Winterbourne gravemente.

—¡Claro que lo son! —exclamó ella dirigiéndole de nuevo su mirada sonriente—. ¡Soy una temible, terrible coqueta! ¿Vio usted nunca alguna muchacha bonita que no lo fuera? Pero supongo que me va a decir que no soy una muchacha bonita.

—Usted es muy bonita, pero me gustaría que coqueteara conmigo, y solo conmigo —dijo Winterbourne.

—¡Ah, gracias! Muchas gracias. Usted es el último hombre con el que pensaría en coquetear. Como ya he tenido el placer de informarle, es usted demasiado tieso.

—Dice eso con demasiada frecuencia —dijo Winterbourne.

Daisy rió encantada.

—Si tuviera la dulce esperanza de hacerle enfadar se lo volvería a decir.

—No lo haga; cuando estoy enfadado soy más tieso que nunca. Pero si no quiere coquetear conmigo, deje por lo menos de coquetear con su amigo del piano. Estas cosas no las entienden aquí.

—¡Creía que no entendían más que eso! —exclamó Daisy.

—No, si se trata de jóvenes solteras.

—Me parece mucho más propio de jóvenes solteras que de viejas casadas —declaró Daisy.

—Bueno —dijo Winterbourne—, cuando se trata con la gente de un país, hay que acomodarse a las costumbres del lugar. El flirteo es una costumbre puramente americana; aquí no existe. Así que cuando se exhibe usted en público con el señor Giovanelli y sin su madre… —

¡Dios mío! ¡Pobre mamá! —interrumpió Daisy.

—Aunque usted pueda estar coqueteando, el señor Giovanelli no lo hace; él pretende algo distinto.

—En cualquier caso no sermonea —dijo Daisy con vivacidad—. Y si tanto quiere saberlo, ninguno de los dos coquetea; somos demasiado amigos para eso: somos amigos íntimos.

—¡Ah! —contestó Winterbourne—, si están enamorados, eso es otra cosa.

Hasta el momento ella le había permitido hablar con tanta franqueza que no esperaba molestarla con estas últimas palabras. Pero Daisy se levantó al punto, manifiestamente sonrojada y dejándole exclamarse mentalmente que las pequeñas coquetas americanas eran las criaturas más extrañas del mundo.

—Por lo menos, el señor Giovanelli —dijo, lanzando a su interlocutor una mirada furtiva— nunca me dice cosas tan desagradables.

Winterbourne estaba aturdido; permaneció allí, con la mirada perdida. El señor Giovanelli había terminado de cantar; dejó el piano y fue a reunirse con Daisy.

—¿Quiere usted tomar un poco de té en el otro salón? —le preguntó, inclinándose con su decorativa sonrisa.

Daisy se volvió hacia Winterbourne y empezó a sonreír de nuevo. El se quedó aún más perplejo, pues esa sonrisa inconsecuente no aclaraba nada, aunque parecía demostrar que, en realidad, la muchacha poseía una dulzura y una suavidad que la predisponían al perdón de las ofensas.

—Al señor Winterbourne nunca se le ocurrió ofrecerme té —dijo, con su estilo atormentador.

—Le he ofrecido consejos —contestó Winterbourne.

—¡Prefiero el té suave! —exclamó Daisy, y se fue con el brillante Giovanelli. Se sentó con él en el salón contiguo, sobre el alféizar de la ventana, y allí se quedaron el resto de la velada. Una interesante pieza sonaba en el piano, pero ninguno de los dos jóvenes le prestó la más mínima atención. Cuando Daisy fue a despedirse de la señora Walker, la dama reparó a conciencia la debilidad que había demostrado a la llegada de la muchacha. Se volvió dándole resueltamente la espalda y dejó que se las arreglara como pudiese. Winterbourne, que estaba cerca de la puerta, lo vio todo. Daisy se puso muy pálida y miró a su madre, pero la señora Miller era humillantemente inconsciente de cualquier violación de las reglas sociales. Parecía, en efecto, sentir un incongruente impulso de llamar la atención sobre su propia y estricta observancia de las mismas.

—Buenas noches, senora Walker —dijo—. Hemos pasado una velada deliciosa. Ya ve usted, aunque deje que Daisy vaya sola a las fiestas, no la dejo retirarse sin mí.

Daisy se alejó mirando con un semblante pálido y grave el círculo que se había formado junto a la puerta.

Winterbourne notó que, en los primeros momentos, estaba demasiado herida y desconcertada como para poder indignarse. El, por su parte, estaba profundamente conmovido.

—Eso fue muy cruel —le dijo a la señora Walker.

—¡No volverá a poner los pies en mi salón! —replicó la anfitriona.

Puesto que no iba a encontrarla en el salón de la señora Walker, Winterbourne fue con tanta frecuencia como pudo al hotel de la señora Miller. Rara vez las damas estaban allí, y cuando lograba encontrarlas siempre estaba presente el solícito Giovanelli. A menudo, el pequeño y refinado romano se hallaba en el salón, a solas con Daisy; al parecer la señora Miller profesaba la opinión de que la discreción es la mejor forma de vigilancia posible. Winterbourne notó, con cierta sorpresa al principio, que en tales ocasiones Daisy no se mostraba nunca turbada o molesta por su llegada. Pero pronto empezó a comprender que la muchacha no le reservaba ya sorpresa alguna: lo inesperado era lo único que de su comportamiento podía esperarse. No daba ninguna muestra de desagrado cuando su tète-a-tète con Giovanelli era interrumpido; podía charlar tan tranquila y espontáneamente con dos caballeros como con uno solo; en su conversación siempre había la misma extraña mezcla de audacia y puerilidad. Winterbourne se dijo que, si estaba seriamente interesada en Giovanelli, resultaba singular que no se tomara ninguna molestia en preservar la intimidad de sus entrevistas, y le gustó aún más por su espontánea indiferencia y su buen humor, aparentemente inagotable. Le hubiera resultado difícil decir por qué, pero le parecía una de esas muchachas incapaces de tener celos. A riesgo de provocar alguna sonrisa burlona en el lector, puedo afirmar que, con todas las mujeres que hasta el presente le habían interesado, Winterbourne tuvo a menudo la impresión de que, dadas ciertas contingencias, pudiera llegar —literalmente— a temerlas. Con Daisy Miller tenía la agradable sensación de que nunca podría temerla. Hay que agregar que dicho sentimiento no era precisamente halagador para Daisy, formaba parte de su convicción, o tal vez su aprensión, de que al conocerla mejor resultaría ser más bien superficial.

Sin embargo era evidente que estaba muy interesada en Giovanelli. Le miraba en cuanto abría la boca, siempre le estaba pidiendo que hiciera esto o aquello, le gastaba bromas y le mortificaba constantemente. Parecía haber olvidado por completo que Winterbourne le hubiera dicho algo desagradable en la fiesta de la señora Walker.

Un domingo por la tarde, habiendo ido a San Pedro con su tía, Winterbourne la vio paseando por el interior de la impresionante iglesia en compañía del inevitable Giovanelli. Señaló la muchacha y su galán a la señora Costello. La dama les miró un momento a través de sus impertinentes y luego dijo: —¿Eso es lo que te tiene tan pensativo, no es cierto?

—No tenía la menor idea de que estuviera pensativo —dijo el joven.

—Estás muy preocupado, estás pensando en algo.

—¿Y de estar pensando en qué me acusa usted? —preguntó él.

—En esa chica, Miss Baker, o Miss Chandler... ¿cómo se llama? Miss Miller y su intriga con ese aprendiz de barbero.

—¿Llama usted intriga —preguntó Winterbourne— a un asunto rodea do de una tan poco usual publicidad?

—Esa es su locura —dijo la señora Costello—, no su mérito.

—No —respondió Winterbourne, con algo de ese aire pensativo al que su tía había aludido—, no creo que pueda llamarse una intriga.

—He oído comentarlo a una docena de personas; dicen que está muy entusiasmada con él.

—Realmente son muy íntimos —dijo Winterbourne.

La señora Costello volvió a inspeccionar a la pareja a través de su instrumento óptico.

—El es muy apuesto. Salta a la vista. Ella lo considera el hombre más elegante del mundo, el caballero más distinguido. Nunca ha visto a nadie así, es, incluso, mejor que el «courier». Probablemente fue el propio «courier» quien se lo presentó y, si consigue casarse con la chica, estará esperando una magnífica comisión.

—No creo que ella piense casarse con él —dijo Winterbourne—, y no creo que él tenga ninguna esperanza de casarse con ella.

—Puedes estar seguro de que ella no piensa en nada. Vive de día en día, de hora en hora, como se hacía durante la Edad de Oro. No puedo imaginarme nada más vulgar. Y al mismo tiempo —añadió la señora Costello—, ten por seguro que en cualquier momento va a anunciarte que está «prometida».

—Creo que eso es más de lo que espera Giovanelli —dijo Winterbourne.

—¿Quién es Giovanelli?

—El italiano. He hecho algunas preguntas sobre él y he sabido ciertas cosas. Al parecer es un hombrecillo totalmente respetable. Una especie de cavaliere avvocato de poca monta. Pero no se mueve en los que llamamos círculos superiores. Creo que no es del todo imposible que fuera, efectivamente, el «courier» quien se lo presentara. Es evidente que se siente inmensamente cautivado por Miss Miller. Si ella lo considera el caballero más distinguido del mundo, él, por su parte, nunca tuvo contacto personal con tanto esplendor, tanta opulencia, tanta prosperidad. Y además, debe parecerle maravillosamente bella e

interesante. Dudo que sueñe en casarse con ella. Eso sería demasiada suerte como para ser posible. El no tiene más que su hermosa cara para ofrecer, y en la misteriosa tierra de los dólares existe un señor Miller muy real. Giovanelli sabe que no tiene ningún título que ofrecer. ¡Si por lo menos fuera un conde o un marchese! Debe maravillarse de la suerte que ha tenido al ser aceptado de esa forma.

—¡Se lo explica por su linda cara y piensa que Miss Miller es una muchacha qui se passe ses fantaisies! —dijo la señora Costello.

—Es muy cierto —prosiguió Winterbourne— que Daisy y su madre todavía no han llegado a ese nivel… ¿cómo lo llamaría?… de cultura en que la idea de cazar un conde o un marchese empieza a asomar. Las considero intelectualmente incapaces de esa concepción.

—¡Ah, pero el cavaliere puede pensar otra cosa! —dijo la señora Costello.

Winterbourne recogió ese día en San Pedro evidencia suficiente del interés que suscitaba la «intriga» de Daisy.

Una docena de miembros de la colonia americana de Roma fueron a hablar con la señora Costello, que se había sentado en una pequeña banqueta portátil al pie de una de las grandes pilastras. El servicio vespertino proseguía con espléndidos cantos y música de órgano en el coro adyacente y, mientras tanto, entre la señora Costello y sus amigos muchas cosas se dijeron sobre la pobre Miss Miller, que estaba yendo realmente «demasiado lejos». A Winterbourne no le gustó lo que oyó, pero cuando al salir por la gran escalinata de la iglesia vio a Daisy, que había salido antes que él, subir a un coche descubierto con su cómplice y perderse por las cínicas calles de Roma, tuvo que reconocer que la chica iba realmente demasiado lejos. Sintió lástima por ella. No es exactamente que creyera que había perdido la cabeza, sino que le resultaba penoso que algo tan bello, natural e indefenso fuera relegado a un lugar vulgar entre las categorías del desorden. Después de esto, pensó en darle alguna indicación a Miss Miller sobre su situación.

Un día, en el Corso, se encontró con un amigo suyo —un turista como él— que acababa de salir del palacio Doria, pur cuyas hermosas galerías había estado paseando. Su amigo comentó unos instantes el maravilloso retrato de Inocencio X, pintado por Velázquez, que cuelga en uno de los aposentos del palacio, y luego dijo:

—Por cierto que en el mismo aposento he tenido el placer de contemplar un cuadro de una naturaleza muy distinta: a aquella encantadora americana que me mostraste el otro día.

En respuesta a las preguntas de Winterbourne, su amigo le contó que la bonita americana, más bonita que nunca, estaba sentada con su acompañante en el apartado rincón donde se encuentra encerrado el gran retrato papal.

—¿Quién era su acompañante? —preguntó Winterbourne.

—Un italiano bajito con un ramillete en el ojal. La chica es deliciosamente bella, pero me pareció entender, por lo que el otro día me dijiste, que era un joven du meilleur du monde.

—¡Lo es! —respondió Winterbourne; y tras asegurarse de que Daisy y su acompañante habían sido vistos apenas hacía cinco minutos, saltó a un coche y fue a visitar a la señora Miller. Estaba en casa; pero se disculpó por recibirle en la ausencia de Daisy.

—Ha salido con el señor Giovanelli —dijo—. Siempre anda con el señor Giovanelli.

—He notado que son muy íntimos —observó Winterbourne.

—¡Ah, diríase que no pueden vivir el uno sin el otro! —dijo la señora Miller —. De cualquier modo él es un verdadero caballero. ¡Yo ya le digo a Daisy que está prometida! —¿Y qué dice Daisy?

—Oh, ella dice que no lo está. ¡Pero muy bien podría estarlo! —continuó la imparcial madre—. Se comporta como si lo estuviera. Pero ya le he hecho prometer al señor Giovanelli que me lo dirá si ella no lo hace. Me gustaría escribirle al señor Miller al respecto. ¿Qué le parece a usted?

Winterbourne respondió que por supuesto que había de escribirle. Y la disposición de la madre de Daisy le parecía algo tan sin precedente en los anales de la vigilancia materna, que abandonó por irrelevante todo intento de ponerla sobre aviso.

Después de esto, Daisy no estuvo nunca en su casa, y Winterbourne dejó de encontrarla en las casas de sus amistades comunes porque, como pudo notar, esa perspicaz gente había decidido definitivamente que la joven estaba yendo demasiado lejos. Cesaron de invitarla y dieron a entender que deseaban expresar a los observadores europeos la gran verdad de que, si bien Daisy Miller era una joven americana, su comportamiento no era representativo, y sus compatriotas lo consideraban anormal. Winterbourne se preguntaba cómo se sentiría ella viendo que todo el mundo le volvía la espalda, y a veces le enojaba sospechar que no sentía absolutamente nada. Se dijo a sí mismo que era demasiado superficial e inmadura, inculta e irreflexiva, demasiado provinciana para reflexionar sobre el ostracismo que la afectaba, o

siquiera para advertirlo. En otros momentos, en cambio, creía que la muchacha portaba en su hermoso e irresponsable organismo una conciencia desafiante, apasionada y perfectamente lúcida de la impresión que producía. Se preguntaba si la actitud desafiante de Daisy provenía del conocimiento de su propia inocencia o de ser, esencialmente, una jovencita muy temeraria. Debe admitirse que la creencia en la «inocencia» de Daisy fue haciéndose para Winterbourne, cada vez más, una cuestión de sutil galantería. Como ya he tenido ocasión de contar, le molestaba verse obligado a prescindir de la lógica con respecto a esa muchacha, le exasperaba su falta de certidumbre instintiva para determinar hasta qué punto sus excentricidades eran genéricas, nacionales, y hasta qué punto eran personales. Como quiera que fuese, la había de algún modo perdido, y ahora era ya demasiado tarde. Ella estaba «loca» por el señor Giovanelli.

Pocos días después de la breve entrevista con su madre, encontró a Daisy en esa hermosa morada de floreciente desolación conocida como el Palacio de los Césares. La temprana primavera romana había llenado la atmósfera de flores y perfumes, y la rugosa superficie del Palatino estaba cubierta de tierno verdor. Daisy, se paseaba por la cima de uno de esos enormes montones de ruinas terraplenados con mármoles musgosos y pavimentados con inscripciones monumentales. Nunca Roma le había parecido tan hermosa como en ese momento. Se quedó mirando la fascinante armonía de líneas y colores que circundan a lo lejos la ciudad, inhalando los olores suavemente húmedos, y sintiendo la juventud del año y la antigüedad del lugar reafirmarse mutuamente en misteriosa ósmosis. Le pareció también que Daisy estaba más bonita que nunca, pero ésa era una observación que se hacía cada vez que la encontraba. A su lado estaba Giovanelli, y también él tenía un aspecto de brillantez inusitado.

—¡Vaya! —dijo Daisy— ¡qué solitario anda usted! —¿Solitario? —inquirió Winterbourne.

—Siempre está paseando solo. ¿No puede encontrar a nadie que le acompañe?

—No soy tan afortunado —dijo Winterbourne— como su compañero.

Desde el principio, Giovanelli había tratado a Winterbourne con refinada cortesía; escuchaba sus observaciones con aire de deferencia; reía meticulosamente sus bromas: parecía dispuesto a testimoniar su convicción de que Winterbourne era un hombre superior. No se

comportaba en absoluto como un pretendiente celoso: su tacto era evidente y no veía inconvenientes en que se esperase un poco de humildad por su parte.

Incluso a veces, Winterbourne tenía la impresión de que Giovanelli hubiera encontrado un cierto alivio mental manteniendo una entrevista privada con él... para decirle, cual hombre inteligente, que gracias a Dios, él bien sabía lo extraordinaria que era esa joven, y no abrigaba esperanzas ilusorias —o por lo menos demasiado ilusorias— de matrimonio y dólares. En esta ocasión, se alejó unos pasos para coger un ramillete de flores de almendro que se colocó en el ojal con gran esmero.

—Ya sé por qué dice eso —dijo Daisy, observando a Giovanelli—. Porque piensa que salgo demasiado con él— y señaló a su acompañante con un movimiento de cabeza.

—Todo el mundo lo piensa... si le interesa saberlo —dijo Winterbourne.

—¡Claro que me interesa! —exclamó Daisy con seriedad—. Pero yo no lo creo. Solo fingen estar indignados. En realidad no les importa en absoluto lo que hago. Y, además, no salgo tanto.

—Creo que algún día descubrirá que sí les importa. Se lo mostrarán... desagradablemente.

Daisy le miró un momento.

—¿Cómo... desagradablemente? —¿No ha notado usted nada? —preguntó Winterbourne.

—Le he notado a usted. Pero la primera vez que le vi noté que era tieso como un paraguas.

—Algún día descubrirá que no lo soy tanto como otros —dijo Winterbourne sonriendo.

—¿Cómo lo descubriré?

—Yendo a visitar a los otros.

—¿Qué me harán?

—La tratarán con frialdad. ¿Sabe usted lo que eso significa?

Daisy le miraba fijamente; empezó a sonrojarse.

—¿Quiere decir, como hizo la señora Walker la otra noche? —¡Exactamente! —dijo Winterbourne.

Ella miró hacia donde estaba Giovanelli, que seguía adornándose con su ramillete de almendro. Luego volviendo a mirar a Winterbourne, dijo:

—No creo que usted les dejara ser tan crueles.

—¿Cómo podría evitarlo? —preguntó él.

—Podría decir algo.

—Ya digo algo —e hizo una pausa—. Digo que su madre me anuncia que está usted prometida.

—Sí, eso cree ella —dijo Daisy con sencillez.

Winterbourne se echó a reír.

—¿Y Randolph lo cree? —preguntó.

—Supongo que Randolph no cree en nada —dijo Daisy.

El escepticismo de Randolph excitó todavía más la hilaridad de Winterbourne, quien observó que Giovanelli regresaba hacia ellos. Daisy, al notarlo también, se dirigió de nuevo a su compatriota:

—Ya que lo ha mencionado usted —dijo— sí, estoy prometida…

Winterbourne la miró; había dejado de reír.

—¡No lo cree! —añadió ella.

El permaneció callado un momento y luego dijo:

—¡Sí, lo creo! —¡Oh, no, no lo cree! —respondió ella—. Bien, en ese caso no lo estoy.

La joven y su cicerone se dirigían hacia la salida del recinto, de modo que Winterbourne, que había entrado más tarde, se despidió. Al cabo de una semana fue a cenar a una hermosa villa en el Monte Celio y, al llegar, despidió su coche de alquiler. La noche era encantadora, y se prometió a sí mismo la satisfacción de regresar a casa a pie, pasando por debajo del arco de Constantino y cerca de los vagamente iluminados monumentos del Foro. En el cielo había una luna menguante, cuyo resplandor no era brillante, sino velado por una sutil cortina de nubes que parecía difundirlo y regularizarlo. Cuando, al volver de la villa (eran las once de la noche), Winterbourne se acercó al círculo sombrío del Coliseo pensó, como amante de lo pintoresco que era, que valdría realmente la pena contemplar su interior bajo la pálida luz de la luna. Caminó pues hacia uno de los arcos vacíos, cerca del cual, según pudo observar, un coche abierto —uno de esos pequeños coches de alquiler romanos— estaba estacionado. Penetró por entre las cavernosas sombras de la colosal estructura, y salió a la arena clara y silenciosa. Nunca le había parecido tan impresionante aquel lugar. Una mitad del gigantesco circo estaba sumida en una sombra profunda; la otra dormía en la luminosa penumbra. Mientras estaba allí, empezó a murmurar los famosos versos del Manfred de Byron; pero antes de haber terminado su cita recordó que las meditaciones nocturnas en el Coliseo, si bien recomendadas por los poetas, eran desaconsejadas por los médicos. Ciertamente la atmósfera histórica estaba allí; pero la atmósfera histórica, considerada

científicamente, era poco más que un morboso miasma. Winterbourne caminó hasta el centro de la arena para tener una visión más amplia, con la intención de marcharse luego inmediatamente. La gran cruz del centro estaba cubierta por las sombras; solo al acercarse la distinguió con claridad. Entonces vio que había dos personas en las gradas bajas que forman la base. Una de ellas era una mujer, sentada; su acompañante estaba de pie frente a ella.

En ese momento el sonido de la voz de la mujer le llegó nítidamente en el tibio aire de la noche.

—¡Bueno!!Nos mira como los viejos leones o tigres debieron de mirar a los mártires cristianos!

Estas fueron las palabras que oyó, pronunciadas con el familiar acento de Miss Daisy Miller.

—Esperemos que no esté muy hambriento —respondió el ingenioso Giovanelli—. Tendrá que empezar por mí; usted le servirá de postre.

Winterbourne se detuvo con cierto horror; y, debe añadirse, también con cierto alivio. Fue como si una súbita claridad hubiese iluminado la ambigüedad del comportamiento de Daisy y el enigma se hubiese vuelto fácil de descifrar. Era una joven a la que un caballero no debía ya esforzarse en respetar. Se quedó allí mirándola, mirando a su acompañante, sin pensar que, aunque él los veía solo confusamente, ellos debían verle con mayor nitidez. Se sintió enojado consigo mismo por haberse preocupado tanto acerca de la manera más justa de considerar a Miss Daisy Miller. Luego, cuando iba a reemprender su avance, se contuvo; no por temor a cometer una injusticia con ella, sino retenido por el peligro que supondría mostrarse indebidamente satisfecho por el repentino cambio de su crítica cautelosa. Se volvió, dirigiéndose hacia la entrada del lugar; pero, al hacerlo, oyó de nuevo la voz de Daisy: —¡Vaya, si era el señor Winterbourne! ¡Me ha visto y no quiere saludarme! ¡Qué malvada tan lista era, y cuán hábilmente representaba el papel de la inocencia ultrajada! Pero no, no la ignoraría. Winterbourne volvió a avanzar, esta vez hacia la gran cruz. Daisy se había levantado y Giovanelli se quitó el sombrero. Winterbourne había empezado a pensar simplemente en la locura, desde el punto de vista sanitario, de una delicada joven que perdía la noche en aquel nido de malaria. ¿Qué importaba que fuese una astuta malvada? Esa no era razón para que muriese de la perniciosa.

—¿Cuánto tiempo lleva usted aquí? —preguntó casi brutalmente.

—Toda la noche —respondió dulcemente—. Nunca he visto nada más hermoso.

—Me temo —dijo Winterbourne— que no encontraría muy hermosa la fiebre romana. Así es como la gente la contrae. Me sorprende —añadió dirigiéndose a Giovanelli— que usted, natural de Roma, haya permitido una imprudencia tan terrible.

—¡Ah! —dijo el bello nativo—, yo no estoy asustado.

—¡Ni yo lo estoy, por usted! Me estoy refiriendo a esta señorita.

Giovanelli alzó sus bien formadas cejas y mostró sus brillantes dientes. Pero se tomó el reproche de Winterbourne con docilidad.

—Le dije a la signorina que era una grave imprudencia. Pero ¿cuándo ha sido la signorina prudente? —¡Nunca he estado enferma, ni pienso estarlo! —declaró la signorina —. No lo parece quizá, pero estoy muy sana.

Estaba decidida a ver el Coliseo a la luz de la luna, por nada del mundo me hubiese ido de Roma sin verlo. Y hemos pasado un rato maravilloso, ¿no es cierto, señor Giovanelli? Si existe algún peligro, Eugenio puede darme algunas píldoras. Tiene unas píldoras magníficas.

—Le aconsejaría —dijo Winterbourne— que se fuera a casa lo más rápidamente posible y se tomara una.

—Lo que usted dice es muy sensato —intervino Giovanelli—. Voy a asegurarme de que el coche está listo.

Y se alejó con paso rápido.

Daisy y Winterbourne lo siguieron. El seguía mirándola y ella no parecía turbada en absoluto. Winterbourne no dijo nada; Daisy charlaba sobre la belleza del lugar.

—¡Bueno, ya he visto el Coliseo a la luz de la luna! —exclamó—. Es algo muy hermoso.

Luego, al notar el silencio de Winterbourne, le preguntó por qué no hablaba. Él no contestó, solo se echó a reír.

Pasaron bajo una de las sombrías arcadas. Giovanelli estaba allí con el carruaje. Daisy se detuvo un momento, contemplando al joven americano.

—¿Creyó usted el otro día que estaba prometida? —le preguntó.

—No importa lo que creyera el otro día —dijo Winterbourne riendo todavía.

—Y bien, ¿qué cree ahora?

—No creo que el que esté usted prometida o no sea muy importante.

Sintió los bellos ojos de la muchacha fijos en él a través de la densa oscuridad de la arcada; parecía a punto de responder. Pero Giovanelli la hizo apresurarse.

—Rápido, rápido —dijo—. Si regresamos antes de la medianoche estamos a salvo.

Daisy tomó asiento en el carruaje, y el afortunado italiano se acomodó a su lado.

—¡No se olvide de las píldoras! —dijo Winterbourne mientras levantaba su sombrero.

—¡Poco me importa —dijo Daisy con extraño tono de voz— coger o no la fiebre romana!

En ese momento el cochero hizo chasquear su látigo y el ruido de las ruedas se perdió sobre los desniveles del antiguo adoquinado.

Winterbourne —rindámosle esta justicia— no mencionó a nadie que había encontrado a Miss Miller a medianoche, en el Coliseo con un caballero; sin embargo, un par de días más tarde, tales circunstancias eran conocidas y debidamente comentadas por todos los miembros del pequeño círculo americano. Winterbourne pensó que, indudablemente, se habían enterado en el hotel, y que al regreso de Daisy había habido un intercambio de bromas entre el portero y el cochero. Pero el joven era, al mismo tiempo, consciente de que había dejado de importarle que la pequeña coqueta americana fuese «tema de conversación» para esos malpensados sirvientes. Uno o dos días después, aquella misma gente tenía algo serio que comunicar: la coqueta americana estaba alarmantemente enferma. Cuando el rumor llegó hasta él, Winterbourne se dirigió inmediatamente al hotel para obtener más información. Se encontró con que dos o tres amigos caritativos le habían precedido y hablaban con Randolph en el salón de la señora Miller.

—Son las salidas nocturnas —dijo Randolph— que la han puesto enferma. Siempre sale de noche. No entiendo cómo le gusta: ¡está terriblemente oscuro! Aquí no se puede ver nada de noche, excepto cuando hay luna. ¡En América siempre hay luna!

La señora Miller no se dejaba ver; ahora, por lo menos, le otorgaba a Daisy el beneficio de su compañía. Era evidente que Daisy estaba gravemente enferma.

Winterbourne fue a menudo a pedir noticias, y un día vio a la señora Miller, quien, aunque profundamente alarmada, estaba —y eso más bien le sorprendió— perfectamente serena, y al parecer resultaba una enfermera juiciosa y eficiente. Habló bastante del doctor Davis, pero

Winterbourne le hizo la deferencia de pensar para sus adentros que después de todo no era tan rematadamente boba.

—Daisy habló de usted el otro día —le dijo—. La mitad del tiempo no sabe lo que dice, pero creo que esa vez sí que lo sabía. Me dio un mensaje; me dijo que se lo transmitiera. Me pidió que le dijera que nunca ha estado prometida a ese guapo italiano. Estoy muy contenta, se lo aseguro. Desde que cayó enferma el señor Giovanelli no se ha acercado por aquí. Creí que era un caballero, pero su comportamiento no me parece muy cortés. Una señora me dijo que temía que yo estuviera enfadada con él por haber llevado a Daisy a pasear de noche. Pues bien, lo estoy; pero supongo que sabe que soy una dama. Mucho me cuidaría de reprochárselo. De cualquier modo, ella dice que no está prometida. No sé por qué quería que usted lo supiera, pero me lo repitió tres veces: «No te olvides de decírselo al señor Winterbourne». Y luego me dijo que le preguntara a usted si recordaba aquella vez que fueron a ese castillo de Suiza. Pero yo le dije que no daría ningún mensaje de ese tipo. Solamente que, si no está prometida, estoy muy contenta de saberlo.

Pero, como había dicho Winterbourne, aquello importaba muy poco. Una semana más tarde, la pobre muchacha murió; había sido un caso de fiebre terrible. La tumba de Daisy fue abierta en el pequeño cementerio protestante, en un ángulo de la muralla de la Roma imperial, bajo los cipreses y las abundantes flores de primavera. Winterbourne se quedó allí a su lado, con varios de los acompañantes del duelo; un número superior al que podía haberse esperado, dado el escándalo suscitado por las andanzas de la joven. Cerca de él estaba Giovanelli que se acercó aún más, antes de que Winterbourne se fuera. Giovanelli estaba muy pálido. En esta ocasión no llevaba flores en el ojal; parecía querer decir algo. Por fin, dijo:

—Era la muchacha más bella que he visto en mi vida, y la más amable —y luego añadió—: y también la más inocente.

Winterbourne le miró y al cabo de un momento repitió sus palabras:
—¿La más inocente?

—¡La más inocente!

Winterbourne se sentía triste y furioso a la vez.

—¿Por qué diablos —preguntó— la llevó usted a ese fatal lugar?

La urbanidad del señor Giovanelli era aparentemente imperturbable. Miró al suelo un momento, y luego dijo:

—Por mí mismo nada temía y ella quería ir.

—¡Esa no es una razón! —declaró Winterbourne.

El sutil romano volvió a bajar los ojos.

—Si ella hubiese vivido, yo no habría logrado nada. Nunca se hubiese casado conmigo, estoy seguro.

—¿Nunca se hubiese casado con usted?

—Por un momento lo creí. Pero estoy seguro de que no lo hubiese hecho.

Winterbourne le escuchaba, se quedó mirando fijamente a la horrible protuberancia entre las margaritas de abril. Cuando se volvió, el señor Giovanelli se había retirado con su paso lento y silencioso.

Winterbourne abandonó Roma casi inmediatamente, pero al verano siguiente volvió a encontrarse con su tía, la señora Costello, en Vevey. A la señora Costello le gustaba Vevey. En el intervalo, Winterbourne había pensado a menudo en Daisy Miller y en sus enigmáticas actitudes. Un día le habló de ella a su tía… le dijo que le pesaba en la conciencia el haber sido injusto con ella.

—Antes de morir me mandó un mensaje que en ese momento no entendí. Pero luego lo he comprendido. Hubiera apreciado la estima de alguien.

—¿Es ésta una manera modesta de decir que hubiese correspondido a tu cariño? —preguntó la señora Costello.

Winterbourne no respondió a esta pregunta, pero al poco rato dijo:

—Tenía usted razón en la observación que hizo el verano pasado. Estaba escrito que iba a cometer un error. He vivido demasiado tiempo en el extranjero.

Sin embargo, volvió a vivir en Ginebra, desde donde continúan llegando los informes más contradictorios respecto al motivo de su estancia: se cuenta que está «estudiando» intensamente… se sugiere que está sumamente interesado en una inteligente dama extranjera.

HISTORIAS DE AMOR